Christof Wörner
2016

8,- £

Margret Greiner

»Miss, wie buchstabiert man Zukunft?«

Margret Greiner

»Miss, wie buchstabiert man Zukunft?«

Als deutsche Lehrerin in Jerusalem

Mit 8 Seiten Farbbildteil

MALIK

Fotonachweis: Markus Niethammer, Reutlingen (Bild 1, 2, 3, 6, 7, 10, 11, 12); Rana Dallal (Bild 4); dpa (Bild 5); Margret Greiner (Bild 8, 9)

ISBN 3-89029-256-9
3. Auflage 2003

Satz: Dr. Ulrich Mihr GmbH, Tübingen
Druck und Bindung: Ebner & Spiegel, Ulm
Printed in Germany

www.malik.de

Für Bernhard

Erinnert die fallende Frucht
Die Blätter und den Zweig,
Erinnert die harten Dornen
Die im Frühling zart und grün waren,
Erinnert euch – und vergeßt nicht, auch die Faust
War einmal eine offene Hand.

Jehuda Amichai

Wege nach Jerusalem

Wenn man die berüchtigte B1 von Tel Aviv oder vom Flughafen Lod nach Jerusalem nimmt – berüchtigt wegen der vielen Unfälle, die hier passieren –, fährt man viele Kilometer durch enttäuschend langweilige Landschaft, man ist den »Mühen der Ebene« ausgesetzt, sucht vergeblich nach dem Charme mediterraner Vegetation, stört sich am Anblick massiver Industrieanballung. Dann beginnt der sanfte Aufstieg in die judäischen Berge. Nach Mevasseret Zion geht es noch einmal unerwartet steil abwärts in einen Höllenschlund, aus dem die Aufgipfelung Jerusalems um so dramatischer wirkt: Jerusalem, du hochgebaute, du hochgegürtete Frau, du Licht, das da leuchtet auf den Höhen.

Glück hat man, wenn man im Dunkeln ankommt: das Bild der Stadt auf dem Berge erstrahlt in geheimnisvollem Glanz. Bei Tage sieht man nur die häßlich wuchernden Vorstädte Jerusalems, kahle Siedlungen, hastig aus dem Wüstenboden gestampft, ohne Baum und Strauch. Keine Einladung in eine der aufregendsten Städte der Welt.

Fast immer erreicht man Jerusalem aus dieser Richtung. Dabei müßte man sich, um ein wirkliches Gefühl für die Stadt zu gewinnen, von Südosten nähern, vom Toten Meer. Da windet sich die Straße in vielen Kehren von 300 Metern unter dem Meeresspiegel auf 800 Meter über dem Meeresspiegel. Auf den sanften, abgerundeten Hügeln weiden Schafe die dürftige Vegetation ab, die die Wüste zuläßt. Der Reisende aber hat in der erhabenen Wüstenlandschaft die Möglichkeit, sich zu gewinnen, damit er sich verbinden kann mit Jerusalem, der Stadt auf dem Berge.

Ankunft

Meine Ankunft in Jerusalem war eine sehr langsame und eine sehr prosaische. Zusammen mit meinem Mann verbrachte ich Ende September 2000 fünf Tage auf einem Schiff von Venedig nach Haifa. Im Hafen von Piräus strömten Scharen von polnischen Kreuzfahrt-Touristen an Bord und nahmen in fröhlicher Unbekümmertheit das Schiff in Beschlag. Abends wurde bei elektronischer Akkordeon-Musik getanzt. Natürlich lag unsere Kabine unmittelbar neben der Bar, so daß wir der ausgelassenen slawischen Lebenslust nicht entfliehen konnten. Wir saßen in unserer engen Kabine, lasen und hörten uns das hebräische Alphabet ab. Nur zu Zeiten des kollektiven Mittagessens, dem wir als Individualreisende ausweichen konnten, gingen wir an Deck, schnappten Luft, blickten aufs Meer und freuten uns auf unser »gelobtes Land«.

Am ersten Oktober landeten wir morgens um sechs Uhr in Haifa. Die goldene Kuppel des Bahai-Tempels leuchtete in der Sonne und grüßte. Alle Leute gingen von Bord, durften von Bord gehen, außer den wenigen Passagieren, die mit einem Auto ins Land einreisten. Denn, so wurde uns beschieden, es sei der zweite Tag von Rosh'Hashana, dem jüdischen Neujahrsfest, und aus diesem Grund arbeite zwar die Paßkontrolle, nicht aber der Zoll. So saßen wir den ganzen Tag an Bord fest. Die Mannschaft war wütend, weil sie auf dem Schiff bleiben mußte und ließ die Küche geschlossen: Nein, zu essen gäbe es nichts mehr, vielleicht finde sich noch die eine oder andere Flasche Wasser. Die

Bahai-Kuppel leuchtete immer noch in der Sonne, aber sie grüßte nicht mehr. Sie stand einfach da. 14 Stunden lang. So lange mußten wir warten, bis die Zollbeamten ihre geheiligte Arbeitsruhe beendeten und sich unser erbarmten.

Die Straßen nach Tel Aviv und weiter nach Jerusalem waren überfüllt. Wenn ein Israeli zwei Feiertage ins Haus verbannt ist, muß er abends noch etwas erleben, ins Café fahren, ins Kino, in die Diskothek. Wir quälten uns von einem Stau in den nächsten.

Die Vermieterin in Jerusalem sagte am Telefon, sie würde bis Mitternacht auf uns warten, um uns den Schlüssel zu unserem Apartment zu geben, aber auch nicht länger. Wir könnten uns ja ein Hotel nehmen. Sie müsse morgens um sieben Uhr aufstehen, da brauche sie den Schlaf ab Mitternacht. Basta.

Wir kamen um Viertel nach zwölf in Jerusalem an, kamen noch in unser Apartment, vergaßen unseren Hunger, fielen ins Bett. Denn am nächsten Morgen sollte ich am Schmidt's Girls College meine Arbeit als Lehrerin beginnen.

Und wir hatten keine Ahnung, was in diesen letzten Septembertagen, die wir abgeschnitten von allen Medien auf dem Schiff verbracht hatten, nach dem Besuch Scharons auf dem Tempelberg in Jerusalem geschehen war. Die zweite Intifada war ausgebrochen.

Liebst du Palästina?

Den ersten unverzeihlichen Fehler mache ich, als ich am ersten Schultag meinen Schülerinnen erzähle, daß ich schon oft in Israel gewesen sei, daß ich dieses Land liebe, daß ich mich darüber freue, in Jerusalem leben zu dürfen. Ich spreche gegen eine Wand voller Unmut. »Miss«, sagt Khoulud, und ihre Augenbrauen werden steil wie ein Minarett, »du bist hier in Palästina. Du bist nicht in Israel. Liebst du Palästina? Wenn du Palästina nicht liebst, kannst du wieder gehen. Du kannst ja nach Israel gehen.«

Es dauert eine Weile, bis ich verstehe, auf welche Gratwanderung ich mich in meinem neuen Leben eingelassen habe: im israelischen Teil Jerusalems zu wohnen und zu leben, eingebunden in ein Beziehungsgeflecht von jüdischen Nachbarn und Freunden, und in Palästina zu arbeiten, in einem Umfeld, in dem Juden die Feinde sind, die Okkupanten, unter denen man seit Jahrzehnten leidet.

Bei einer Gratwanderung droht Absturz nach beiden Seiten. Hier droht er mir zunächst auf palästinensischer Seite. Meine Schülerinnen wollen in diesen Tagen kein Deutsch von mir lernen, sie wollen von mir eine in immer neuen Wendungen beteuerte Totalhingabe an das palästinensische Volk, eine unbedingte Identifikation mit seinem Leiden und seinem Willen zur Intifada. Intifada bedeutet nicht, wie die meisten glauben, Krieg der Steine, sondern das Abschütteln, Abwerfen einer Last, einer auch körperlich empfundenen Schwere, also der israelischen Okkupation.

Jeden Tag bestürmen mich meine Schülerinnen und reden (auf Englisch, das sie hervorragend beherrschen) auf mich ein: »Teacher, hast du gestern ferngesehen? Siehst du, was sie mit unseren Jungen machen? Wie sie Maschinengewehre auf Kinder richten? Die Juden sind doch keine Menschen, die sind doch Monster. Killer sind das. Was sagst du zu Mohammed al Dura? Da wird ein unschuldiger Junge, der sich hinter dem Rücken seines Vaters vor den Schüssen israelischer Soldaten schützen will, erschossen. Einfach abgeknallt.«

Mohammed ist für sie ein »shaheed«, ein Märtyrer. Sie

holen einen Kassettenrekorder, spielen mir den Mohammed-al-Dura-Song vor (der wenige Tage nach seinem Tod auf dem Markt war), umarmen sich und singen: »Mohammed, weis uns den Weg …«

Nein, so hatte ich mir mein neues Leben nicht vorgestellt. Noch wenige Wochen zuvor war es mir als die Erfüllung eines lebenslangen Traumes vorgeschwebt. Ich erinnere mich genau an das Herzrasen auslösende Glücksgefühl, als mein Mann, mit dem ich damals noch nicht verheiratet war, mich eines Nachts anrief und fragte: »Würdest du mit mir für zwei Jahre nach Israel gehen? Die Hebräische Universität in Jerusalem hat mir eine Gastprofessur angeboten.« Es schien mir, als hätte ich ein halbes Leben auf diesen Punkt hin gelebt. Denn seit den sechziger Jahren, in denen ich zuerst als Schülerin in Israel gewesen war, hatte mich dieses Land nicht mehr losgelassen. Die Aussicht, dort einmal nicht nur als Touristin hinzukommen, sondern dort leben zu können, mit dem Mann meiner Liebe leben zu können, überstieg alles, was ich mir als eine in die Jahre gekommene Realistin hätte ausmalen können. Erste Erkundigungen bei meiner Schulbehörde zeigten, daß es mit einer Beurlaubung von meiner Schule keine Schwierigkeiten geben würde. Im Juni 2000 flogen wir nach Israel, um uns eine Wohnung zu suchen – unsere erste gemeinsame Wohnung – und um Arbeitsmöglichkeiten für mich auszukundschaften.

Ein Apartment war schnell gefunden. Die Suche nach einer Beschäftigung gestaltete sich wesentlich frustrierender. Alle deutschen Einrichtungen und Institutionen wie die Konrad-Adenauer-Stiftung, Friedrich-Ebert-Stiftung, Heinrich-Böll-Stiftung und das Goethe-Institut winkten sofort ab, es gebe Stellenkürzungen, Geldknappheit, Einstellungsstopps. Deutsche Firmen verlangten eine israelische Arbeitserlaubnis und fließendes Hebräisch. An israelischen Schulen wurden keine Deutschlehrer gebraucht, weil es aus verständlichen Gründen so gut wie keinen Deutschunterricht gibt. Ein israelischer Freund hatte dann die Idee: »Schau dich doch einmal in palästinensischen Schulen um. Da gibt es doch seit mehr als hundert Jahren eine Tradition, Deutsch zu lernen.«

So kam ich nach Palästina. Und dachte im Juni: eigentlich wollte ich ja in Israel arbeiten. Ich habe doch gar keine Beziehung zu Palästina. Aber gut, nun taucht mein Mann tief in die jüdische Welt ein, ich in die arabische – das wird unser beider Horizont erweitern und die Wahrnehmung des anderen stärken. Und schließlich leben beide Völker doch im Nach-Oslo-Beinahe-Frieden. Was soll schon passieren!

Der Tag von Ramallah

Als eines Morgens in diesem Oktober 2000 mitten während des Unterrichts in der zehnten Klasse zwei Väter ins Klassenzimmer stürmen, ihre Töchter auffordern, die Schultaschen zu packen, schnell, schnell, stehe ich da und verstehe überhaupt nichts. Die Väter ignorieren mich völlig, sie rufen den Schülerinnen etwas auf arabisch zu. Einige Mädchen fangen an zu schreien. Ein Mädchen hyperventiliert. Ich fürchte, daß sie ohnmächtig wird, gehe zu ihr hin, halte ihren Kopf zwischen meinen Händen, bis sie wieder ruhiger atmet.

Andere Schülerinnen sitzen wie versteinert da. Immer wieder wird jetzt die Tür aufgerissen, Eltern stürzen herein, herrschen ihre Töchter an, yallah, yallah, mach schon! Auch auf den Fluren verstärkt sich panisches Getrappel, Rufen, Türenschlagen. Ich wende mich an eine Mutter und frage: »Was ist los?«

»Da war etwas in Ramallah. Zwei israelische Soldaten sind getötet worden. Wir haben Angst vor Rache. Die Grenzen zur Westbank werden geschlossen. Die Mädchen kommen nicht mehr nach Hause.«

Irgendwann tritt große Ruhe in der Klasse ein. Die Hälfte der Schülerinnen sitzt noch vor mir. Nada in der zweitletzten Reihe packt ihre Schultasche, Buch für Buch, Heft für Heft. Slow motion. Dann geht sie langsam zur Tür. Sie besinnt sich, dreht um, setzt sich wieder auf ihren Platz und packt alles wieder aus – in dem gleichen zerdehnten Rhythmus. Und packt wieder ihre Sachen ein. Und geht zur Tür. Und kehrt wieder um. Niemand spricht.

An der Tafel stehen Übungssätze zum deutschen Konjunktiv. *Ich würde gern nach Paris reisen. Wenn ich ein Filmstar wäre, würde ich am liebsten mit Brad Pitt filmen. Ich hätte gern ein Haus am Meer und einen silbernen Mercedes.* Ich wische die Sätze ab.

An manchen Tagen an meiner palästinensischen Schule fühle ich mich mit Situationen konfrontiert, für die ich kein Verhaltensmuster habe. Soll ich mit den Schülerinnen, die jetzt vor mir sitzen, voller Angst und mit dieser Angst allein gelassen, zur Tagesordnung übergehen, als ob nichts sei? Grammatik machen? Oder lieber autogenes Training? Entspannungsübungen? Dein rechter Arm wird ganz schwer ... Ein Lied singen? Ihr deutsches Liedgut haben sie von Schwester Gregoria, und es besteht aus »Stille Nacht, heilige Nacht«, »Danke für diesen guten Morgen« und »Wenn alle Brünnlein fließen«. Oder soll ich sie über ihre Angst sprechen lassen?

Nach langem Schweigen schreibe ich einen Text an die Tafel:

Warum sind die Katzen im Islam heilig?

Mohammed, der Prophet, legte sich eines Nachts im Freien nieder und schlief ein. Seinen Mantel hatte er auf dem Boden ausgebreitet. Da kam eine Katze, legte sich auf den Mantel des Propheten und schlief ein. Als Mohammed erwachte, sah er die Katze neben sich ruhen. Da nahm er sein Messer und schnitt den Umriß der Katze aus seinem Mantelstoff, damit sie ungestört weiterschlafen konnte. Er aber ritt mit seinem zerschnittenen Mantel davon.

Eine Schülerin versteht den Text nicht sofort und denkt, Mohammed hätte die Katze mit seinem Messer getötet. Sie stöhnt auf. Die anderen Schülerinnen klären ihren Irrtum auf, werden lebhaft, reden plötzlich auf arabisch und dann auf deutsch zu mir: »Das ist eine tolle Geschichte. Finden Sie nicht auch, daß Mohammed ein großartiger Mensch war! Ein guter Mensch! Sogar zu Katzen!«

Nur Nada schaut mit dunklen Augen ins Leere. Ich habe sie nicht aus der Erstarrung lösen können.

Erst als ich zu Hause bin, erfahre ich, was in Ramallah wirklich geschehen ist, daß zwei israelische Soldaten, die aus ungeklärten Gründen die Grenze zur Westbank überschritten hatten, zu Tode gekommen sind. Sie wurden auf einer palästinensischen Polizeistation von einem aufgebrachten Mob zerfleischt, ohne daß die Polizei sie beschützen konnte oder wollte. Die Fotos der Mörder, die ihre blutbesudelten Hände wie ein Siegeszeichen durch die Fenster des Polizeigebäudes der außen wartenden Menge entgegenrecken, den stummen Jubelschrei auf ihren Gesichtern werde ich nicht vergessen.

Dieser Rückfall in die Barbarei kostet Palästina, dem zu Beginn der Intifada die Sympathien der Welt zuflogen, den

Bonus des unschuldigen Opfers. Die Bilder von Ramallah löschen Mohammed al Dura aus.

Mein Kiez am Damaskustor

Dies ist mein Kiez. Hier bin ich jetzt zu Hause. Wirklich aufgenommen fühle ich mich, als mich nach fast einem Jahr meiner Arbeit am Schmidt's Girls College einer der kleinen Gemischtwarenhändler in der Nablus Street anspricht und sagt: »Seit Monaten beobachte ich, daß Sie jeden Morgen aus der Weststadt kommen. Warum wohnen Sie denn immer noch da? Sie gehören doch zu uns. Sie arbeiten hier, Sie unterrichten hier. Ich weiß eine schöne Wohnung für Sie. 400 Dollar für zwei Zimmer, das ist günstig. Ziehen Sie um. Sie werden sehen, Sie fühlen sich hier viel wohler als da drüben im Westen.«

Ich fühle mich wohl im Westen und im Osten der Stadt. Jeden Morgen steige ich am Safra Square beim Rathaus aus dem Bus und gehe an der Stadtmauer entlang, die der osmanische Sultan Süleyman, der Prächtige, so prachtvoll aus Jerusalemer Stein hat bauen lassen, hinunter bis zum Damaskustor. Die knapp zehn Minuten Fußweg sind ein Gang über eine unsichtbare Grenze. Aus der Neustadt mit ihren bombastischen neuen Gebäuden, dem Dan Pearl Hotel und der neuen City Hall, die an die antiken Tempelbauten erinnern soll, aber in ihrer steinernen Kälte und Großspurigkeit Assoziationen an Bauten von Albert Speer aufkommen läßt, bin ich mit ein paar Schritten unter den Palmen des Peddler Market, des arabischen Marktes vor dem Damaskustor. Hier kann man alte Kleidung, die in Wühlbergen aufgeschichtet ist, kaufen, Sperrmüll aller Art, Plastikkrimskrams, Wasserpfeifen und gestickte Bilder mit dem Motiv der aufgehenden roten Sonne hinter dem Felsendom. Vor allem aber gibt es hier das wunderbare Gemüse und Obst, das aus der fruchtbaren Ebene von Jericho jeden Morgen nach Jerusalem gebracht wird. Alte Frauen kommen mit dem »Service«, den kleinen Taxibussen, angereist und tragen ihre Ware in Körben und großen Tüchern auf dem Kopf: Lauchzwiebeln und Tomaten, Auberginen und Spinat, Trauben und Orangen. Sie sitzen auf den steinernen Treppen des Marktes, stoisch vor ihren zwei, drei Körben, murmeln vor sich hin, reagieren auch einmal aggressiv, wenn einer der Kunden allzu mäkelig jede Tomate einzeln in die Hand nimmt, bevor er sie zu kaufen bereit ist. Gewogen wird noch mit einer kleinen mechanischen Handwaage, die die Frauen aus ihrem Brusttuch ziehen und dort immer wieder sorgfältig verstauen. Niemanden stört es, daß mehr geschätzt wird als gewogen. Die Preise für Obst und Gemüse sind fest – aber nicht für eine Ausländerin wie mich. Die Frauen verlangen von mir immer ein paar Schekel mehr, die ich bereitwillig zahle. Ich sehe, wie hart sie ihr Geld verdienen müssen. Wenn aber der geforderte Preis allzu astronomisch wird, lache ich sie an. Sie lachen zurück. Wir spielen das alte, ritualisierte Spiel der Preisfindung im Orient. Hier von Wucher oder Betrug zu sprechen verkennt die sinnliche Lust am Reden, Gestikulieren und Feilschen, an Attacke, Rückzug und finalem Friedensschluß.

Hinter dem Peddler Market erhebt sich das Damaskustor. Es ist das größte und sicherlich das schönste der sieben Tore in der alten Stadtmauer aus dem 16. Jahrhundert, einige Meter unter Straßenniveau gelegen. Auffallend ist die lebhafte Struktur: zwei breite Flügel umschließen einen nach innen versetzten Mittelteil, Zinnen schmücken den oberen Mauerrand. Im Zentrum gibt es zwei längliche Schießscharten und eine große Öffnung, wie ein Fenster in den Himmel. Früher saß oft ein israelischer Soldat in diesem Mauerdurchbruch und gab ein beliebtes Fotomotiv ab. Dieses Bild ist verschwunden. So exponiert wird sich jetzt kein israelischer Soldat mehr als Zielscheibe anbieten. Das Fenster ist zum blinden Fleck geworden, zum Symbol für eine Leerstelle.

Dem Damaskustor gegenüber liegt ein großer Platz, auf dem schon am frühen Morgen Betrieb ist. Frauen passieren den Platz eiligen Schrittes: Sie gehen zur Arbeit. Männer sitzen müßig in den kleinen Cafés, rauchen Wasserpfeife oder nehmen ihren ersten Kaffee, wärmen sich nach der kühlen Jerusalemer Nacht die Glieder und reden, reden, reden. Die ersten Kebab-Düfte ziehen in Schwaden heran: auf Holzkohlenfeuer grillen Lammspieße, aromatisch gewürzt. Halbwüchsige Jungen liefern sich mit hochbeladenen zweirädrigen Schubkarren übermütige Rallyes. Am Eingang des Damaskustores erwacht morgendliches Leben. Hier beginnt der Suk, der große arabische Basar innerhalb der Altstadt.

Ich biege ab in die Nablus Street. An der Ecke steht das Paulus-Haus, ein imponierendes Gebäude, das zu Beginn des letzten Jahrhunderts als Heim für deutsche Pilger gebaut wurde. Die Architektur entspricht einem nach Palästina exportierten Gründerzeit-Gefühl. Mächtig wird hier Präsenz demonstriert: »Eine feste Burg ist unser Herr«. Aber die religiöse Festung hat auch schöne Durchbrüche: Terrassen mit bogenförmigen Erkern, die dem Monumentalen Leichtigkeit und Charme verleihen. Von diesen Terrassen hat man zur blauen Stunde einen hinreißenden Blick auf Jerusalem. Man sieht auf die hügelige Dächerlandschaft der Altstadt. Der Felsendom mit seiner goldenen Kuppel rückt wie durch ein Teleobjektiv in unmittelbare Nähe. Es ist die Nähe der Ferne; denn seit Scharons Besuch auf dem Tempelberg, der die Intifada auslöste, ist der Felsendom für alle nichtmuslimischen Besucher gesperrt.

Auch das Paulus-Haus steht in den Jahren der Intifada nahezu leer. Das Haus selbst und der große, abgeschirmte Hof mit den zwei prachtvollen großen Palmen verstärkt das Gefühl einer Enklave der Sicherheit und Ruhe inmitten lauten arabischen Lebens. Denn jenseits des großen schmiedeeisernen Tors ist man in einer anderen Welt.

Die Nablus Street vor meiner Schule ist überschüttet mit Müll, Plastikschalen, Gemüseabfällen, Autoreifen, Sperrmüll. Gefährlich wird die Melange, wenn es regnet. Oder wenn die Müllabfuhr zwei Wochen lang streikt. Oder wenn Erdbeersaison ist und der rote Bodenbelag ins Rutschen gerät. Bekannte aus Deutschland, die ich in meinen »Kiez« führe, knipsen ein fröhliches Lächeln an: Ach ja, arabisches Leben, farbig, sinnlich, satt und lebendig! Aber die Art, wie ihre Füße müllfreie Inseln auf dem Boden suchen, verrät sie. In meinen ersten Monaten hatte ich den gleichen Flamingo-Gang.

Laut ist es im Viertel. In der Nablus Street fahren die Sammeltaxis und Busse nach Ramallah ab. Also ertönt vom frühen Morgen an der langgezogene Ruf Ramallahramallahramallah. Und die Busse stehen in Reih und Glied mit laufendem Motor – stundenlang. Auch die Kebab-Händler schreien, weil das zum Verkaufen gehört. Würde denn ein Mensch einen Fleischspieß oder eine Falafel kaufen, wenn man sich nicht die Seele aus dem Hals brüllte?

Nur der Muezzin schreit nicht. Er ruft. Das schönste Geräusch am Mittag.

Gegenüber der Schule ist ein kleiner Laden, in dem ich meinen arabischen Kaffee kaufe. Einer der beiden Besitzer ist ein vollendeter Gentleman, wie man ihn nur noch in englischen Romanen findet. »Guten Tag, Madame«, sagt er. »Wie möchten Sie den Kaffee heute gemahlen haben? Mit wieviel Kardamon? Ist es so recht? Darf ich Ihnen eine

Praline in den Kaffee legen? Die müssen Sie dann zwischen zwei Schlucken essen. Unterrichten Sie noch immer unsere Mädchen? Es ist uns eine Ehre, daß Sie unsere Kinder lehren.« (Der Mann hat keine Tochter in unserer Schule). Nur wer die Ruppigkeit israelischer Verkäufer kennt, kann ermessen, wieviel Tradition morgenländischer Noblesse in diesem Mann verkörpert ist.

Und mein alter Zeitungshändler sitzt an der Ecke der Nablus Street. Er hat einen eisernen Schrank, der an eine Hausmauer gelehnt ist und sich in der Mitte öffnen läßt. Die Schrankwand ist sein Zeitungsregal. Er führt alle arabischen Tageszeitungen, aber auch alle israelischen, einschließlich der rechtsgerichteten »Jerusalem Post«. Daneben hält er alle führenden amerikanischen, englischen, spanischen, italienischen und russischen Zeitungen bereit. Und die deutschen »Der Spiegel«, »Die Zeit«, die »Frankfurter Allgemeine Zeitung« und die »Süddeutsche Zeitung«. Einmal frage ich ihn, ob er in diesen Zeiten, da keine Touristen und Pilger mehr kommen, sein weltläufiges Angebot noch absetzen kann. Wer kauft denn noch den »Corriere della Sera« oder die FAZ? Der alte Mann setzt ein Lächeln auf, das man in Schwaben »knitz« nennen würde: »Sie kaufen doch ab und zu deutsche Zeitungen bei mir, oder? Wenn man auf die internationale Presse verzichtet, dann wird Jerusalem zur Provinz. Und wenn ich die Zeitungen aus aller Herren Länder bereithalte, dann kommen auch wieder die Menschen aus aller Herren Länder. Eines Tages wenigstens.«

Mein alter Zeitungshändler sitzt auf einem Stuhl mitten auf dem Bürgersteig vor seinem Zeitungsstand. Langeweile hat er nicht. Denn jeder, der eine Zeitung bei ihm kauft, bespricht auch die Weltlage mit ihm. Im Augenblick gibt es viel Weltlage in Jerusalem.

In einem anderen kleinen Laden hole ich mir mittags manchmal ein Käsesandwich. Während es im Toaster erwärmt wird, spricht der junge Verkäufer mit mir. Er ist ein arabischer Christ, ein römischer Katholik, und er sieht in mir die christliche Schwester aus dem Ausland. Wie ich denn »unsere« Feste begehe, fragt er mich, und da ich ihn nicht enttäuschen möchte, krame ich in Kindheitserinnerungen. Wie sich meiner Meinung nach Jesus zur Intifada stellen würde? »Das würde er doch nicht zulassen, daß wir so unterdrückt werden. Oder?«

Bus Nr. 13 nach Katamon

Nach der Schule steige ich wieder aufwärts in die Neustadt, ins israelische Jerusalem. Es ist Oktober, aber noch sehr warm, an manchen Tagen bis zu 30 Grad. An der City Hall stehen israelische Soldaten und Polizisten, die alle jungen Männer zur Ausweiskontrolle bitten, die aus der Richtung Damaskustor, also aus dem arabischen Teil der Stadt kommen. Ich biege in die Jaffa Street ein, die Haupteinkaufsstraße, gehe dann in die Schlomtzion Hamalka Street, wo mein Bus abfährt, die Linie 13 nach Katamon. An einem Nachmittag steigen viele junge Mädchen ein, alle mit aufgeblasenen Luftballons, offensichtlich auf dem Weg zu einer Geburtstagsparty. Sie verkriechen sich gikkernd und gackernd im Fond des Busses, und ich freue mich, in diesen ersten Tagen der Intifada, die wie ein schweres Tuch über der Stadt liegt, so viel freche Unbekümmertheit zu erleben, Teenager, denen ein lila Augen-Make-up und ein pinkfarbenes, knallenges T-Shirt unendlich viel wichtiger sind als ein steinewerfender Palästinenser. An der nächsten Haltestelle steigen zwei Soldatinnen ein, setzen sich in die Bankreihe neben der meinen, schnallen ihr

Gewehr ab, stellen es aufrecht zwischen ihre Beine. Dann platzt ein Luftballon. Laut. Die Soldatinnen springen auf, reißen ihr Gewehr in Anschlagposition und entsichern. Nach ein paar Sekunden entdecken sie die Ursache des Geräusches. Sie setzen sich wieder. Ich bemerke, daß ich immer noch meine Schultasche schützend vor den Kopf halte, und nehme sie verschämt herunter. Die Teenager sind still geworden. Sie steigen bei der nächsten Haltestelle aus. Ich atme durch.

Meine Haltestelle liegt in der Hapalmach Street, kurz vor dem Gebäude der Hapaolim-Bank. Von hier aus gehe ich ein paar Schritte zu meiner Wohnung. Schnell wird mir meine »neighbourhood« vertraut. Im Herbst blühen noch die Bougainvilleen und fallen wie brombeerrote Teppiche über die Häuser aus hellem Jerusalemer Stein. In den Vorgärten blühen die letzten Rosen. Zwischen den Häusern stehen Palmen, Jacarandas, Oleander, Akazien, aber auch Kiefern und Birken. Die üppige Pracht ist das Ergebnis eines ausgeklügelten Bewässerungssystems. Wie dünne Seile laufen dicht unter dem Erdboden Bewässerungsrohre und geben punktgenau die kostbare Wassermenge ab, die die Pflanze zum Leben braucht. Ein riesiges Waldgebiet, der Jerusalem Forest, ist unterminiert mit diesen Kanülen, ein Triumph landschaftsgärtnerischen Willens über neun Monate Trockenheit im Jahr. Als ich einmal mit deutschen Bekannten an der Haas-Promenade stehe und wir auf die arabischen Stadtteile und Vorstädte von Jerusalem schauen, sagen sie:

»Man will ja keine Vorurteile haben, aber man sieht sofort die Trennlinie zwischen Israel und Palästina. Hier ist alles grün und gepflegt, dort nichts als Steinwüste. Die Palästinenser haben einfach zu wenig Sinn für Schönheit und Natur und menschenfreundliches Wohnen.«

Der Augenschein trügt nicht, aber die Begründung ist trügerisch. Denn für Ostjerusalem ist genauso die israelische Verwaltung zuständig. Die Steinwüsten zeigen, daß diese Verwaltung bei der Begrünung der Stadt mit zweierlei Maß mißt. Durchschnittlich hat jeder Israeli drei- bis viermal soviel Wasser zur Verfügung wie ein Palästinenser, bei der Bewässerung landwirtschaftlicher Flächen ist das Verhältnis sogar zehn zu eins.

Die Intifada ist ein Krieg, der auch um Wasser geführt wird.

Teacher, we love you but we hate German

»Teacher, we love you, but we hate German.« An diesen Satz werde ich mich schnell gewöhnen. Und werde mich doch nicht daran gewöhnen. Als Lehrer resigniert man nicht so leicht, das geht gegen die Berufsehre. Also werde ich nicht nachlassen, an diesem Haß zu arbeiten, wäre aber sicher irritiert, wenn meine Schülerinnen ihre Standardformulierung eines Tages umkehren würden: »Teacher, we love German …«
Deutsch ist in meiner Schule zweite Pflichtfremdsprache, weil die Schule eine deutsche Gründung ist und bis zum heutigen Tag aus Deutschland finanziert wird, vom Verein vom Heiligen Lande in Köln.

Als mir in den ersten Wochen die geballte Abneigung gegen das Fach Deutsch entgegenschlägt, bin ich enttäuscht. Natürlich verstehe ich, daß Deutsch eine Sprache ist, die sich nicht problemlos auf die arabische Zunge legt. Ich entdecke auch, je länger ich Deutsch als Fremdsprache unterrichte, wie reich die Sprache ist – und wie schwer zu erlernen. Die schwierigen Deklinationen der Adjektive, der komplizierte Gebrauch der Präpositionen, die Verästelungen des Wortschatzes in den Verbkomposita, das alles ist harte Kost. Aber die Schülerinnen können fast alle ein fabelhaftes Englisch sprechen und schreiben, die beste Voraussetzung also, um Deutsch zu lernen, sind sich doch die beiden Sprachen in ihrer Struktur ähnlich.

Ich finde keine wirkliche Erklärung für das Desinteresse. Ich mühe mich ab, fahnde nach spannender Lektüre, schreibe kleine Stücke, suche Lieder, bereite Stundenblätter vor – der Erfolg ist mäßig.

Eine Erklärung liefern mir die Schülerinnen selbst: ständiger Lehrerwechsel. Es gibt keine Möglichkeit in Palästina, an einer der Universitäten Deutsch zu studieren. Also gibt es keine Deutschlehrer mit Arabisch als Muttersprache, die man aber in den Klassen 4 und 5 bräuchte, in denen man mit der Sprache beginnt. Früher gab es deutsche und österreichische Nonnen, die für Kontinuität im Unterricht sorgten. Seit Schwester Alberta in den Ruhestand gegangen ist, gibt es nur noch eine koreanische Nonne, Sister Gregoria, der das Deutsch hörbar nicht an der Wiege gesungen wurde. In den Oberklassen versucht die Schulleitung seit Jahren, deutsche Lehrerinnen als »native speakers« zu gewinnen. Diese bleiben aber höchstens für ein Jahr, oft kürzer. Manche kommen im religiösen oder spirituellen Höhenflug, um sich ein Jahr Heiliges Land zu »gönnen« und nebenher »ein bißchen« Deutsch zu unterrichten. Wenn sie dann entdecken, daß dieser Unterricht Knochenarbeit bedeutet, verflüchtigt sich die Begeisterung rasch. So erzählen mir Schülerinnen, daß sie in einem Schuljahr drei verschiedene Lehrerinnen gehabt hätten. Kein Wunder, daß auf diese Weise viel Motivation verlorengeht.

Neben dem Lehrerproblem gibt es andere Begründungsnöte. »Who cares about German?« fragen mich die Schülerinnen. Englisch ist die Sprache der Welt, der Schlüssel zum Internet, die Voraussetzung, um Karriere zu machen, in welchen Bereichen auch immer. Mit Englisch kann man amerikanische Filme im Original sehen und alle Popmusik verstehen. Aber Deutsch? Was hat man von Deutsch? Den Pilgertouristen, falls sie einmal wieder kommen, in der Via Dolorosa ein »Wie geht's?« zurufen zu können, ist das ein Gewinn?

Ich versuche, meinen Schülerinnen zu vermitteln, daß man mit einer Sprache nie nur eine Sprache lernt, sondern auch neue Orientierungen gewinnt, sich neue kulturelle Horizonte erschließen kann. Sie fragen zurück: »Müssen wir Goethe kennen, wenn wir Shakespeare kennen? Reicht Shakespeare nicht aus?«

Ich versuche, sie auf der pragmatischen Ebene zu überzeugen. Wenn jeder Englisch kann, erwirbt man eine besondere Kompetenz, wenn man noch eine andere Sprache beherrscht. Neue Perspektiven tun sich auf. Es gibt sehr generöse Stipendien für Studienaufenthalte in Deutschland. Ein Studium in Deutschland hat in Palästina immer noch eine hohe Reputation.

Sie wiegen zweifelnd ihren Kopf. Die meisten möchten den Deutschunterricht irgendwie überleben, ohne an ihm zu scheitern. Die Botschaft ist klar: »Mach du uns das Leben leicht, dann machen wir dir das Leben leicht. Ist das ein faires Geschäft?«

Am Brunnen vor dem Tore

In meinem Abitur sollte ich in der mündlichen Prüfung über die Strukturprobleme im Kohlebergbau Mittelenglands berichten. Daran erinnerte ich mich, als ich die deutschen Lehrbücher durchblätterte, die an meiner Jerusalemer Schule eingeführt sind. Die Lehrwerke für »Deutsch für Ausländer« legen großen Wert auf Landeskunde. Ein Lernender der deutschen Sprache, gleichgültig ob er eine Studentin aus der Ukraine, ein Industriemanager aus Debrecen oder eine Schülerin aus Ostjerusalem ist, sollte wissen, wer in der Bundesversammlung sitzt und zu welchem Zweck diese zusammentrifft (wissen das alle Deutschen?), was die Probleme eines Schichtarbeiters im VW-Werk sind und woraus ein bayerischer Leberkäse besteht.

Das letzte interessiert meine Schülerinnen noch am meisten. Denn das Essen spielt im arabischen Leben eine große Rolle, und viele meiner Schülerinnen müssen schon für ihre Familie kochen, wenn die Mutter berufstätig ist.

Die internationalen Jugendthemen finden großen Anklang: Teenage-Life und Erwachsenwerden, Träume von der Zukunft, die schöne Welt des Films, Reisen rund um die Welt, Traumberufe. Die deutschlastigen Themen wie Nachkriegsgeschichte, Wiedervereinigung, europäische Einigung, Föderalismus und Zentralismus, Wirtschaft und Energie rufen hingegen gequälte Abwehrversuche auf den Plan.

Also starte ich immer wieder Versuchsballons, um herauszufinden, wo ich sie erreiche – und mache erstaunliche Entdeckungen. Die deutsche Romantik rührt tief an ihre Sehnsüchte. Eichendorffs »Mondnacht«: »Es war, als hätt' der Himmel / die Erde still geküßt«, Mörikes »Frühling läßt sein blaues Band«, und Heines »Lorelei« werden Sternstunden in der elften Klasse, auch wenn die rein sprachlichen Barrieren zum Verständnis der Gedichte groß sind.

Um ihnen einen Eindruck von der romantischen Musik zu geben, rede ich über die »Schöne Müllerin« und die »Winterreise«. Aber die Schülerinnen wollen nicht über das deutsche Kunstlied sprechen, sie wollen es singen. Niemals in meiner langen Zeit als Lehrerin habe ich in der Schule gesungen. Jetzt bin ich in der Pflicht und singe aus dem Stand »Am Brunnen vor dem Tore« vor. Sie applaudieren, sie fangen sofort an zu singen, in diesem uns monoton erscheinenden, der arabischen Musik entlehnten Gestus, sehr guttural, die Umlaute in die Breite ziehend. Bei der zweiten Strophe tanzen auch ihre Körper, sie erfinden den Walzer, den sie nicht kennen, neu.

Im Pausenhof der Schmidt's School steht kein Lindenbaum. Es stehen dort drei imposante alte Kiefern. In ihrem Schatten ertönt in der Pause jetzt sehr oft der »Limetree-Song«.

Einmal singen wir das Lied, als aus der Altstadt Schüsse herüberknallen. Alle Schülerinnen stürzen an die Fenster, um zu sehen, ob es etwas zu entdecken gibt. Dann kehren sie auf ihre Plätze zurück und nehmen den Refrain da auf, wo sie ihn unterbrochen haben: »Du fääändest Ruhe dort.«

Mit der Zeit finde ich heraus, daß ich sie immer dann motivieren oder, wie es im neuen pädagogischen Diskurs in Deutschland heißt, »abholen« kann, wenn ich sie auf ihr Eigenstes anspreche, die großen kulturellen Leistungen Arabiens, ihre Liebe zu ihrem Land, ihre arabische Identität. Ich erzähle ihnen, daß meine Heimatstadt Tübingen sehr stolz auf ihre 500 Jahre alte Universität ist, daß aber die ältesten Universitäten der Welt im Vorderen Orient und in Nordafrika stehen: Sabid im Jemen hatte schon im 9. Jahrhundert eine Akademie, an der Algebra gelehrt wurde, die Universität von Kairaouine in Marokko und die Al Ashra in Kairo sind älter als 1000 Jahre. Wir stellen die großen arabischen Entdeckungen in der Astronomie und der Medizin heraus, die Erfindung der Zahl Null in der Mathematik, wir sammeln Bilder von den alten Moscheen mit ihren kunstvollen Fayencen, rühmen die Kunst des Teppichknüpfens und nicht zuletzt die kalligraphische Schönheit der arabischen Schrift. Natürlich möchte ich meinen

Schülerinnen in einer Zeit, in der sie so viele Demütigungen erfahren, ein Äquivalent bieten, das ihr Selbstbewußtsein hebt. Aber sie würden durchschauen, wenn ich es nur aus pädagogischen Gründen täte – gar mit der europäischen Arroganz, die von oben herab auch noch etwas anderes zuläßt, es aber immer nur vom Eigenen her definiert. Da sie wohl spüren, daß meine Bewunderung echt ist, fühlen sie ihre Liebe zur Heimat bestätigt.

Tagelang sitze ich an meinem Schreibtisch, um arabische Geschichten, die ich in den Bibliotheken in englischer Übersetzung finde, ins Deutsche zu übertragen, damit arabische Mädchen auf diesem philologisch höchst zweifelhaften Weg Deutsch lernen. Aus den Geschichten aus »Tausendundeiner Nacht« muß ich allzu freizügige Stellen kürzen. Dieses Problem habe ich nicht bei den Geschichten von Nasrudin Hodscha, einer Art muslimischem Till Eulenspiegel. Meine Lieblingsgeschichte hat einen wunderbar absurden Witz, einen Humor, der der Einsicht in die Lächerlichkeit menschlichen Bemühens entspringt und an Samuel Beckett erinnert.

Mehr Licht

Ein Nachbar sah, daß Nasrudin Hodscha irgend etwas auf dem Erdboden suchte.
»Was hast du verloren, Hodscha?« fragte er.
»Meinen Schlüssel«, sagte der Hodscha.
So gingen beide auf die Knie und suchten den Schlüssel.
Nach einer Weile fragte der andere Mann:
»Wo genau hast du den Schlüssel fallen lassen?«
»In meinem Haus.«
»Aber warum suchen wir dann hier draußen?«
»Hier ist mehr Licht als im Haus.«

Hochzeit auf arabisch

Sind palästinensische Mädchen emanzipiert? Verkörpern sie den Typ der neuen arabischen Frau, die sich an westliche Frauen(vor)bilder anlehnt?

Als im Jahr 1886 der deutsche Pfarrer Friedrich Wilhelm Schmidt die Schule gründete, wollte er etwas für die Erziehung und Bildung der christlichen arabischen Mädchen tun. Heute sind nur noch 20 Prozent der 450 Schülerinnen Christinnen, 80 Prozent Musliminnen.

In der elften Klasse gibt es eine störrische junge Frau, die laut verkündet, sie wolle keine Kinder. Ungläubiges Staunen ringsum: das ist der unüberbietbare Gipfel an Renitenz. Denn alle Schülerinnen kommen aus kinderreichen Familien, vier bis sechs Kinder sind die Regel, acht sind keine Seltenheit. 53 Prozent der palästinensischen Bevölkerung sind unter 17 Jahre alt, in Israel sind es 36 Prozent. Israel sieht dieses als demographische Bedrohung, zumal sich die jüdischen Familien – von den ultraorthodoxen abgesehen – der westeuropäischen Geburtenrate nähern.

Carolin, eine Engländerin aus Reading, die mit einem palästinensischen Politologen verheiratet ist, sagt hinter vorgehaltener Hand: »Nach außen leben hier alle ein sehr intaktes Familienleben. Die Familie hält zusammen, die Kinder werden vergöttert, es gibt keine Scheidungen, keine Alkoholprobleme, keine Drogen. Unter der Decke aber gibt es viel Elend. Natürlich bei den Frauen.«

Denn die klassischen rollentypologischen Fixierungen haben sich nicht geändert, auch wenn viele palästinensische Frauen der Mittelschicht heute berufstätig sind, auch wenn meine Schülerinnen in akademische Berufe drängen und selbstbewußt auf ihre Fähigkeiten pochen.

In meinem Viertel begegnet mir bei den Palästinenserinnen die alte und neue arabische Welt. Einige tragen lange Kleider und Kopftuch, den Hjab, andere sind verschleiert und lassen nur die Augenschlitze frei. Meine Kolleginnen dagegen sind europäisch-elegant gekleidet, die Liebe zu Stöckelschuhen springt in Auge und Ohr und unterscheidet sich deutlich vom Einheitsschuhwerk der Israelis, den Joggingschuhen, die auch zum dunklen Anzug oder blauen Kostüm getragen werden. Diese palästinensischen Frauen können nicht nur Küchengeräte, sondern auch den Computer bedienen, sie stehen ihren Mann. Trotzdem sind sie tief in ihre patriarchalischen Familienstrukturen und islamischen Wertvorstellungen eingebunden. Westliche Emanzipationsideale kommen nicht in ihren Blick. Die vorbestimmte und vorgewählte Abhängigkeit vom Ehemann wird nicht in Frage gestellt. Und auch bei der Wahl des Ehemannes bleibt unangezweifelt der Vater die letzte Instanz.

Eine meiner älteren Kolleginnen fuhr in den letzten Ferien mit ihrem Mann in die USA, um dem dort lebenden Sohn, einem erfolgreichen Arzt, eine palästinensische Frau »zuzuführen«.

»Dort, in Amerika, kann er doch keine anständige Frau kennenlernen«, sagte sie bestimmt.

»Natürlich möchte ich mir selbst einen Mann aussuchen«, sagt Sahar, eine meiner muslimischen Schülerinnen, die nach dem Abitur Biotechnologie in Deutschland studieren will. »Aber mein Vater muß mit meiner Wahl einverstanden sein. Sollte er auch nur die geringsten Einwände haben, werde ich mich von dem Freund trennen. Denn mein Vater weiß schließlich, was für mich gut ist, wer zu mir paßt. Darum sind unsere Ehen doch besser und halten auch länger als eure in Deutschland, oder?«

Ein Kapitel im Lesebuch der zehnten Klasse ist dem Thema »Liebe und Partnerschaft« gewidmet. Deutsche Wirklichkeit kommt in den Blick: Vorteile des Single-Lebens, Haushaltsprobleme alleinerziehender Väter, Karriere kontra Kind, Patchwork-Familie, Eheberatung, Streitkultur, Mediation im Scheidungsfall. Für meine Schülerinnen sind alle diese Themen von exotischer Fremdheit, sie verstehen die Welt nicht, zumindest nicht die deutsche oder westeuropäische oder amerikanische. Aber die Gegenbilder, die die jungen Frauen entwerfen, sind nicht weniger typisiert und vom Zeitgeist eingefärbt. Am liebsten malen sie sich ihre Hochzeit aus, Bilder, in denen sich traditionelle Strukturen mit neoromantischen, durch die Medien vorklischierten Projektionen mischen. Denn die Männer sollen nicht aussehen wie ihre arabischen Jungen aus der Nachbarschaft, sondern wie Leonardo DiCaprio oder Brad Pitt.

Das Hochzeitskleid sollte dem von Madonna ähneln. Und die Hochzeitsreise sollte nicht nach Jordanien oder an die ägyptische Riviera gehen, sondern nach Kalifornien, nach Paris, nach Australien oder in die Schweiz. Entscheidend aber ist, daß die Hochzeit groß gefeiert wird, daß die ganze Familie daran teilnimmt, Onkel, Tanten, Cousinen, Cousins, Großeltern und Geschwister der Großeltern. Der Bräutigam spielt in diesem Arrangement die Rolle einer zu vernachlässigenden Größe. Neben seinem wunderschönen Aussehen braucht er nur noch etwas beizusteuern, und das ist Schmuck. Stellten früher einmal Kamele, Ochsen, Olivenfelder eine Morgengabe dar, so sind heute Diamanten der Schlüssel zum Paradies. Viele junge Männer können nicht heiraten, weil sie nicht in der Lage sind, den teuren Schmuck zu kaufen. Juwelen aber sind die conditio sine qua non, an ihnen hängt das Ansehen der Braut und der künftigen Frau in der Gesellschaft. Alles muß seine Ordnung haben: »Wenn ich in einen Mann verliebt bin, müßte ich ihn heiraten. Zuerst mache ich die Verlobung, und nach fünf Monaten müssen wir heiraten. Ich wünsche mir ein süßes weißes Hochzeitskleid und viele goldene Ringe und Diamanten. Ich möchte rote Blüten an die Wände malen. Meine ganze Familie muß kommen, und wir wollen auf einem Schiff in Eilat feiern. Dann fahren wir in den Flitterwochen nach Paris.« Ein anderes Mädchen breitet alle Herrlichkeiten einer Superhochzeit aus, um ganz lapidar zu enden: »Ich habe Angst vor diesem Tag.«

Nach der Hochzeit spielen auch bei der fortschrittlichen palästinensischen Frau die Kinder die entscheidende Rolle. Allerdings haben meine Schülerinnen andere Vorstellungen als ihre Mütter, was die Anzahl der Kinder angeht. »Drei oder vier sind wirklich genug«, sagen sie.

Amira bekommt immer einen deutlich resignativen Zug um den Mund, wenn von Kinderreichtum die Rede ist. Sie ist die älteste von acht Geschwistern, die sieben nachfolgenden Kinder sind ausnahmslos Jungen. Es macht Amira nichts aus, daß sie viel im Haushalt helfen und ihre berufstätige Mutter unterstützen muß. Sie leidet an etwas anderem: »Es ist immer so laut!« Nirgendwo findet sie zu Hause eine ruhige Ecke, in der sie ungestört lernen könnte. Und sie ist eine sehr ehrgeizige Schülerin mit den besten Noten. Ich bewundere sie und frage, wie sie ihre Vorbereitungen für die Schule erledigen, wie sie für Klassenarbeiten und Examina lernen kann. »Manchmal gibt es nachts ein bißchen Ruhe«, sagt Amira. »Aber bist du dann nicht müde?« »Schon.«

Die Lust am Feilschen und am Zweifeln

»Teacher, gib uns etwas zum Auswendiglernen. Dann frag es uns ab. Das ist einfach für uns und einfach für dich.«

Neuere didaktische Kurse sind an meiner Schule nicht gefragt.

Kreatives Schreiben, Handlungsorientierung, fächerübergreifender Unterricht, vernetztes Lernen – das alles sind fremde Begriffe. Hier wird noch »richtig« gelernt, und am liebsten auswendig, »by heart«, auch wenn das Herz ganz unbeteiligt bleibt. Der Lieblingssatz moderner deutscher Pädagogik »Schule muß Spaß machen« würde von meinen Schülerinnen nur mit Verwunderung quittiert werden. Spaß? Fun? Was hat denn das mit Schule zu tun?

Die wohltätigen Folgen einer autoritären Schulordnung stehen außer Zweifel. Nach dem Motto »Vertrauen ist gut, Kontrolle ist besser« werden nicht nur die Schülerinnen, sondern auch die Lehrerinnen regiert. Die Folge ist, daß nie jemand fehlt. Wenn bei einem schriftlichen Examen eine Schülerin krank ist, kommen die Eltern mit dem Auto vorgefahren, die Schulleitung entscheidet dann per Gesichtskontrolle, ob die Krankheit glaubwürdig ist und die Schülerin fehlen darf. Wer eine Klassenarbeit versäumt, und sei es entschuldigt, darf diese nicht nachholen. Es liegt im Ermessen des Lehrers, wieviel Punkte er der Schülerin für diese Nichtarbeit gibt, höchstens 80 Prozent ihres letzten Zeugnisdurchschnitts sind gestattet.

Auch die Lehrerinnen fühlen sich unter Druck und fehlen nur, wenn sie im Krankenhaus liegen. Grippe, Erkältungen, Beinbrüche, Entzündungen, Fieber werden in die Schule hineingetragen. Denn am Ende jeden Schuljahres droht die Evaluation: Dann entscheidet die Schulleiterin, ob der Lehrervertrag um ein weiteres Jahr verlängert wird. Die Stellen am Schmidt's College sind begehrt und rar. Und jetzt in den Zeiten der Intifada geht es einigen Kolleginnen wie Miss Rosie. Sie ernährt mit ihrem schmalen Junglehrergehalt nicht nur sich selbst und ihre Mutter, sondern auch ihren arbeitslosen Bruder und seine vierköpfige Familie. Sechs Personen leben von umgerechnet 800 Euro. Wie sie das machen, ist mir ein Rätsel.

Man könnte vermuten, daß die strenge Disziplin das Unterrichten einfach macht. Man schüttet als Lehrer Wissensgut in den sprichwörtlichen Harsdörfferschen Trichter, stopft die Nahrung in die aufgesperrten Hälse und kontrolliert, was dabei herauskommt. Nichts ist einfach. Ich stelle fest, daß so wenige Fortschritte im Deutschen erzielt werden, weil die Schülerinnen zwar Vokabeln lernen, sie bei einer Arbeit ausspucken wie ein Geldautomat die Münzen, aber bereits am nächsten Tag vergessen haben. Sie fragen mich, ob sie nur die Schreibweise der Wörter lernen müssen oder gar auch noch ihre Bedeutung oder, das wäre der Gipfel der Zumutung, auch noch die Artikel der Nomen oder gar die Pluralformen. Es ist schwierig für mich, sie nicht mit Neuerungen zu verwirren, aber ein sinnvolleres Lernen in Gang zu setzen. Es gibt nie Diskussionen über den Lernstoff, da bin ich als allwissende Instanz respektiert. Aber das Klassenzimmer ist immer auch ein arabischer Basar, auf dem leidenschaftlich gefeilscht wird: um die Menge der Hausaufgaben, den Zeitpunkt und Umfang der Klassenarbeiten, um Viertelpunkte in der Benotung. Temperamentvolle Ausbrüche, die sich dahin steigern, daß fünfundzwanzig Mädchen von ihren Sitzen aufspringen, ans Pult rennen, mich einkreisen, auf mich einschreien, in ihrer Erregung an meiner Kleidung zupfen, haben mich am Anfang in tiefe Verwirrung gestürzt. Umgekehrt treiben die Schülerinnen, wenn sie sich entschuldigen, die Zerknirschung in die gleiche Emphase. »Teacher, we are so sad. Glaub uns doch! Du weißt gar nicht, wie unglücklich wir sind.« Sie bestehen darauf, mir die Tasche ins Klassenzimmer zu tragen. Sie halten mir die Tür auf und geleiten mich ans Pult. Sie bieten mir Süßigkeiten an. Aber dann wage ich es, Vokabeln in kleinen Sätzen abzufragen, was als unziemliche Erschwernis angesehen wird. Und schon ist wieder die Hölle los.

Ich lerne Shulamith kennen. Sie stammt aus England und hat dort an einer noblen Privatschule gearbeitet, bevor sie vor einem Jahr Alijah gemacht hat, also nach Israel eingewandert ist. Sie hat sich an einer israelischen Schule beworben und wurde als englischer »native speaker« auch sofort genommen. Ihre Erfahrungen in Israel sind ganz anders als die meinen in Palästina, klingen aber nicht weniger gewöhnungsbedürftig. »Man kann keinen Satz sagen, der unwidersprochen bleibt. Der Zweifel ist der Vater jedes Gedankens. Die Diskutierlust der israelischen Schüler führt dazu, daß man niemals das Ziel einer Unterrichtsstunde erreicht. Man treibt auf der Stelle. Alles wird in Frage gestellt. Rede führt zu Gegenrede. Die Gegenrede führt zu neuer Gegenrede. Ad infinitum. Und jemanden ausreden zu lassen gilt als Zeichen von Schwäche. Warum schreibt man potato im Plural potatoes? Liegt das in der göttlichen Vorsehung? Haben die Propheten etwas dazu gesagt? Gibt es zu diesem Problem eine Auslegung im Talmud? Geht es vielleicht um genmanipulierte Kartoffeln?«

Shulamith ist eine fromme Jüdin, die nach Israel gekommen ist, um hier ihren Glauben besser leben zu können. Ihre ersten Schultage haben sie schockiert und desillusioniert. »Wir sind doch ein Volk des Buches, der Schrift, des Wissens. Den Talmud diskutiert man nicht, man lernt ihn. Man lernt auch die Auslegungen. Meine Schüler wollen nichts lernen, ich soll ihnen gerade so viel Englisch beibringen, daß sie den Computer bedienen und Computerspiele machen können. Vor allem wollen sie nicht von Literatur belästigt werden. ›Haben Sie nicht ein paar nette Comics?‹ wurde ich in der ersten Stunde gefragt. Ein israelischer Politiker hat vor kurzem gesagt: ›Wir geben soviel Geld für Schulen aus wie Schweden und erzielen Resultate wie in Zaire.‹ Das klingt rassistisch und nicht glücklich formuliert, aber ich fürchte, er hat recht.«

Die Klagen kommen mir aus meinem deutschen Lehrerzimmer nicht unvertraut vor. Ich erzähle Shulamith von der Pisa-Studie, um sie zu trösten, daß nicht nur Israel seine Schulprobleme hat.

Aber Shulamith hat in der Schule gekündigt. Jetzt studiert sie erst einmal Judaistik. Sie hofft auf tiefe Einblicke in Jahwes Plan, seine auserwählten Kinder aus dem Tal der Unwissenheit zu führen.

Und womit beschäftigen Sie sich?

Es ist eine Einladung »mit Begleitung«. Die Begleitung bin ich. Mein Mann ist eingeladen zur Verabschiedung eines deutschen Professors, der über 20 Jahre lang die Arbeit des Franz-Rosenzweig-Zentrums gefördert und mitgetragen hat. Das Franz-Rosenzweig-Zentrum in Jerusalem ist ein wissenschaftliches Institut, in das deutsche Gelder in einer Höhe fließen, die wohl für kein anderes Land der Welt zur Verfügung stünden. Hier wird das Erbe deutsch-jüdischer Kultur gepflegt, werden israelische und deutsche Studenten gefördert, die über ein deutsch-jüdisches Thema recherchieren oder promovieren wollen. Es gibt Lehrveranstaltungen, Konferenzen, Symposien, Publikationen. Und jetzt einmal eine Ehrung.

Wenn man wie ich jeden Tag am Damaskustor in eine arabische Welt eintaucht, in der Müll, Lärm und Chaos herrschen, werden die Sinne geschärft für Schönheit und Ruhe. In dem Restaurant Taverna an der Sherover-Promenade sitzen an diesem Abend elegant gekleidete Menschen zusammen, alles ist gedämpft, in ein durch Kerzen weichgezeichnetes Licht getaucht. Ein verdienter Gelehrter wird gefeiert – und natürlich feiert sich auch die »academic community« selbst. Wohlgesetzte Reden, ein herzlicher Toast, etwas Wein, ein bißchen Fisch, gepflegte Konversation. Mein Nachbar zur Linken, ein Israeli, dessen Eltern im mexikanischen Exil waren, lehrt Philosophie an der Ben-Gurion-Universität in Beer Sheva. Er hält Seminare über Heidegger und die modernen französischen Philosophen Foucault, Derrida, Lévinas. Unter seinen Studenten sind Beduinen, deren Väter noch als Nomaden mit Kamelherden durch die Wüste zogen. Die Söhne ziehen mit ihrem Lehrer in die Heideggersche »aletheia«, ins »Unverborgene«.

Meine Nachbarin zur Rechten ist »Begleitung« wie ich. Unsere Männer sind Kollegen an der Hebräischen Universität. Irgendwann fragt sie mich: »Und womit beschäftigen Sie sich hier in Israel?« Eine gute Antwort wäre natürlich: »Ich lerne Hebräisch.« Oder: »Ich habe einen Kurs an der Universität belegt. Ein bißchen englische Frauenliteratur ...« Es beginnt ein Frage- und Antwortspiel, das ich im Laufe meines Jerusalemer Lebens oft absolvieren werde.

»Ich unterrichte Deutsch.«

»Ach, wie interessant. Schön.« Pause, Nachdenken. »Aber, wenn ich fragen darf, wo unterrichten Sie denn? An der Universität oder im Goethe-Institut?«

»Nein, an einem Gymnasium.«

»Ach, es gibt tatsächlich eine Schule in Jerusalem, die Deutsch anbietet?«

»Es ist eine christliche Schule, eine alte deutsche Gründung.«

Lange Pause, langes Nachdenken. »Wie heißt denn die Schule?«

»Schmidt's Girls College.«

»Nie gehört. Und wo ist die Schule?«

»Direkt gegenüber dem Damaskustor.«

Sofortiger Reflex, ungläubige Verwunderung.

»Dann unterrichten Sie ja bei den Palästinensern!«

»Ja.«

Was dann folgt, ist höchst unterschiedlich. Da sind die linken und friedensbewegten Israelis, die mich sofort an die Brust drücken und mich nicht mehr loslassen, die in Schimpftiraden auf die gegenwärtige israelische Regierung ausbrechen, ihre Nach-Oslo-Frustrationen ausbreiten und alles über meine Erfahrungen in Palästina wissen wollen.

Da sind die leicht Indignierten, die höflich die Regeln der Konversation beachten, noch einmal »Ach, wie interessant« sagen und schnell auf ein minenloseres Gesprächsfeld überwechseln, das Wetter, das Essen, eine Restaurant-Empfehlung, um dann, wenn die Erfordernisse des Anstands erfüllt zu sein scheinen, sich rasch zu verabschieden und einem anderen Gesprächspartner zuzuwenden. Da sind schließlich die stramm-zionistischen Widersacher, die sofort ausholen und mich mit »Informationen« vollstopfen, die der blutigen Ignorantin, die in naiver Verblendung in die Hände der Araber gefallen ist, beweisen wollen, daß die Palästinenser ein Volk sind, das nur Haß, Raffgier, Lüge, Faulheit und Bosheit kennt und auf der untersten Stufe der Menschheit steht.

Letztere schicken mir dann E-Mails wie diese:

Ein Mann geht in Haifa in ein Antiquitätengeschäft und sieht eine Ratte aus Bronze. Er fragt nach dem Preis. 50 Schekel die Ratte, 300 Schekel kostet die Geschichte dazu, sagt der Antiquitätenhändler. Ich nehme nur die Ratte, sagt der Mann und geht. Bald merkt er zu seinem Entsetzen, daß eine lebendige Ratte hinter ihm herläuft. Bald kommen immer mehr Ratten und folgen ihm. Er fängt an zu laufen, die Ratten immer hinter ihm her. Schließlich kommt er ans Meer und wirft in höchster Not seine bronzene Ratte ins Meer. Alle Ratten folgen und ertrinken. Nach einer Stunde erscheint der Mann wieder im Antiquitätengeschäft. »Na, wollen Sie jetzt dazu die passende Geschichte?« fragt ihn der Händler. »Nein«, antwortet der Mann, »aber hätten Sie vielleicht einen Araber aus Bronze?«

Daneben gibt es noch die Israelis, die meine Freunde sind oder geworden sind, die meine Arbeit akzeptieren und wertschätzen, mich aber auch ihre eigene schwierige Vaterlandsbeziehung, ihre Verletzlichkeit, ihre Angst vor den Palästinensern verstehen lassen. Mit ihnen gibt es lange und eindringliche Gespräche über den israelisch-palästinensischen Konflikt, über Zukunftsperspektiven für ein Land, in dem so viele Menschen Heimatrecht beanspruchen und in dem die Bereitschaft, sich gegenseitig Heimat zuzugestehen, radikal abgenommen hat.

Die erste Deutsche

Man läßt sich einlullen. Jahrzehntelang fuhr ich nicht nach Israel, ohne mich hier sehr deutlich und explizit als Deutsche zu fühlen. Das rührte weniger von der allgemeinen Bewußtseinslage her, daß man als Deutscher den Holocaust oder die Shoa, wie man auf Hebräisch sagt, auch nach zwei Generationen immer noch im Gepäck mit sich herumträgt. Ich führte es eher auf Erlebnisse zurück, die ich Anfang der sechziger Jahre hatte, als ich als Zehntkläßlerin zum ersten Mal Israel bereiste. Damals gab es noch kaum deutschen Tourismus in Israel. Wer traute sich schon als Deutscher – außer als Pilger – in ein Land, in dem nahezu jede Familie um Verwandte trauerte, die in Konzentrationslagern ermordet worden waren, in dem man Tausende von Menschen sehen konnte, die noch ihre eintätowierte KZ-Nummer am Arm trugen. In Tel Aviv ging ich damals an einem Nachmittag allein in ein kleines Café und las in einem deutschen Buch. Die Besitzerin brachte mir süße Blinzen, eine Spezialität der polnischen Küche. Ich spürte, daß sie mich musterte, fühlte mich zunehmend unbehaglich, steckte meinen Kopf immer tiefer in mein Buch. Es war, ich vergesse es nicht, »Ich und Du« von Martin Buber. Ich konnte die Frau nicht täuschen; mich als Deutsche auszumachen war einfach. Aber sie hatte auch sofort gesehen, daß ich keine Jüdin war, Buber hin oder her.

Als das Café leer war, kam sie auf mich zu, setzte sich ohne Umschweife an meinen Tisch und sprach mich ebenso direkt und unter Verzicht auf alles Förmliche auf deutsch an: »Was weißt du über Hitler?« Ich stotterte ein, zwei Sätze, die sie nicht zufriedenstellten. Dann begann eine Examination, die sehr den Charakter einer mündlichen Schulprüfung hatte. Ich wurde sicherer, dankte insgeheim meiner Geschichtslehrerin und gab immer detailliertere Antworten. Machtergreifung, Nürnberger Gesetze, Reichspogromnacht, Theresienstadt, Wannseekonferenz, Eichmann, Warschauer Ghetto, Auschwitz, Mengele. Nur was in Lidice geschehen war, wußte ich nicht. Die alte Frau war unnachgiebig, sie sprach mit einer leisen, insistierenden Stimme, vor der es kein Entrinnen gab. Sie schaute mich nicht an, stellte ihre Fragen ins Leere hinein, in einen Raum zwischen meinem Stuhl und dem Fußboden. Ich verfluchte, in dieses Café gegangen zu sein, fühlte, daß mir der Schweiß übers Gesicht rann. Die Blinzen hatte ich längst zur Seite geschoben. Das Glas war leer, ich traute mich nicht, um neues Wasser zu bitten. Irgendwann war die »Vernehmung« – nichts anderes war diese Stunde gewesen – zu Ende. Die Frau sah mich an. »Ich habe dich gequält, aber ich konnte nicht anders. Ich komme aus Gleiwitz, aus Schlesien. Ich habe meine ganze Familie in Konzentrationslagern verloren, darunter vier Söhne. Mich hat man einfach vergessen. Vergessen. Ich mußte dich so fragen. Ich mußte wissen, ob die jungen Deutschen eine Ahnung haben, was mit uns geschehen ist. Oder ob das alles nach dieser kurzen Zeit schon wieder aus dem Gedächtnis verschwunden ist.«

Ich hatte Gnade vor ihr gefunden. Sie bestand darauf, mir die Rechnung zu erlassen. Sie lächelte nicht, als ich ging. Aber sie nickte mit einer ganz sparsamen Bewegung des Kopfes.

Vielleicht mußte ich dieser Frau wegen einige Jahre später Geschichte studieren und Lehrerin werden und muß meine deutschen Schüler heute noch jedes Jahr nach Dachau führen, auch wenn für sie Hitler genauso weit entfernt ist wie Bismarck oder Napoleon.

Als ich in den siebziger und achtziger Jahren nach Israel fuhr, war ich immer darauf gefaßt, als Deutsche apostrophiert zu werden. In Israel entrinnt man seinem »schwierigen Vaterland« nicht, wie Gustav Heinemann es genannt hat.

Seit den neunziger Jahren, so schien es mir, herrschte plötzlich eine andere Atmosphäre in Israel. Du bist eine Deutsche, na und? Spielt das irgendeine Rolle? Ist das irgend etwas anderes, als wenn du eine Amerikanerin oder eine Französin wärst? Ach, hör schon auf mit dem Holocaust. Hast du irgendeinen Juden umgebracht? Mit Sicherheit nicht. Also, gibt es einen Grund, in Sack und Asche zu gehen?

Plötzlich konnte man in diesem Land auf die Frage »Woher kommst du?« antworten: »Aus Deutschland« – und bekam überhaupt keine Reaktion. Das war ungemein befreiend, gleichzeitig auch sehr irritierend. Man hatte so sehr verinnerlicht, sich ständig für seine Nationalität, für die Verbrechen der Väter zu entschuldigen, daß einen das Desinteresse der jungen Israelis unvorbereitet traf.

Als mein Mann und ich eine Wohnung in Jerusalem suchten, besichtigten wir innerhalb von zwei Tagen acht Apartments. Die Vermieter erfuhren erst an Ort und Stelle, daß wir Deutsche waren. Wir hätten jede Wohnung mieten können. Es gab kein Zögern. Einige Vermieter telefonierten hinter uns her, ob wir nicht doch ihr Apartment nehmen möchten. Bei einer Wohnung in Emek Refaim erschien die Vermieterin mit ihrem Vater. Dieser, ein agiler 80jähriger, entpuppte sich als ein gebürtiger Leipziger, der in den dreißiger Jahren auf abenteuerlichen Umwegen nach Israel geflohen war. Er bestand darauf, uns in sein Haus mitzunehmen und uns seine Bibliothek zu zeigen. In großen Mahagonischränken standen dort in Leder gebundene Erstausgaben von Goethe und Schiller, von Hölderlin, E.T.A. Hoffmann und Heinrich Heine. Wir bewunderten seine Schätze. »Ja«, sagte er, »Sie erkennen noch den Wert dieser Bücher. Diese kulturlosen Israelis hier, die können ja mit alledem nichts mehr anfangen.« Mit den kulturlosen Israelis meinte er seine Kinder und Enkel.

Im Oktober 2000 ging ich an einem Montag ins Israel-Museum. Das Museum war menschenleer, die Touristen blieben der Intifada wegen aus. Im »Schrein des Buches«, dem Museum, in dem die alten Papyrusrollen aus Qumran ausgestellt sind, sprach mich im feierlichen Halbdunkel ein Amerikaner an. Es stellte sich heraus, daß er ein Kurator am Metropolitan Museum in New York war, der jedes

Jahr nach Israel kam, weil ein Großteil seiner Familie in Tel Aviv lebt. Und jedes Jahr müsse er einen Tag nach Jerusalem – in sein geliebtes Israel-Museum. Er schien froh zu sein, eine Menschenseele in diesem verwaisten Gebäude gefunden zu haben, zumal eine, mit der er die Begeisterung für dieses Museum teilen konnte. Wir gingen im Kreis um die ausgestellten Papyri, studierten die Begleittexte, machten sparsame Bemerkungen. Schließlich kam die Frage, auf die ich schon gewartet hatte: Where do you come from? Als ich antwortete, wußte ich schlagartig, daß er an eine englische Stadt oder Region gedacht hatte. Auf die unerwartete Antwort stutzte er, sagte einen langen Augenblick nichts, drehte sich grußlos um und verschwand. Da dachte ich: Du warst ganz schön verwöhnt entweder durch israelische Indifferenz (ein Deutscher, na und?) oder durch kosmopolitische Generosität. Jetzt hast du im Jahr 2000 eine kurze Demonstration erhalten, daß man immer noch nicht ungestraft ein Deutscher in einem jüdischen Land ist.

Eine Stunde später saß ich in der Cafeteria des Museums unter Orangenbäumen und las. Irgendwann sah ich aus dem Augenwinkel meinen New Yorker unbeweglich an der Tür stehen. Dann faßte er sich ein Herz, kam an meinen Tisch, zerknautschte in der Hand seine Baseballkappe und setzte zu langen Entschuldigungen an. Ich möge das bitte verstehen, es gebe Holocaust-Opfer in seiner Familie. Er habe sich nicht vorstellen können, jemals mit einem Deutschen zu sprechen. Jetzt sei er mir unendlich dankbar, weil ich ihm geholfen habe, sein Deutschen-Trauma zu überwinden. Er sei glücklich. Er fühle sich wie ein neuer Mensch. Ich sei die erste Deutsche seines Lebens. Ich müsse mit ihm ins Hilton nach Tel Aviv gehen und dort vom 14. Stock aufs Meer schauen. Oder ob ich lieber in die Azrieli-Türme möchte? Die Begeisterung über den Akt seiner Desensibilisierung zeitigte noch weitere Angebote, deren ich mich kaum erwehren konnte. Wir verabschiedeten uns in Harmonie.

Diese Begegnung im Museum war in zwei Jahren nicht das einzige Mal, daß ich an die deutsche Last in Israel erinnert wurde. Aber es war das einzige Mal, daß ich meiner deutschen Herkunft wegen als Person in Frage gestellt wurde.

Denn die Last existiert nach wie vor. Auch wenn Deutschland heute als einer der verläßlichsten Freunde Israels gilt. Auch wenn Gerhard Schröder und Joschka Fischer als bevorzugte Gäste empfangen werden. Auch wenn sich der deutsche Botschafter in Israel, Rudolf Dreßler, in Ergebenheitsadressen gegenüber Israel übt, die an der Grenze des Peinlichen liegen. Auch wenn deutsche Gelder reichlich und nachhaltig nach Israel fließen und ohne Ziererei angenommen werden.

Orit, die vor vielen Jahren aus den USA nach Israel eingewandert ist, wohnte am Beginn ihres Jerusalemer Lebens in dem Stadtteil Beit Vagan. Unter ihrem Apartment lebte eine Holocaust-Überlebende, über ihr lebte eine Holocaust-Überlebende. Die Frau unter ihr sammelte zwanghaft faulende Essensreste aus den Müllcontainern, die an den Bürgersteigen stehen, brachte diesen Abfall in ihre Wohnung und ließ ihn dort verrotten. Das Haus stank wie ein Komposthaufen. Alle zwei Wochen kam eine städtische Institution und reinigte die Wohnung der Frau. Die Frau im Apartment über ihr stand jede Nacht zwischen zwei und drei Uhr nachts auf und schrie in Todesnot im Treppenhaus herum. »Sie war eine wunderbare Person, und jeder im Haus hat sie geliebt, aber nachts um zwei hat sie jeder verwünscht«. Orit war froh, nach einem Jahr eine andere Wohnung zu finden.

Die Holocaust-Survivor spielen immer noch eine gewichtige Rolle in Israel, auch wenn sie immer weniger werden.

Ein Holocaust-Überlebender zu sein, oder das Kind eines Holocaust-Überlebenden zu sein oder das Enkelkind, gilt in Israel als Blankoscheck: man kann alles darauf schreiben, es wird akzeptiert. Es erklärt alles, entschuldigt alles, nobilitiert alles. Ob hysterisches Verhalten, ob Egomanie, politischer Radikalismus, Promiskuität oder Homosexualität: man kann für nichts verantwortlich gemacht werden. Verantwortlich ist die Geschichte, verantwortlich sind die Nationalsozialisten. Niemand hat so sehr gelitten, niemand darf es wagen, sein eigenes Leiden in Relation zu setzen zu dem der Entronnenen. Auf Todesanzeigen steht unter dem Namen des Verstorbenen »Holocaust-Survivor« wie bei uns »Träger des Bundesverdienstkreuzes«. Noch die Enkel führen ihre Phobien und Neurosen auf die traumatisierten Großeltern zurück. Und die Holocaust-Survivor und ihre Erben haben eine bedeutende politische Stimme, nicht nur, wenn es darum geht, ein Konzert mit Musik von Richard Wagner zu verhindern.

Sarah sagt: »Wenn mein Vater, der als amerikanischer Jude niemals vom Holocaust betroffen war, wüßte, daß ich mit einer Deutschen befreundet bin, würde er mich für geisteskrank erklären. Am schlimmsten in ihrer Unversöhnlichkeit gegenüber den Deutschen sind die Juden, die nie gelitten haben.«

Damit mein Haß nicht müde wird

Am 14. Februar 2001 rast ein palästinensischer Autobusfahrer in Azur in der Nähe von Tel Aviv kaltblütig in eine Gruppe wartender Passanten an einer Bushaltestelle, tötet acht junge Israelis im Alter zwischen 19 und 30 Jahren und verletzt 26 weitere Passanten. Ich spüre vom ersten Augenblick, als ich in die Schule komme, daß etwas nicht in Ordnung ist. Einige meiner Kollegen hängen in den Pausen an kleinen tragbaren Radios und hören Nachrichten. Sie reden lebhaft auf arabisch. Niemand richtet sich an mich und erklärt mir, was passiert ist. So bin ich unvorbereitet, als ich in die elfte Klasse komme. Die Schülerinnen sind völlig aus dem Häuschen, tanzen, singen, johlen und gröhlen. Ich habe überhaupt keine Chance, mit dem Unterricht zu beginnen. Schließlich sagt Merihan: »Teacher, teacher, we are so happy. It's a great day for us. Eight Jews have been killed.« Nibal schreit, kreidebleich im Gesicht: »And there will be more.« Hiba schreibt an die Tafel: »Ich freue mich über töte Jüdish.«

Was ich erlebe, ist Barbarei, mentaler Lynchmord, vergleichbar den Bildern, die nach dem Mord auf der Polizeistation von Ramallah um die Welt gingen.

Ich erreiche schließlich, daß mir die Schülerinnen zuhören. Ob sie verstehen, warum ich erschüttert und entsetzt bin, weiß ich nicht. Mein Mann holt mich an diesem Tag von der Schule ab. Zum ersten Mal nach viereinhalb Monaten in Israel fange ich an zu weinen. »Du mußt nicht an dieser Schule arbeiten«, sagt mein Mann. Ich will aber. Will ich noch?

Am nächsten Tag spreche ich über meine Krise mit meiner Schulleiterin, einer koreanischen Nonne. Sie hält mein Problem für eine deutsche Empfindlichkeit, die sie »historisch« nennt. Sie hat Verständnis für die Reaktionen der Schülerinnen. Als Koreanerin habe sie unter der chinesischen Okkupation gelitten, sie habe erfahren, was Unterdrückung bedeute. Und ob ich denn wisse, wie schlimm die Juden die Palästinenser behandelten. Auch sie gebraucht die palästinensische Sprachregelung, nach der es nur »Juden«, aber keine Israelis gibt. Von Israel zu sprechen würde ja bedeuten, den israelischen Staat anzuerkennen.

Aber wie kann sie als Nonne denn die Freude über die Tötung unschuldiger Menschen mit ihrer christlichen Überzeugung vereinbaren? Sie sagt, ich könne ja meinen Schülerinnen durch mein Verhalten ein Beispiel an humaner Gesinnung geben. Ich fühle mich alleingelassen.

Immerhin hat mein Protest in der elften Klasse Wirkung gezeigt. Niemals mehr erlebe ich ein vergleichbares Verhalten nach einer Attacke auf Israelis. Vielleicht halten sich die Schülerinnen nur zurück, weil sie einen neuen Konflikt vermeiden oder meine Empfindlichkeiten respektieren wollen. Mag sein, daß die eine oder andere Schülerin über meine Reaktion nachgedacht hat und ihr die selbstverständliche Freude über den Tod des Feindes fragwürdig geworden ist. Mag sein, ich weiß es nicht.

An manchen Tagen leide ich so stark unter dem Fanatismus meiner Schülerinnen und Kolleginnen, daß ich mich in die Schule zwingen muß. Für die meisten existieren nur die klaren Oppositionen Freund oder Feind, Liebe oder Haß, Friede oder Gewalt. In meinem Lehrerkalender steht der Satz: »Bene docet, qui bene distinguit.« Gut lehrt, wer gut unterscheidet. Die Kunst der Differenzierung hat keine Konjunktur in dem Umfeld, in dem ich lehre. Aber vielleicht ist das auch eine zu akademische Erwartung angesichts all der Gewalt und der Demütigungen, denen die Palästinenser ausgesetzt sind.

An einem Tag bittet mich Wala in der großen Pause um ein Gespräch. Sie tut sehr geheimnisvoll, schließt gründlich die Tür, als wir im Klassenzimmer allein sind. Dann legt sie eine Zeichenmappe auf den Tisch, die prall gefüllt ist mit Ausschnitten aus arabischen Tageszeitungen. Sie holt Blatt für Blatt hervor, zeigt mit dem Finger auf das jeweilige Foto und erklärt mir, was ich sehen soll. Es ist eine monströse

Sammlung, denn alle Fotos zeigen palästinensische Opfer: zerrissen von Granaten, zerschossen von Gewehren, verwundet durch Schrapnells. Die Gesichter der Opfer sind ein unkenntlicher Brei von zerstörtem Gewebe, Augen hängen aus den Höhlen, Münder sind aufgerissen im Todesschrei, Gedärme treten aus den Leibern, Extremitäten liegen abgerissen neben den toten Körpern. Ein Kabinett des Grauens, zutiefst obszön, da jede Intimität, auf die ein Mensch auch noch im Tode Anspruch hat, gröblich verletzt ist. Wala steht neben mir; ich reagiere ihr offensichtlich nicht heftig genug. So weist sie mich immer auf die schlimmsten Details hin, damit ich ja nichts übersehe. Irgendwann sage ich: »Es ist genug, Wala. Sag mir, warum du so etwas sammelst?« Wala sagt: »Ich schaue mir jeden Tag die Bilder an, damit mein Haß nicht müde wird.«

Bei den Beerdigungen werden die Leichen der Muslime in Tücher gehüllt, der Kopf wird frei gelassen. Wenn aber die Leichen der palästinensischen Opfer mit all ihren Verwundungen und Entstellungen offen zur Schau gestellt werden, gewinnen die Begräbnisse etwas Demonstratives und Provokatives: Sie sollen den Haß neu entzünden. Auch die Schamlosigkeit, mit der Kamerateams nach Kämpfen die Verwundeten in die Operationssäle begleiten, Interviews mit Schwerverletzten und Sterbenden erzwingen, Wunden und Verletzungen in Nahaufnahme ablichten, hat die Funktion, die Emotionen aus Abscheu und Ekel zu instrumentalisieren im Dienst der kämpferischen Sache.

Israelis stehen in dieser Ausbeutung von Zuschauerreaktionen den Palästinensern nicht nach. Der Chefarzt des größten Krankenhauses in Jerusalem, des Hadassah in Ein Kerem, hat nach mehr als einem Jahr Intifada die Tore seines Krankenhauses ausdrücklich für Fernsehteams geöffnet, damit sich nach Selbstmordattentaten die Fotografen und Filmer mit Schreckensbildern bedienen können; nur so sei der Rückstand Israels beim publizistischen Image aufzuholen.

Es gibt auch andere

Miss Hiba ist eine palästinensische Kollegin aus Beit Jala, eine arabische Christin, Mitglied der griechisch-orthodoxen Kirche. Sie ist von den israelisch-palästinensischen Kampfhandlungen im besonderen Maße betroffen. Monatelang hat sie die Schießereien zwischen dem israelischen Gilo und Beit Jala, dem Dorf in der Westbank, miterlebt. Ihr Haus ist bombardiert worden, das Auto ihres Vaters ist in die Luft geflogen. Über Wochen hat sie jeden Tag die Belastung eines völlig unsicheren Schulwegs.

Sie fährt zwei Stunden vor Unterrichtsbeginn mit ihrem Auto los. Normalerweise wäre sie in 20 Minuten in Jerusalem. Jetzt muß sie erst einmal auskundschaften, welcher Checkpoint geöffnet ist, das kann von Tag zu Tag wechseln. Dann steht sie am Grenzübergang und wartet. Wenn sie Glück hat, dauert die Wartezeit nur eine Stunde, das hängt von der Laune der israelischen Soldaten ab. »Was machen Sie in dieser Zeit?« frage ich sie. »Ich bete, und ich korrigiere Klassenarbeiten.« »Werden Sie nicht aggressiv, wenn Sie sich täglich der Schikane ausgesetzt sehen?« »Ich hasse die Juden nicht, ich hasse nur ihre Politik. Ich bete auch für die jüdischen Soldaten, diese einfältigen Kinder …«

Lama, eine Schülerin der zehnten Klasse, schreibt Geschichten und möchte Schriftstellerin werden, »die erste bedeutende Schriftstellerin Palästinas«. Sie erzählt mir aus ihrem 16jährigen Leben. Ihr Vater, ein Arzt, war in der ersten

Intifada jahrelang in israelischen Gefängnissen inhaftiert, weil er einer palästinensischen Widerstandsgruppe angehörte. Ihre Mutter, eine Sozialpädagogin, schlug sich mit drei Kindern durch. Lama wurde erst nach der Inhaftierung des Vaters geboren. Einmal versuchte die Mutter, mit Lama den Mann im Gefängnis zu besuchen, damit er einen Blick auf seine unbekannte Tochter werfen konnte; aber sie wurden nicht vorgelassen. Lama lernte ihren Vater kennen, als sie vier Jahre alt war. »Ich haßte diesen fremden Mann, der mir den Platz im Bett neben meiner Mutter wegnahm.« »Schick ihn weg, schick ihn weg«, soll sie tagelang geschrieen haben. Aber Lamas Vater blieb, das Ehepaar bekam drei weitere Kinder.

Auch Lama haßt die Juden nicht. Sie haßt, was Menschen Menschen antun. »Wenn ich im Fernsehen sehe, wie durch Schüsse oder Bomben Kinder zerfetzt werden, dann spielt es für mich keine Rolle, ob diese Kinder Palästinenser oder Juden sind. Ich weine.«

Lama hat als Kind miterlebt, wie ihr Großvater um einen Sohn getrauert hat, der in der ersten Intifada erschossen wurde. »Ich konnte es nicht fassen, daß ein großer, starker Mann wie mein Großvater so viel weinen konnte. Seither weiß ich, daß man nicht damit fertig wird, ein Kind zu verlieren.«

In Lamas Familie ist es undenkbar, daß ein Sohn ein Selbstmordbomber wird. Diesen Eltern ist es gelungen – trotz der Gefängniserfahrungen des Vaters – ihren Kindern Achtung vor dem menschlichen Leben zu vermitteln: vor dem eigenen und dem des Unterdrückers.

Ein Fenster in Bethlehem

Im Dezember 2001 wird Bethlehem von israelischen Truppen besetzt. Die Aufregung unter den Schülerinnen ist groß. Lama fragt mich: »Wissen die Deutschen wirklich, was hier geschieht?«

Ich ermuntere sie, eine Geschichte zu schreiben, die ich an die Redaktion einer deutschen Zeitung schicken will. Eines Tages kommt sie mit einem handgeschriebenen Text auf Englisch an. Von da an sitzen wir einige große Pausen zusammen, arbeiten an dem Text, ich stelle Fragen, mache vorsichtige Vorschläge, spiele mit ihr einige mögliche Varianten des schwierigen Schlusses durch. Mir gefällt ihre Geschichte, weil sie Lamas Empathie mit ihrem Volk und dem Leiden der Menschen widerspiegelt, weil sie höchst originelle und mutige Erzählideen hat: sich in die Rolle eines Familienvaters zu versetzen, der ganz unarabisch ein »weicher« Mann ist, der sich um seine Kinder sorgt und eines Tages fürchtet, mit seiner als notwendig erachteten Strenge seinen ältesten Sohn in die Aggression und damit in den Tod getrieben zu haben.

Ich versuche, in Lama behutsam ein Gefühl dafür zu wekken, daß die Häufung von Imperativen und Appellen eine beabsichtigte Wirkung nicht immer verstärkt, daß ein offener Schluß eindringlicher sein kann als eine ausgemalte Katastrophe. Es ist mir aber wichtig, daß Lama ihre Ideen und ihre eigene Poesie behält. Unsere Zusammenarbeit empfinde ich als ein Geschenk, nicht darum, weil sie sich als »gelehrige Schülerin« erweist, sondern weil wir auf intensive Weise ins Gespräch kommen, weil sie mich in ihre Vorstellungswelt einführt.

Schließlich übersetze ich ihren Text und schicke die Geschichte an eine große deutsche Tageszeitung, die ihn kurz vor Weihnachten 2001 abdruckt. Lama ist sehr stolz, weil ihre Stimme gehört wird.

Hier ist ihre Geschichte:

Ein Fenster in Bethlehem

Ich bin allein, starre vor mich hin, denke daran, was in diesen Tagen in meinem Land geschieht. Vom Fenster meines Zimmers in meinem alten Haus sieht man nach Bethlehem, man blickt auf Zerstörung, Verwüstung, auf Steine und Blut. Man sieht, wie hier die Menschlichkeit zerstört wird, wie Menschen anderen Menschen die Hoffnung stehlen, die Heimat stehlen, den Kindern ihre Träume stehlen.

Von diesem Fenster bricht ein Streifen hellen Lichts auf ein faszinierendes Bild: das Bild meiner kleinen Familie, wie es sie einmal gab. Da ist meine geliebte Frau, schon mit den Zeichen der Krankheit auf ihrem schönen Gesicht, mit diesem sanften Lächeln, das ich immer an ihr geliebt habe und immer erinnern werde. Sie hält Hassan auf dem Arm, unser Baby. Sie hat davon geträumt, ihn als großen Mann zu sehen. In meinem Schoß sitzt Ibrahim wie ein kleiner Engel. Zwischen uns steht Tayseer, unser Ältester, und träumt mit seinen schwarzen Augen von einer besseren Zukunft. Er hat am meisten unter dem Tod seiner Mutter gelitten, hat sich immer um sie gekümmert, ihr jeden Wunsch von den Lippen abgelesen. Jetzt umsorgt er Hassan, seinen kleinen Bruder, wie eine Mutter. Mag sein, daß er darum einzelgängerisch geworden ist und soviel weniger männlich und furchtlos als andere Jungen seines Alters. Trotzdem habe ich ihn immer als den besten meiner Söhne angesehen. Und wann immer ich mit ihm geschimpft habe, er solle doch nicht so ängstlich und so weibisch sein, kamen meine Worte aus einem besorgten Herzen.

Es ist dunkel geworden. Ich schaue in den Himmel, in die strahlenden Sterne und frage mich: wohin wandern diese Sterne und von woher holen sie ihre Geschichten? Und frage mich: wohin gehen all diese Tränen, diese Traurigkeit, dieses Leiden und dieses ungelebte Leben?

Plötzlich verwandelt sich ein Stern in eine Kugel und tritt in eine nahe Mauer wie ein Todesengel.

Meine Nachbarn sind geflohen und haben ihre Häuser verlassen. Ich aber bleibe hier, ich werde mein Haus nicht aufgeben, mich selbst nicht aufgeben.

Hassan wacht auf, schaut verschlafen umher. Das erste, was er fragt, ist: Wo ist Tayseer? Ich umarme ihn, küsse ihn: Tayseer wird bald kommen. Aber seine Augen füllen sich mit Tränen. Ich lasse ihn weinen, vielleicht ist Weinen der einzige Weg für ein Baby, seinen Gefühlen freien Lauf zu lassen, seiner Sehnsucht nach dem Bruder. Sein Weinen ist eine Frage, auf die ich keine Antwort habe.

Tayseer verspätet sich. Ich fange an, mich um ihn zu ängstigen. Ibrahim wälzt sich in seinem Bett herum, als quäle ihn etwas, als suche er eine helfende Hand. Ich versuche ihn zu beruhigen, aber ich selbst suche nach einer helfenden Hand. Ich gehe wieder ans Fenster. Um mich herum nur Himmel und Sterne. Wo bist du, Tayseer? Warum kommst du nicht?

Ist er vielleicht mit den anderen Jungen zusammen, den Jungen, die Steine werfen? Hat er sich nun doch entschlossen, trotz all seiner Angst mit ihnen zu gehen? Er hat sich doch bisher immer von ihnen ferngehalten. Haben meine Worte, meine Vorwürfe seine Gefühle verändert? Habe ich ihn mit meinem ständigen Schimpfen in etwas hineingetrieben, was ich nicht wollte? Will er mir jetzt beweisen, daß er kein Feigling ist? Hätte ich doch niemals dieses Wort gebraucht: Feigling!

Die Furcht steigt in mir hoch. Hassan schläft. Er träumt. Aber Ibrahim weint wieder. Ich setze mich auf sein Bett. Soll ich ihn damit trösten, daß Tayseer bald zurück sein wird? Aber ich weiß es nicht. Ich kann nicht leben mit dem Gedanken, meinen Sohn zu verlieren, meinen besten Freund. Ich gehe wieder zum Fenster und denke an die halbwüchsigen Jungen, die in diesen Tagen in den Straßen von Bethlehem herumlaufen und gegen die Panzer anrennen. Sie brennen vor Zorn und kämpfen für eine Zukunft, die sie vielleicht nicht erleben werden.

Gestern kam Tayseer am Abend spät nach Hause. Er war verstört, atemlos, bleich, seine Augen brannten. Was ist denn passiert, fragte ich. Was ist los? Keine Antwort. Ich schüttelte ihn, spürte, wie kalt er war, umarmte ihn, hielt ihn an meine Brust, um ihn zu wärmen und ihm ein Gefühl von Sicherheit zu geben. Schließlich brach es aus ihm heraus: Papa, es ist so schrecklich, so unbeschreiblich. Sie schießen auf Jungen, die aus den Kirchen und Moscheen kommen. Mütter mit ihren Kindern werden von den Kugeln getroffen, Väter, die Brot holen für ihre Familien. Ihre Panzer rollen die Straßen von Bethlehem herab, zerstören alles, was ihnen im Weg steht. Warum tun sie so etwas, sag mir, warum?

Ich schaue aus dem Fenster. Alles ist dunkel. Ich lausche auf jedes Geräusch, versuche mit meinen Augen jeden Schatten zu durchdringen. Tayseer kommt nicht.

Was ist nur in Bethlehem geschehen? Wo ist das Lachen der Kinder? Die Hoffnung der Jugend? Die Erinnerung der Alten? Hat die Welt Bethlehem vergessen, die Geburtsstadt Christi, die einmal ein Symbol für Liebe und Menschlichkeit war?

Tayseer, mein geliebter Sohn, komm zurück!

Ich stehe am Fenster meines alten Hauses und schaue in die Nacht und sehe in der Nähe die Lichter von Bethlehem. Und warte.

Kinder als Kanonenfutter

In Lamas Geschichte geht es um die Märtyrer, die in der öffentlichen Diskussion in Deutschland zu Beginn der Intifada eine große Rolle spielen. »Wie kann«, so lese ich in deutschen Zeitungen, »eine Gesellschaft das Leben ihrer Kinder instrumentalisieren im Kampf gegen den Feind?« Die Kommentare werden noch zynischer. Palästinenser hätten ohnehin genügend Kinder, bei sechs oder sieben Kindern wäre ein Märtyrer kein so großer Verlust. Außerdem brächte er ja Ansehen und Geld ein, einen Scheck von Arafat und einen viel großzügigeren von Saddam Hussein. Daran könne sich eine Familie gesundstoßen.

Wer so redet oder schreibt, hat nie gesehen, wie die Palästinenser ihre Kinder lieben und vergöttern. An unserer Schule gibt es ja »nur« Mädchen, die in der patriarchalischen Ordnung der muslimischen Familie hinter den Söhnen rangieren. Aber auch ihnen wird die denkbar beste Ausbildung gegeben. Sie werden von den Eltern wie Prinzessinnen verwöhnt. Mittags bei Schulschluß um kurz vor 14 Uhr stehen die Väter der jüngeren Schülerinnen im Schulhof und warten auf ihre Töchter. Da stürmen dann die kleinen Schönheiten aus dem Tor, alle herausgeputzt, soweit die Schuluniform individuellen Schmuck zuläßt. Hier ein rotes Bändchen ins schwarze Haar geflochten, dort eine Haarspange in glitzernden Neonfarben, ein kleines Ohrringchen hier, ein rosa Bömmelchen am Söckchen dort. Die Väter nehmen sie in Empfang, beugen sich herab, um einen Riemen am Schulranzen zu befestigen, knien nieder, um die Schuhe neu zu binden, nehmen sie an die Hand – liebevolle Beschützer, die ihre Kinder in Samt und Seide packen.

Und die Söhne? Ich spreche mit Michael, einem deutschen Arabisten, der an der Universität Bir Zeit lehrt und jeden Tag von Ostjerusalem über den Qalandijah-Checkpoint nach Ramallah fährt. Er sieht oft genug an diesem Checkpoint steinewerfende Jungen, gegen die israelische Soldaten Tränengas einsetzen, auf die sie schießen. »Du spürst förmlich, wie in dem Service-Taxi, in dem ich mit anderen Palästinensern warte, die Spannung ansteigt. Genau wie ich möchten die meisten Männer und Frauen herausspringen und die Jungen an den Kragen packen und schreien: ›Geht nach Haus! Das hier ist kein Kinderspiel! Ihr spielt mit eurem Leben!‹ Aber dieser spontane Impuls wird unterdrückt. Denn man darf niemanden davon abhalten, ein Märtyrer zu werden. Wer sein Leben für sein Volk hingeben will, ist verehrungswürdig und steht über jedem Zweifel. Diese Verquickung von politischem Widerstand und religiösem Ethos ist in westlichen Augen unerträglich. Aber die Palästinenser sind weit davon entfernt, Kinder als ›Kanonenfutter‹ zu mißbrauchen. Die Trauer über ein getötetes Kind ist echt, sie wird abgemildert durch die Ehre, die einer Familie zuteil wird, wenn sie einen Märtyrer unter ihren Söhnen hat.«

Die Kinder-Märtyrer kommen fast alle aus den schwächsten sozialen Schichten. Hier ist das Klima für Haß und Fanatismus besonders günstig. Und in diesen Familien macht sich am ehesten eine »Wir haben nichts mehr zu verlieren«-Stimmung breit. Es ist schlimm, wenn als einzige Perspektive für einen 14jährigen übrigbleibt, zu den Ehren der Altäre aufzusteigen. Leider nimmt mit wachsender Verelendung diese

Bereitschaft immer mehr zu. In Gaza ist die Arbeitslosigkeit nach einem Jahr Intifada auf mehr als 50 Prozent angestiegen. Manche Menschen müssen von vier Schekeln am Tag leben, das entspricht einem Euro. Die Teuerung aber führt dazu, daß sie von diesem Geld nicht einmal mehr ein Kilo Tomaten oder Gurken kaufen können.

Wo sind die Touristen hin?

Spaziergänge durch die Altstadt von Jerusalem gehörten von jeher zum touristischen Pflichtprogramm einer Israel-Reise. Vom Damaskustor aus kann man in das arabische Basarleben eintauchen, das von allem politischen Tagesgeschehen entfernt, sein archaisches Eigenleben führt. Hier kauft man Fleisch und Gemüse ein, Brot und übersüße Backwaren, alle Gewürze des Orients. Freitagsmorgens ist eine so drangvolle Enge im Suk, daß man sich mit dem Strom schieben lassen muß, will man die Chance haben, irgendwann an einem der sieben Tore der Stadtmauer aus dem Dunkel wieder ans Licht zu kommen. Die Männer sind mit Riesenplastiktüten bewehrt, in denen kiloweise die Grundnahrungsmittel für die vielköpfige Familie verstaut sind: Tomaten, Gurken und Zwiebeln, Auberginen, Zucchini und Süßkartoffeln, Sellerie und Bohnen. Die Frauen gehen im Basar in die Shops, in denen Kleidung und Haushaltswaren angeboten werden. Von Kindersöckchen über Oberbetten, Matratzen, Schnellkochtöpfen und Keramikgeschirr gibt es nichts, was man hier nicht finden könnte, ein bißchen einfacher, altmodischer, vor allem aber bunter als in einer israelischen Einkaufsmall. Jugendliche wühlen in CD-Läden herum, Liebespaare stehen kichernd vor einem Juwelierladen und suchen mit den Augen Schmuck aus.

Wie anders zeigt sich die Altstadt, wenn man den Weg vom Jaffator aus nimmt. Für den Besuch Kaiser Wilhelms II. im Jahre 1898 wurde das Tor erweitert, damit er prunkvoll mit seinem Gefolge einreiten konnte. Im Tycho-Haus sah ich einmal eine Fotoausstellung über diesen Besuch des deutschen Kaisers, groteske Bilder, auf denen sich Majestät in einen arabischen Burnus gehüllt hatte und darunter sehr martialisch maskiert aussah. Mit wieviel mehr Einfühlungsvermögen »eroberte« General Allenby im Dezember 1917 Jerusalem. Vor der Stadt stieg er von seinem Pferd, legte alle Waffen ab und ging als einfacher Mann zu Fuß durch das Jaffator – eine Geste der Demut gegenüber der Größe der Stadt. Er nahm Jerusalem ein, ohne daß ein einziger Schuß fiel.

Hinter dem Jaffator weitet sich ein großer Platz, an dessen südlicher Seite sich die Zitadelle erhebt, die auch »Davids Turm« genannt wird. Die Ausstellungen zur Jerusalemer Stadtgeschichte in der Zitadelle sind verwaist. Links hinter dem Eingang des Jaffa-Tores kann man auf die Stadtmauer steigen und einen wunderbaren Rundgang machen, der aus erhöhter Perspektive immer neue Ausblicke gewährt, vor allem auf den Tempelberg. Seit Beginn der Intifada ist der Spazierweg über die Stadtmauer geschlossen.

Auch der Zutritt zum Harem esh-Sharif, wie der Tempelberg auf Arabisch heißt, ist Nicht-Muslimen verwehrt. Zwar gibt es in jüdisch-orthodoxen Kreisen Stimmen, die vehement dafür plädieren, den Zugang zum Tempelberg zu erzwingen, da er schließlich auch das größte Heiligtum der Juden sei. Ehud Olmert, der Bürgermeister von Jerusalem, hat sich während der Intifada demonstrativ ein Büro in der Altstadt genommen, um den israelischen Anspruch auf diesen Teil Jerusalems geltend zu machen. Auch Scharon hat hier eine Wohnung, in der er nie wohnt. Die Verwaltung

Jerusalems liegt zwar in israelischer Hand, aber die religiöse Kontrolle über den Tempelberg hat die Wakf, die muslimische Geistlichkeit. Ihre Verbote zu mißachten und den Weg zum Tempelberg mit Gewalt freizukämpfen würde zu neuem Blutvergießen führen.

Ich gehe vom Jaffa-Tor aus die David Street hinunter in den Suk, um ins christliche Viertel zu gelangen. Diese Basarstraße ist in meiner Erinnerung immer eine Art »Drosselgasse« gewesen, vollgestopft mit Touristen und Pilgern aus aller Welt, die sich an den Läden zu beiden Seiten vorbeischieben, von den Händlern animiert, eingeladen, manchmal auch bedrängt, etwas zu kaufen. Hier blüht der Devotionalienhandel. Es gibt Rosenkränze aus Olivenholz, geschnitzte Kruzifixe, Ikonen-Imitationen, Ölgemälde oder Neonbilder mit dem beliebtesten Motiv: dem Felsendom im Schnee.

Nach der Grabeskirche biege ich rechts ab und komme von dort ins muslimische Viertel, in die Via Dolorosa. Neben den üblichen Andenkenläden hat die Via Dolorosa auch feine Adressen, zum Beispiel die Aweidah Gallery, die Antiquitäten und Kunstobjekte anbietet, oder die Jerusalem Pottery, die die armenische Tradition der Kachelmalerei pflegt. Aus ihrer Werkstatt kommen alle Straßenschilder in der Altstadt, auf denen die Namen in Hebräisch, Arabisch und Englisch geschrieben sind. Man kann schöne Kacheln mit phantasievollen floralen Mustern nach Vorlagen aus dem 16. Jahrhundert kaufen. An der Ecke der Rehov Hagai findet sich ein berühmtes Lokal, das Abu Shukri Restaurant. In besseren Zeiten sah man immer lange Schlangen von Kunden vor dem Abu Shukri stehen, Araber natürlich, aber auch viele Israelis mit Appetit auf den besten Humus in Jerusalem. Ein Bekannter schwärmte einmal von diesem Kichererbsenbrei als dem schlechthin »platonischen Ideal des Hauptnahrungsmittels im Nahen Osten«. Die Kichererbsen werden bei Abu Shukri über Nacht eingeweicht und dann von Hand gemahlen.

Heute stehen nirgendwo in der Altstadt Schlangen an, gibt es nirgendwo ein Gedränge, blüht kein Geschäft mehr, was immer es auch anbietet. Der Tourismus ist tot. Ein Gang durch die Straßen des Suk wird zum unwürdigen Spießrutenlaufen. Auch wenn ich mit meiner Schultasche behängt und ersichtlich keine Touristin bin, stürzen sich alle Händler auf mich, preisen mir ihre Waren an, bitten mich, doch einen Blick in ihren Shop zu werfen, ganz unverbindlich, versteht sich. Die Händler sind verzweifelt. Seit eineinhalb Jahren sehen sie nur noch Nonnen und Patres, die zur Grabeskirche eilen und ganz selten einmal einen unerschrockenen Individualreisenden, der seinen Rucksack aber nicht mit frommen Andenken füllen will.

Einmal komme ich mit einem jungen Mann ins Gespräch, der ausgezeichnet Deutsch spricht und nicht nur die paar Brocken, die man gemeinhin für Touristen lernt. Es stellt sich heraus, daß er an der Universität in Bir Zeit internationale Geschichte studiert und mit dem Master-Examen abgeschlossen hat. Deutsch hat er am Goethe-Institut und bei Studienaufenthalten in Deutschland gelernt. Als er keine Arbeit als Historiker fand, vermachte ihm sein Vetter einen kleinen Laden im Basar. Jetzt ist er zum zweiten Mal arbeitslos, weil er zwar jeden Morgen seinen Laden öffnet, aber keine Kunden mehr hat. Und die Miete trotzdem bezahlen muß. Nobel verzichtet er darauf, mich in seinen Laden zu nötigen. Immer wenn ich in die Altstadt gehe, sehe ich ihn. Wir winken uns zu, wir sprechen miteinander. Ich hoffe auch für ihn auf ein Ende der Intifada, auf neue Touristenströme. Aber eigentlich möchte ich, daß sein Land einen jungen Historiker brauchen könnte.

Das schönste Ziel in der Altstadt ist für mich die Anna-Kirche beim Löwentor, eine der besterhaltenen Kreuzfahrerkirchen, streng in ihrer romanischen Einfachheit, mit leicht frühgotischen Einflüssen. Die Kirche ist der Geburt Mariens geweiht. In ihrer unmittelbaren Nähe liegen die Ausgrabungen des Teiches Bethesda und bilden zusammen mit der Anna-Kirche einen historisch-archäologischen Komplex. Tritt man aus dem Gewühl der Altstadt in den Garten der Anna-Kirche, so tritt man in ein Sanktuarium der besonderen Art. Vielleicht vermittelt einem die Kirche auf so historischem Grund ein religiöses Erlebnis. In jedem Fall hält sie auch für den nichtfrommen Besucher die Erfahrung des Schönen bereit. Die wunderbaren Proportionen der Kirche, der exquisite Jerusalemer Stein, der in der Sonne honigfarben leuchtet, die Stille, die mediterrane Gartenanlage: ein solches Beispiel von »harmonia mundi« läßt niemanden unberührt.

Daß diese Kirche, die um 1130 erbaut wurde, im Laufe der Jahrhunderte nicht zerstört wurde, verdankt sie der Tatsache, daß sie 700 Jahre von den Muslimen als Koran-Rechtsschule genutzt wurde. Durch die Umwidmung wurde sie erhalten. Wer möchte da von »Entweihung« sprechen!

Früher mußte man immer darauf gefaßt sein, eine deutsche Pilgergruppe in St. Anna anzutreffen, die die besondere Akustik der Kirche auf die Probe stellte – am liebsten mit dem Schlager aller reisenden Pilgergruppen, dem Kanon »Dona nobis pacem«. Im Augenblick hat man Kirche und Garten und Bethesda-Ausgrabungen für sich. Wenn man zynisch wäre, könnte man das ein Geschenk der Intifada nennen.

Großvaters Schlüssel

Die Ha Rav Berlin, in der ich wohne, gehört eigentlich zum Stadtteil Kyriat Schmuel, der zwischen Katamon und Rehavia liegt. Wer immer mich in Jerusalem fragt, wo ich wohne, runzelt die Stirn: Kyriat Schmuel? Nie gehört. Katamon! Natürlich, warum sagst du das nicht gleich! Beide Stadtteile wurden während der britischen Mandatszeit gegründet. Wenn ich zu meinem Supermarkt in die Hapalmach Street gehe, sehe ich an der Ecke ein unscheinbares blaues Schild, auf dem steht, daß Katamon im Unabhängigkeitskrieg 1948 heiß umkämpft war und von der Haganah und der Palmach, den jüdischen Milizen im vorstaatlichen Israel, eingenommen wurde.

Das stimmt. Aber das ist nur die halbe Wahrheit. Katamon war ein arabischer Teil von Jerusalem, die meisten Einwohner waren christliche Araber. Im Mai 1948 wurden die Araber aus dem Viertel vertrieben, oder sie flohen aus Angst vor dem Terror der Haganah. 87 Prozent der palästinensischen Bevölkerung verloren auf diese Weise ihre Heimat. Arabisches Eigentum wurde beschlagnahmt, die Häuser wurden an Juden verteilt. Nur wenige Häuser wurden an Juden verkauft. Ben Gurion weigerte sich immerhin, eine arabische Villa im nahegelegenen Talbieh als Residenz des Ministerpräsidenten zu beziehen. Eine der schönsten Villen, unmittelbar am Jerusalem Theater gelegen, wurde 1926 von den Bishara-Brüdern gebaut und wegen ihres prachtvollen Aussehens »Villa des Kalifen Harun ar Rashid« genannt. Noch heute sieht man die prachtvollen armenischen Fayencen, die über die Fensterfronten laufen. Man bewundert den herrlichen Garten. Golda Meir, die spätere Ministerpräsidentin Israels, wohnte in diesem Haus. Uri Avnery erzählte einmal, Golda Meir habe in den ersten Jahren nach ihrer Einwanderung in einem Brief geschrieben: »Wir haben hier in Erez Israel viel zu leiden unter Moskitos und Arabern.«

Nach 1948 versuchte die Stadt, den arabischen Charakter von Katamon zu verändern, indem sie zuließ, daß häßliche Hochhäuser zwischen die gewachsenen Strukturen gesetzt wurden. Heute aber ist bei Wohnungsanzeigen der Zusatz »Arab House« ein Gütezeichen, weiß doch der potentielle Mieter oder Käufer, daß es sich um ein altes, aus Stein gemauertes Haus handelt und nicht um einen modernen Betonbau, auf den nur eine dünne Folie Stein aufgesetzt ist, weil das die Jerusalemer Bauvorschriften verlangen.

»Wo wohnst du?« fragte mich einmal Mirna, eine meiner Schülerinnen. »In Katamon.« »Ach, da hat mein Großvater ein Haus, das ihm die Juden weggenommen haben. Er hat noch die Schlüssel. Und eines Tages bekommt er es zurück. Bestimmt!«

Bei vielen Palästinensern, vor allem in den Flüchtlingslagern wird der Verlust der Heimat fortgeschrieben ins dritte und vierte Glied. Die Menschen dort leben alle an zwei Orten, in ihrem Camp und in ihrer früheren Heimat, auch wenn es die Heimat des Großvaters oder Urgroßvaters ist, die sie nie kennengelernt haben. Ein Zehnjähriger, dessen Eltern bereits im Flüchtlingslager geboren sind, antwortet auf die Frage nach seiner Herkunft: Akko oder Nazareth oder Jaffa, Städte, die seit 1948 israelisch sind.

David Grossman, der israelische Autor, der nicht nur Romane und Kinderbücher, sondern auch politische Reportagen aus Palästina geschrieben hat, vergleicht dieses Leugnen der Realität, dieses Verabschieden aus der Geschichte, mit der alten jüdischen Strategie des Exils. Auch die Palästinenser haben ihr »Verheißenes Land«. Wenn die Juden in Litauen und Krakau und Saana »Nächstes Jahr in Jerusalem« sagten, dann bedeutete das, daß sie nicht bereit waren, Kompromisse einzugehen. Jerusalem oder die Last des Exils. Dazwischen gab es nichts. Und – so Grossman – »... der nichts zu verlieren hat, kann alles verlangen, und bis Jerusalem Wirklichkeit wird, wird er nichts tun, um es näherzurücken«.

Die Totalität der palästinensischen Ansprüche, die in einem solch harschen Kontrast zu den politischen Realitäten stehen, ist sehr fern von westlichem Pragmatismus. Bei den Flüchtlingen heißt es: »Alles oder nichts. Wir können auch noch weitere fünfzig Jahre in den Lagern hocken und ein trostloses Leben führen. Aber der Ur-Ur-Ur-Urenkel wird den Schlüssel zum Haus in Katamon aufbewahrt haben, und eines Tages wird er die Tür aufschließen.«

Auf diese Imagination darf man nicht antworten, daß der Schlüssel nur noch in ein Luftschloß passen wird. Aus dieser Vision beziehen die Palästinenser ihre ungeheuere Leidensfähigkeit.

Für die meisten westlichen Beobachter bleibt schwer verständlich, warum Arafat das großzügige Verhandlungsangebot Baraks in Camp David und Tabha nicht angenommen hat. Es war nicht perfekt, ließ immer noch die Frage der Kontrolle der Verbindungswege zwischen der Westbank und Gaza offen, das Problem der Siedler und der Flüchtlinge. Aber es war eine Offerte, die ein wesentlicher Schritt auf dem Weg zu einem palästinensischen Staat hätte sein können.

Man muß den Verdacht haben, daß das Angebot der palästinensischen »Alles oder Nichts«-Strategie zum Opfer gefallen ist.

Dima, eine meiner Schülerinnen, die in einem Flüchtlingslager lebt, zählt immer gebetsmühlenhaft alle palästinensischen Forderungen auf, die die Israelis zu erfüllen haben: die Rückgabe der Westbank und Gazas, die totale Räumung aller israelischen Siedlungen, das Recht aller Flüchtlinge von 1948, in ihre Heimat, also Israel, zurückzukehren, Wiederherstellung der alten Besitzverhältnisse, Jerusalem in seiner Ganzheit als palästinensische Hauptstadt.

Entweder das oder nichts. In der Zwischenzeit Kampf, Leere, Leiden, Traum.

Schleuderkurs nach Mord

Jeder Täter in den vielen blutigen Auseinandersetzungen der Intifada hat seine eigene Geschichte. Jedes Opfer hat seine Geschichte. Manchmal sind diese Geschichten stereotyp. Manchmal verfolgen mich die Biographien der Täter wie der Opfer und lassen mich nicht los. Die Intifada hat in den ersten zwei Jahren über 1500 Menschen das Leben gekostet. Im Gedächtnis bleiben mir vielleicht zehn, die für alle anderen stehen.

Ich wollte etwas schreiben über den »Computermord von Ashkelon«, aber ich scheiterte, weil es mir nicht gelang, der Figur der Mörderin nahezukommen. Sie blieb für mich ein kaltes Monstrum, ein monolithischer Block. Ich konnte ihre Motive nicht erkennen, ihr Haß hatte etwas so Statuarisches, nicht Herleitbares, daß sie sich mir völlig entzog.

Aber die Geschichte hat mich lange beschäftigt. Ofir, ein 16jähriger Schüler aus Ashkelon, war ein begeisterter Computer-Freak, der seine Nachmittage nicht am Strand des Mittelmeers, sondern im Chatroom des Internets verbrachte. Dort lernte er Amani kennen, die schon über 20 war, die ihn faszinierte, weil sie sich mit ihm »abgab«, weil sie ihm zunehmend erotische Angebote machte, die ihn zu kühnen Phantasien verführten. Amani blieb ein bißchen rätselhaft. Ihr Hebräisch war schwach. Mal deutete sie an, eine Amerikanerin zu sein, die nur auf Israel in Urlaub sei, mal, daß sie vor kurzem Alijah gemacht habe, also nach Israel eingewandert sei.

Es kam zu einer Verabredung. Ofir fuhr nach Jerusalem, um Amani am Busbahnhof zu treffen. Sie schlug ihm vor, nach Ramallah zu fahren. Ofir wollte das nicht, die Westbank erschien ihm gefährlich. Amani sagte, sie habe ihr Auto irgendwo in French Hill stehen, also auf dem Weg nach Ramallah. Ofir war unwohl in seiner Haut. Aber er vertraute Amani. Sie ist doch selbst Jüdin, dachte er. Amani lenkte ihr Auto in die Westbank. Kurz hinter der Grenze hielt sie den Wagen an. Wie verabredet kamen ihre Komplizen aus dem Hinterhalt und forderten Ofir auf, aus dem Wagen zu steigen. Ofir hatte Angst, er wollte im Auto bleiben. Amani entfernte sich. Ihre drei Komplizen knallten Ofir ab. Die Täter entflohen.

Amani konnte von der israelischen Polizei schnell gefunden werden, nachdem diese die E-Mail-Korrespondenz auf Ofirs Computer ausgewertet hatte. Bei dem Verhör gab sie als Motiv an, daß sie einen Juden habe killen wollen. Sie habe es schon häufiger versucht, sich per Computer zu verabreden, aber nur bei Ofir habe es funktioniert. Das Zeitungsfoto von Amani zeigt eine hübsche, lachende junge Frau, die ihre Arme hochreißt wie ein großes Victory-Zeichen. Die Hände sind in Handschellen.

Danach befragt, was sie nach dem Mord an Ofir gemacht habe, gab Amani an, sie habe an diesem Tag mit einer

Freundin in Ramallah Eis gegessen, sie habe ihre Tante in einem Jerusalemer Krankenhaus besucht und sei am Abend in einen Kurs gegangen, in dem man das richtige Schleudern bei Straßengefahren lerne…

Ofirs Vater hat das Modell eines Computers auf das Grab setzen lassen, weil der Computer seinem Sohn zum Schicksal geworden sei. Welch eine Verkennung von Anlaß und Ursache! Nicht ein Kommunikationsmedium ist Ofir zum Verhängnis geworden, sondern die Tatsache, in einer Region zu leben, in der zwei Völker einander nicht leben lassen, in der Haß die Menschen so versteinert, daß sie ohne jegliches Unrechtsbewußtsein einen unschuldigen Menschen töten.

Messerstiche auf der Promenade

Am Schabbat machen mein Mann und ich gern einen Spaziergang auf der Sherover-Promenade.

Der Name Sherover begegnet einem häufig in Jerusalem, wo jeder Stein an einem öffentlichen Gebäude den Namen eines Stifters trägt, in jedem Straßenrondell ein modernes Kunstwerk prangt, wo die Stadt leer und öde würde, wenn man alle Spenden und Stiftungen, alle Memorials und Donationen aus ihr abziehen wollte. Viele Gaben entspringen dem schlechten Gewissen der nicht in Israel lebenden Juden, die sich mit einer großzügigen Spende von der moralischen Nötigung loskaufen, eigentlich im Land der Väter leben zu sollen.

Gitta Sherover zählt nicht zu ihnen. Die gebürtige Berlinerin lebt seit langem in Jerusalem. Sie war mit einem südamerikanischen Milliardär verheiratet, der ihr so viel Geld hinterließ, daß sie für den Rest ihres Lebens ihre Heimatstadt Jerusalem mit Wohltätigkeit überziehen kann. Viele ihrer Werke sind dem verstorbenen Sohn Gabriel Sherover gewidmet und tragen seinen Namen, so ein Konzertsaal im Jerusalem Theater, ein Informationszentrum im Israel-Museum, das »Beit Gabriel«, ein Friedens- und Kulturzentrum am See Genezareth, oder die »natürliche« Errungenschaft: die Gabriel-Sherover-Promenade. Sie beginnt in der Naomi Street, die von der Hebron Street abzweigt, und verbindet sich nach etwa zwei Kilometern mit der altetablierten Haas-Promenade zu einem großzügig angelegten Spazierweg, der auf jedem Stadtplan mit vielen Sternchen gekennzeichnet ist. So sensationell sind die Ausblicke auf das hügelige Jerusalem in seinen sanften und jähen Fältelungen, so weit reicht das Auge über die alten Ölbäume hinweg bis in die judäische Wüste, in die bewegte Weite.

Es war an einem Schabbatnachmittag im Februar. Die Sonne probierte die erste Frühlingswärme aus, der Himmel war von einem lichten Tiepolo-Blau. »A perfect day«, sagt man hier gerne. Nur, irgend etwas war an diesem Nachmittag nicht perfekt, stimmte einfach nicht. Die Sherover-Promenade war leer, die Haas-Promenade war verwaist. Wo sich sonst die Schabbatspaziergänger drängen, die jungen Väter stolz ihre Kinderwagen schieben, vereinzelte Schabbatschänder, statt im Sonntagsstaat gemächlich einherzuwandeln, im flotten Joggingdress vorbeihecheln, war Leere. Keine Menschenseele. Wir waren verwundert, irritiert, aber keinesfalls beunruhigt. Vielleicht spielt gerade Maccabi Tel Aviv in einem Europapokalspiel, dachten wir. Dem Genuß des Spaziergangs tat die Ruhe jedenfalls keinen Abbruch. Erst am Ende der Haas-Promenade, wo die unsichtbare Grenze zu arabischen Stadtteilen verläuft, stand eine kleine Gruppe holländischer Touristen beieinander.

Eine Frau erklärte die historische und kulturelle Einzigartigkeit Jerusalems, seine Spiritualität, seinen Ewigkeitscharakter, was auf Holländisch unangemessen irdisch klang. Ein Kleinkind blieb unbeeindruckt und quengelte.

Wir gingen den immer noch einsamen Weg auf der Promenade zurück bis zum Restaurant Taverna, wo wir unseren Wagen geparkt hatten. Erst am Abend erfuhren wir die Ursache für die Leere auf der Promenade: Am Tag zuvor, dem 8. Februar, war hier eine 25 Jahre alte israelische Frau, Moran Amit, von vier arabischen Jugendlichen erstochen worden. Auch sie hatte einen Spaziergang gemacht, zusammen mit ihrem Freund, als sie von den halbwüchsigen Jungen im Alter zwischen 14 und 16 Jahren angegriffen wurde. Morans Freund lief weg, um Hilfe zu holen. Die vier maskierten jungen Männer stachen mit Messern auf Moran ein. Es gelang ihr, in ein nahegelegenes Wäldchen zu fliehen, das den Namen »Friedenswald« trägt. 40 Minuten nach der Attacke wurde Moran von der Polizei gefunden. Sie starb wenige Stunden später an ihren Verletzungen im Hadassah-Krankenhaus in Ein Kerem. Moran Amit wurde in ihrem Kibbuz Kfar Hanasi begraben. »Sie war der Stolz unseres Kibbuz, jeder liebte sie. Sie war gesegnet mit besonderer Schönheit und besonderer Klugheit. Vor ihr lag eine glänzende Zukunft«, sagte ein Sprecher des Kibbuz bei der Beerdigung.

Seit Morans Tod bin ich nie wieder auf der Sherover-Promenade spazierengegangen.

Gleichgültig, wie blau der Himmel war.

Das Jesuskind in der Kefiah

Meine Schülerinnen wollen ein deutsches Weihnachtslied von mir lernen. »Stille Nacht« kennen sie allerdings schon. Das treibt mich in arge Verlegenheit. Es ist sehr lange her, daß ich mit meinen eigenen Kindern Weihnachtslieder gesungen habe. Ich ziere mich. Sie bestehen darauf. So wähle ich »Zu Bethlehem geboren« aus, weil es eine Reverenz an die Stadt ist, die in ihrem Land liegt. »Zu Bethlehem geboren«, wird ein Schlager, den die muslimischen Mädchen einträchtig mit den christlichen singen und auch nach Weihnachten noch singen wollen. Schuld daran ist der Refrain: das »Eja, Eja«, kann man, wie sie sofort entdecken, als zündenden Schlachtruf singen, ein aufreizendes Fanal, einen Trompetenstoß. Man muß das E in die Länge ziehen und das »ja« wie einen Peitschenknall ganz kurz skandieren.

Sonst fällt Weihnachten aus. »Because of the situation.« Die Schülerinnen erzählen mir, wie es in den vergangenen Jahren war. Die christlichen Mädchen schwärmen vom nächtlichen Bethlehem im Lichterglanz der Weihnachtsnacht. Sie alle haben hier schon die berühmte Christmette gefeiert, und viele muslimische Mädchen haben sich dieses Ereignis nicht entgehen lassen. »Warum sollten wir denn da Probleme haben? Arafat geht doch auch jedes Jahr nach Bethlehem!«

In diesem Jahr wird Bethlehem verwaist sein. »Friede auf Erde den Menschen, die guten Willens sind« klingt fast zynisch. Denn täglich sterben Kinder und Jugendliche in den gewalttätigen Auseinandersetzungen zwischen Palästinensern und Israelis. Auch in Bethlehem. Die Touristen bleiben aus. Der Glanz des Weihnachtsfestes ist dahin. Ich rege die Schülerinnen der elften Klasse an, aus ihren Enttäuschungen ein Gedicht zu machen.

Bethlehem im Jahre 2000

Wo sind die vielen Pilger,
die zu Weihnachten nach Bethlehem kommen?
Wo sind die strahlenden Christbäume?
Werden die Weihnachtsbäume mit Gewehrkugeln
dekoriert?
Alles liegt im Dunkel.
Dieses Jahr geht an Weihnachten die Sonne nicht auf.
Dieses Jahr hat das Christkind Bethlehem vergessen.
Wo ist das Glück auf den Gesichtern der Kinder?
Statt unter dem Weihnachtsbaum
finden wir unsere Kinder auf den Friedhöfen.
Wo bleiben Gerechtigkeit und Frieden?

Ein paar Sterne aus Transparentpapier werden in die Schulfenster geklebt. In einem Klassenzimmer sehe ich einen Adventskranz. Im Foyer hat eine Klasse zusammen mit ihrer Lehrerin einen entnadelten Baum aufgestellt, an dem statt bunter Kugeln runde Steine hängen. »Der Baum ist das Symbol für unser Leid, alles Leben ist von ihm abgefallen«, sagt Rawan. »Und die Steine?« »Sie symbolisieren unsere Bereitschaft zum Kampf.«

Unter diesem politischen Baum liegt eine Puppe als Jesuskind, eingewickelt in eine schwarzweiße Kefiah, das arabische Tuch, das Arafat berühmt gemacht hat. Eine arabisch-christliche Intifada-Dekoration. Ich hätte gern ein kleines Zettelchen auf die Puppe gelegt: Dieses Kind war ein Jude.

Die Reise nach Jerusalem

Miss Rada hat eine Nichte bekommen, und sie strahlt, als sei sie die Mutter und nicht die Tante. Sie spendiert ein großes arabisches Frühstück im Lehrerzimmer mit »meze«, diesen vielen köstlichen arabischen Vorspeisen. Wenn Palästinenserinnen sich freuen, essen sie. Wenn sie traurig sind, essen sie. Als Miss Hibas Haus in Beit Jala bombardiert wird, kommen am nächsten Tag alle Kolleginnen und legen eine Leckerei auf ihren Platz. Es gibt ein tiefes Vertrauen in die tröstende und heilende Kraft von Sesamplätzchen, Anistaschen, Türkischem Honig und Dattelgebäck. Auch ich werde in diese heilenden und stärkenden Rituale einbezogen. Denn ich bin die Frau aus der Fremde, da muß man doch vorbeugen, daß ich vor Heimweh nicht krank werde. Natürlich soll ich auch erkennen, daß die arabische Küche die beste der Welt ist. Je mehr ich sie aus voller Überzeugung lobe, je weniger kann ich mich der kulinarischen Wohltaten erwehren.

Miss Rada freut sich über ihre neugeborene Nichte. Miss Wafa, die neben mir sitzt, fängt plötzlich an zu weinen. Ihre vierjährige Nichte ist am Tag zuvor beim Heimweg aus dem Kindergarten in Bethlehem in israelisches Feuer geraten und liegt schwerverwundet im Krankenhaus. Sie hat ein Auge verloren.

Da schiebe ich den Humus zur Seite.

Neben den opulenten gibt es die asketischen Zeiten. Ramadan für die Musliminnen, Fastenzeit für die Christinnen, die die Zeit von Aschermittwoch bis Ostersamstag streng einhalten: kein Fleisch, keinen Fisch, keinen Alkohol, keine Zigaretten. »Nichts, was du gerne magst«, sagt meine Kollegin Nour und packt in der Pause ihre Rohkost aus, Möhrenstäbchen und Paprikaschnitze, die sie mit einer Mischung aus Verachtung und Hingabe kaut. Ich erzähle ihr, daß das Fasten aus religiösen Gründen in meiner Heimat aus der Mode gekommen ist. Dafür gebe es neue Trends: Heilfasten, Wellness-Fasten, spirituelles Fasten. Nour ist erstaunt, seufzt, schlägt sich auf den Bauch. »Ach, ich werde langsam zu fett. Aber freiwillig auf Essen verzichten? Ohne Not? Was hat man denn sonst vom Leben? Die Religion ist natürlich etwas anderes. Deren Gesetze muß man befolgen, zumal wenn man hier im Heiligen Land lebt.« Andere Gründe sind ihr suspekt, vor allem das Fasten um einer spirituellen Erleuchtung willen. Ich mache neue Ansätze, ihr zu erklären, was sich die Anhänger von Fastenwochenenden und Fastenworkshops versprechen. Schließlich einigen wir uns darauf, daß das auch »eine Art Religion« ist.

Das Essen spielt in allen Gesprächen zwischen den Kolleginnen eine große Rolle. Jedes freudige Ereignis wird zum Anlaß genommen, ein kleines Fest im Lehrerzimmer zu feiern. Miss Alma malte auf die schwarze Tafel als Einladung zu einem großen Déjeuner ein Konterfei ihres gerade gekauften VW Golfs, auf den sie lange gespart und gewartet hatte. Ihre Euphorie mag verständlich sein, wenn man weiß, daß Autos in Israel und Palästina mindestens doppelt soviel kosten wie in Deutschland.

Das Essen ist auch das Feld, auf dem sich palästinensisches Überlegenheitsgefühl niederschlägt. »Die Juden können doch keinen ordentlichen Humus machen.« »Das Brot von den Juden kann man einfach nicht essen.« »Die Juden tun so, als wüßten sie, wie eine Falafel schmeckt.«

Als ich in den ersten Wochen einmal Käse- und Olivenhörnchen von meinem Bäcker in der Aza Road mit in die Schulen nehme, um auch etwas »auszugeben«, werde ich um der Geste willen lauthals gepriesen, bleibe aber auf meinem

Gebäck sitzen. Man fragt mich, wo ich die Hörnchen gekauft habe, und findet dann die schönsten Entschuldigungen: man mache gerade eine Diät, man habe dummerweise eine Käseallergie, man habe schon zum Frühstück zuviel gegessen. Viel mehr Erfolg hatte ich später mit Lübecker Marzipan und Schweizer Pralinen.

Zweimal im Jahr essen die Lehrerinnen zusammen im neben der Schule gelegenen Paulus-Haus. Einmal füllen die Kolleginnen der Schmidt-Schule, wie sie hier auf Deutsch heißt, den Speisesaal am Maria-Ward-Tag, dem Gedenktag für die englische Gründerin des Ordens, der Paulus-Haus und Schule leitet. Früher waren hier die Borromäerinnen, die sich zurückzogen, weil sie Nachwuchsprobleme hatten. Auch der Maria-Ward-Orden, den man unter dem Namen »Englische Fräulein« kennt, kann außer der Oberin keine deutschen Schwestern mehr nach Jerusalem senden. Die meisten Nonnen sind koreanischer oder osteuropäischer Herkunft.

Der zweite Anlaß ist die Weihnachtsfeier. Im ersten Jahr der Intifada fällt sie aus, im zweiten wird sie gehalten. Nach dem Essen gibt es gemeinsames Singen, Spielen und eine Bescherung. Päckchen werden verlost und ausgepackt. Die Schulleiterin gewinnt Pantoffeln, die ihr offensichtlich vier Nummern zu groß sind. Meine Nachbarin packt ein Sortiment kleiner Parfümfläschchen aus. Ich finde in meinem Paket ein Holzbrett mit drei Marmeladentöpfchen. Dann wird »Stille Nacht« auf arabisch, englisch und koreanisch gesungen. Sister Gregoria und ich kämpfen uns mit dünnen Stimmchen durch das deutsche Original. Nach der ersten Strophe geben wir einvernehmlich auf. Die Spiele, die folgen, haben die Qualität von Kinderbelustigungen bei Geburtstagsfeiern. Die drei männlichen Kollegen und die unerschrockene Musiklehrerin sind dafür prädestiniert, so lange einen Luftballon aufzublasen, bis er platzt. Dann gibt es die berühmte »Reise nach Jerusalem«. In diesen Zeiten, wo alle Jerusalemiten, wenigstens die palästinensischen, darum kämpfen, einen Platz im Leben zu behalten, den Boden unter den Füßen nicht zu verlieren, gewinnt dieses Spiel ungewollt einen symbolischen Beziehungsreichtum.

Der Kampf um die Plätze wird entschieden lustvoll ausgetragen. Schwester Elizas Wangen werden rot und glänzend, sie hat den Ehrgeiz, das Spiel zu gewinnen, und sie lacht und freut sich jedes Mal, wenn sie wieder einen leeren Stuhl ergattert hat. Der »Reise nach Jerusalem« folgt ein Wettlauf, bei dem die Teilnehmer einen Löffel mit einem Ei im Mund balancieren müssen. Die Nonne Schulleiterin beweist ausgeprägten Siegerwillen, Durchsetzungsvermögen und Glück. Aber die menschliche Schönheit leidet unter der verkrampften Zuspitzung des Mundes und den schielend nach innen gerichteten Augen. Ich warte noch auf Sackhüpfen, aber da das Fest in geschlossenen Räumen stattfindet, warte ich vergebens. Dafür greift eine Kollegin zur Gitarre und intoniert Beatles-Songs. Es gibt Kaffee und Kuchen. Die Musiklehrerin singt a capella arabische Lieder, singt wunderschön, und nach all dem Kindergetue erfüllt plötzlich eine dichte Atmosphäre von melancholischer Klage den Raum. Ich werde nicht müde, ihr zuzuhören.

Wie können Menschen, so frage ich mich, die in dieser Zeit in Palästina leben, die dem täglichen Druck ausgesetzt sind, wirtschaftlich zu überleben, ihre vielen Kinder zu versorgen, Geld zu verdienen, die Demütigungen und die nervenzermürbende Warterei an den Checkpoints zu verarbeiten, wie können Menschen, die in Beit Jala oder in Bethlehem die Besetzung durch israelische Truppen miterlebt haben, wie können diese Frauen so ungetrübt, so unangerührt von ihrer Lebenswirklichkeit, so kindlich, ja regressiv Weihnachten feiern? Was befähigt sie dazu? Ist es eine Form von Verdrängung, von Eskapismus? Oder eine Form von seelischem Selbsterhaltungstrieb? Ich bin fasziniert.

Je länger ich mit meinen Kolleginnen lebe, desto näher und ferner werden sie mir. Auf der einen Seite sind sie ungeheuer spontan; ungehemmt können sie losschreien, sich untereinander anbrüllen, heulen, Tränenströme vergießen, ihr Temperament ohne Scheu ausleben. Ähnlich eruptiv sind auch ihre Freudenkundgebungen. Was mir aber ein Geheimnis bleibt, ist ihr Stoizismus. Sie regen sich über alles auf, was in der Intifada passiert, wüten, kreischen, malen in grellen Farben aus, was »die Juden« anrichten, suchen sich gegenseitig darin zu übertrumpfen, welche Ungeheuerlichkeiten sie erlebt oder gehört haben. Aber sie zerbrechen nicht an der Intifada. Es scheint mir, als ob eine tief sozialisierte und verinnerlichte Geduld in ihnen ist, eine Opferbereitschaft und unzerstörbare Hoffnung auf bessere Zeiten.

Da es diese Hoffnung noch gibt, kann man feiern und sich freuen. Auf bessere Zeiten hoffen heißt nicht, das Leben zu verschieben. Jetzt ist der Tag. Wir leben ja noch. Wir haben zu essen und zu trinken. Wir haben Kinder und Enkelkinder. Fröhliche Weihnachten! Enjoy it!

Guter Geschmack – wie rechnet sich der in Schekel?

»Machen Sie eine Diät?« fragt mich unvermittelt eine Frau an der Bushaltestelle in der Hapalmach Street. »Wer ist denn Ihr Arzt? Was dürfen Sie denn nicht essen?«

Ich lebe in Israel. Allen politischen Konflikten und Bedrohungen zum Trotz bedeutet das immer auch alltägliches Leben mit seinen Marginalitäten und Banalitäten. Und dem unverwechselbaren Aroma des israelischen »way of life«.

In Israel sind Förmlichkeiten verpönt. Wenn man etwas wissen will, geht man schnurstracks auf sein Ziel los. Diskretion? Ist die zu irgend etwas nütze? Zurückhaltung? Hat man davon einen Gewinn? Guter Geschmack? Wie rechnet sich der in Schekel?

»Nein«, sage ich, »ich mache keine Diät.« »Sind Sie verheiratet?« »Ja.« »Ach, darum! Wenn Sie erst einmal geschieden oder Witwe sind, hört das Schlanksein von selbst auf. Essen Sie denn Fleisch?«

Die Hemdsärmeligkeit der Israelis ist sprichwörtlich. Sie sei, so sagt man, ein Erbe der Pioniere, die beim Steineschleppen, Sümpfetrocknen, Straßenbauen keine Zeit für feine Manieren gehabt hätten.

Wie in vielen Ländern wird auch in Israel exzessiv das Mobiltelefon genutzt, vor allem morgens im Bus, wo man den vorangegangenen Abend abarbeiten und den kommenden vorbereiten muß. Einmal hörte ich mit, wie eine junge Frau, ohne die Stimme abzusenken, ihrem Freund oder Liebhaber erklärte, daß sie sich von ihm trennen werde, daß der Sex mit ihm keinen Spaß mehr mache, daß die letzte Nacht ohnehin ganz mies gewesen sei. Heute abend werde sie ihre Sachen aus der Wohnung abholen.

Hinter der telefonierenden Frau saßen zwei Haredi, fromme Juden mit Schläfenlocken und Backenbart, mit schwarzem Hut und schwarzem Anzug. Sie hielten ihre Augen gesenkt, lasen ihre Gebete und schokelten, wie man im Jiddischen das rhythmische Wiegen des Oberkörpers nennt. Vielleicht dankten sie dem Herrn für die Gnade, keine Frau zu sein.

Israel ist ein kleines Land. Man fühlt sich wie in einer großen Familie, wo man einander kennt oder zu kennen glaubt oder alles voneinander wissen will. Das Gemeinschaftsgefühl hat in den Zeiten der Bedrohung auch therapeutische Funktion: in einer Wagenburg fühlt man sich besser geschützt als allein auf freiem Felde.

Sarah erzählt mir von einer Bekannten, die 14 Tage Urlaub nehmen wollte. Sofort ging im Büro die Fragerei los: »Wo fliegst du hin? Gehst du in die Staaten oder nach Europa? Wen besuchst du?« »Nein«, sagte die Angesprochene, »ich bleibe zu Hause, in Jerusalem. Ich will einfach mal ausspannen.« »Ach, spinn doch nicht, man nimmt sich doch nicht zwei Wochen Urlaub, um in Israel zu bleiben. Rück schon heraus mit der Sprache!« So ging das Psychospiel tagelang weiter. Schließlich offenbarte die Frau ihr Geheimnis: sie wolle sich einer Schönheitsoperation unterziehen. Große Erleichterung unter den Kolleginnen: »Mazeltov! Das ist doch eine sinnvolle Sache. Sonst hätte man sich wirklich Sorgen um dich machen müssen.«

Wenn man in Israel eingeladen ist, verstößt es keinesfalls gegen den guten Ton zu fragen, wo der Gastgeber den Fisch gekauft hat, den man gerade verzehrt, und wie teuer er war. Man kann auch eine Frau auf der Straße ansprechen, wo sie die tollen Strümpfe gekauft hat, die sie trägt. Da jeder jederzeit auf günstige Schnäppchen aus ist, hat auch jeder Verständnis für solche Fragen. Wenn sich eine Frau beim Friseur die Haare färben lassen will, dann suchen alle anderen Kundinnen des Friseursalons die Farbe mit aus und kommentieren ungeniert, ob die Farbe zum leider etwas rundlichen Gesicht und zu den langweilig braunen Augen der Trägerin paßt. So etwas aufdringlich oder geschmacklos zu finden, gilt als Zeichen von europäischer Dekadenz.

Die deutsche Botschaft paßt sich den israelischen Lebensgewohnheiten gut an. Am 3. Oktober 2001 gab es zum Nationalfeiertag einen großen Empfang in der Residenz des Botschafters in Herzlya. Erst sprach der Botschafter, dann beschwor Schimon Peres als Ehrengast Frieden und Verständigung. Ein Streichorchester intonierte die deutsche Nationalhymne. Die israelische Nationalhymne wurde gespielt. Die israelischen Gäste sangen mit.

Staatsaktliche Feierlichkeit und Ergriffenheit machten sich breit. In diese hinein verkündete eine Stimme am Mikrofon, man werde zu einer Tombola schreiten. Zu gewinnen seien gute deutsche Markenprodukte: eine Waschmaschine von Constructa, ein Trockner von Zanker, eine Spülmaschine von Miele. Anlieferung frei Haus. Die Gattin des Botschafters, Frau Müller, ziehe jetzt die Gewinnzahlen …

Die Direktheit, Umweglosigkeit, Burschikosität im israelischen Lifestyle haben etwas Charmantes, aber auch etwas gewöhnungsbedürftig Brutales. Am Anfang meines Jerusalemer Lebens habe ich artig in Kaufhäusern gewartet, bis die Verkäuferinnen ihren Schwatz mit den Kolleginnen beendet hatten. Nur als ich nach einer Viertelstunde meine Bitte um eine Information immer noch nicht losgeworden war, weil alle nachfolgenden Kundinnen sich hemmungslos in die Konversation drängten, mit ihren Wünschen loslegten und mich völlig ignorierten, merkte ich, daß man mit einer anerzogenen Zurückhaltung in diesem Land verloren ist. Man wartet nie, bis jemand »ausgesprochen« hat, wo käme man da hin! Maxim Biller, deutsch-jüdischer Gegenwartsautor, läßt in seinem Roman »Die Tochter« seinen Protagonisten von Tel Aviv nach München ziehen. Im Haus seiner deutschen Schwiegereltern hat der junge Israeli ein Erlebnis, das dem Durchbrechen der Schallmauer gleichkommt. In diesem Haus konnte man einen ganzen Sommer lang jeden Satz aussprechen, ohne unterbrochen zu werden. Unfaßbar!

Lassen die Abgeordneten in der Knesset jemals ein anderes Parlamentsmitglied ausreden? Das wäre politisch ein solches Zeichen von Schwäche, daß man gleich seinen Hut nehmen könnte. Auch »Reden« ist ein israelischer Euphemismus. Man redet nicht. Wenn man nur das Geringste erreichen will, muß man schreien, brüllen, Türen schlagen. Das ist sportlich und macht Eindruck.

Mein Mann und ich hatten ein Problem mit unserem deutschen Auto, das wir nach Israel eingeführt hatten. Als behördenerfahrene Deutsche hatten wir uns natürlich Monate vorher bei der israelischen Botschaft in Berlin erkundigt, wie es mit der Verzollung stünde. Die schriftliche Auskunft war erfreulich: ein Jahr könnten wir das Auto ohne Zoll fahren, im zweiten Jahr müßten wir 10 Prozent seines aktuellen Wertes als Zoll zahlen. Das erschien uns akzeptabel. Darauf kauften wir in Deutschland ein genau den israelischen Anforderungen entsprechendes Auto, nicht älter als vier Jahre, kein Dieselmotor und mit Klimaanlage ausgestattet.

Nach einem halben Jahr schlug der Zoll zu. Wir bekamen schriftlich die Nachricht, 20000 Dollar Zoll zahlen zu müssen – für ein Auto, das diesen Betrag nicht einmal in Mark wert war. Wir gingen zum Zoll. Der Brief des Attachés der israelischen Botschaft in Berlin ließ die Damen völlig ungerührt: dieser Herr Attaché habe keine Ahnung. Solche Dummköpfe stecke man immer in ausländische Botschaften. Wir aber hätten die 20000 Dollar zu zahlen. Das sei Gesetz des Staates. Ich ging zum Chef des Zolls, Meir Shasha in der Gershon Agron Street. Dem war ich deutlich lästig. Er fragte seine Sekretärin, wie denn im Augenblick die Gesetzeslage sei, die ja ständig wechsele. Sie bestätigte die Höhe des Zolls, strahlte mich dann aber an: Wir könnten das Geld als Bankbürgschaft auf einer israelischen Bank deponieren und dürften das Auto noch ein weiteres halbes Jahr fahren. Dann müsse das Auto ausgeführt werden, oder das Geld würde automatisch vom Konto abgebucht. Mein Mann ging zu Meir Shasha mit einem Brief des Präsidenten der Universität, in dem der Präsident bat, man möge den ausländischen Gast der Universität als Gast behandeln, der dem Staate Israel diene, und ihm den Zoll erlassen. Höhnisches Gelächter: Da könne ja jeder kommen und sich wichtig tun. Geld oder Auto. Wir transferierten 20000 Dollar von Deutschland auf eine israelische Bank, die uns für eine unglaublich hohe Gebühr eine Bürgschaft ausstellte. Damit gingen wir wieder zum Zoll. Die Damen hatten an der Bankbürgschaft etwas auszusetzen. Das war der Augenblick, wo mein Mann, der sanfteste von allen, zu schreien begann. Es änderte nichts. Auch nichts an der häufig geäußerten Einstellung der Damen: Was wollen Sie eigentlich? Sie müssen hier doch nicht leben. Gehen Sie doch wieder nach Frankreich. Oder wo kommen Sie her? Aber es war ein winziger Hauch von Anerkennung über die gehobene Stimmlage meines Mannes zu spüren. Na also, wenn Sie sich anstrengen, werden Sie doch noch ein bißchen israelisch!

Wir mußten das Auto im Juli 2001 wieder nach Deutschland ausführen. Als mein Mann bei der Bank nachfragte, was geschähe, wenn der Brief vom Zollamt in Haifa, das die Ausfuhr bestätigen mußte, nicht einträfe, ob in diesem Fall die Bürgschaft automatisch abgebucht werde, lächelte die Angestellte befriedigt: Willkommen in Israel! Jetzt sind Sie in diesem Land angekommen! Jetzt wissen Sie, wie hier der Hase läuft!

So mußten wir wieder fünf Tage Schiffahrt von Haifa

nach Venedig auf uns nehmen. Immerhin ist es ein Erlebnis, morgens um sechs Uhr an der Piazza San Marco und am Palazzo Ducale vorbeizugleiten und die Kuppel von Santa Maria della Salute im Licht der Frühe schimmern zu sehen.

Das Auto steht seither abgemeldet in einer Garage in Deutschland. Der israelische Zoll ist zufrieden mit uns.

Nach uns die Sintflut

»Ich werde verrückt! Zehn Plastiktüten bei einem Einkauf, acht Plastikkörbchen mit Obst und Gemüse, vier Styroporschalen mit Käse und Fisch, Plastikbecher mit Humus und Frischkäse, Joghurtbecher aus Plastik, Plastikwasserflaschen, Plastikkanister mit Orangensaft – ihr produziert ja einen kriminellen Müllberg!« So regte sich meine »grüne« Tochter auf, als sie zu Besuch in Jerusalem war.

Sie hat recht: wir produzieren Unmengen Müll, vor allem an nicht recycelbarem Verpackungsmaterial. Wir sammeln die Abfälle wiederum in Plastiktüten, werfen sie »ungetrennt« in die großen Container, die überall in der Stadt in großer Anzahl an den Bürgersteigen stehen. Die werden zweimal in der Woche geleert und reißen jeden Jerusalemiten morgens um sechs Uhr aus dem Schlaf.

Das Verhältnis zur Umwelt ist in Israel wenig sensibel. In diesem Bereich paart sich levantinische Nonchalance mit dem aus der Bibel abgeleiteten Satz »Nach uns die Sintflut«. Zwar gibt es inzwischen eigene Container für Papier und Flaschen, aber sie werden nur dann genutzt, wenn sie unmittelbar vor der Haustür stehen. Warum denn einen überflüssigen Schritt tun?

Einer der Müllberge steht sehr konkret in seinem Endzustand wie ein südafrikanischer Tafelberg in der Nähe von Tel Aviv als ungelöstes Sanierungsproblem, an dessen Beseitigung auch deutsche Experten mitarbeiten. Gravierender aber ist das Wasserproblem. Die Wasserhöhe der Hauptwasserquelle des Landes, des Lake Kinneret, wie der See Genezareth auf Hebräisch heißt, liegt drei Meter unter dem Normalspiegel. Er droht zu versalzen. Die Alarmzeichen stehen auf Dunkelrot. Auch der regenreiche Winter 2002 hat kaum Entwarnung gebracht Zwar gibt es Pläne, Wasser aus der Türkei zu kaufen und auf Schiffen ins Land zu transportieren, aber das sind Zukunftsvisionen. Israel selbst verkauft in andere Länder Entsalzungsanlagen, setzt sie aber im eigenen Land nicht ein, weil das Verfahren sehr teuer ist und der Wasserpreis enorm steigen müßte. Das aber ist politisch nicht durchsetzbar. Ein Ministerpräsident darf Krieg führen und die Verteidigungskosten ins Unermeßliche treiben, aber der Wasserpreis muß konstant bleiben. Die Kosten sind sehr niedrig, betragen etwa ein Drittel des deutschen Wasserpreises. Gemessen an allen anderen Kosten in Israel ist er ein Spottpreis. Sanne, eine Deutsche, die nach Israel eingewandert ist, um hier mit ihrem israelischen Partner zu leben, erzählt mir, wie sich ihre Nachbarn lustig über sie machen, weil sie Regenwasser auffängt, um damit ihre Pflanzen zu wässern.

Ein deutscher Jude, der Berliner Künstler Ronnie Goltz, hat eine kreative Idee, wie man auf einen Schlag die Wasserprobleme Israels und die Wiedergutmachungsprobleme Deutschlands lösen könnte: durch den Bau einer Wasser-Pipeline von Berlin nach Tel Aviv. Dann brauchte Berlin nicht die Fülle und Überfülle an Holocaust-Denkmälern, Mahnmalen und Erinnerungsstätten. »Wasser nach Israel zu transportieren wäre das beste und ursprünglichste Versöhnungsprojekt für ein Land, das die Nazi-Verbrechen aufarbeitet.«

In Palästina haben die Menschen viel weniger Wasser zur Verfügung als in Israel. Während der Intifada gab es Dörfer in der Westbank, die ganz von der Wasserversorgung abgeschnitten waren und froh sein mußten, wenn am Tag ein Lastwagen mit Wasser ihr Dorf erreichte. Wasser ist das politische Druckmittel schlechthin. Darum sind die israelischen Politiker nicht bereit, die Golanhöhen zu räumen, nur so behält Israel die vollständige Kontrolle des Jordan-Flusses. Nach dem Krieg von 1967 sind auch die Gebiete um den Jordan in der Westbank zu militärischem Sperrgebiet erklärt worden und damit die Palästinenser vom Wasser abgeschnitten worden.

In Bereichen, die nicht so an den Lebensnerv rühren wie das Wasser, ist das Verhältnis zur Umwelt in Palästina von fröhlicher Sorglosigkeit. Als ich eines Tages mit einem Jutebeutel und einem Einkaufskorb in die Schule komme, um meinen Schülerinnen zu zeigen, wie man in Deutschland in den Supermarkt geht, lachen sie sich halbtot: Warum denn so ein Krampf, wenn es doch Plastiktüten gibt! Kostenlos und soviel man nur will!

Über das Entsorgen macht man sich keine Sorgen. Man läßt alles Verpackungsmaterial ohne Hemmungen auf die Straße fallen, die städtische Straßenreinigung und die Müllabfuhr werden sich dessen wohl erbarmen. Oder der Wind treibt alles davon. Die Wüste ist nah.

Oleanna in Jerusalem

Als ich erst kurze Zeit in Israel lebte, stand ich eines frühen Nachmittags an einer Ampel in der Jaffa Street in Jerusalem.

Ein Israeli sprach mich an, erst auf hebräisch, dann auf englisch. Er fragte, ob ich jetzt und sofort mit ihm gehen würde, um mit ihm zu schlafen. Nicht morgen oder irgendwann. Jetzt. Ich war so verblüfft, daß ich an ein sprachliches Mißverständnis glaubte. Bevor ich noch reagieren konnte, wandte er sich der nächsten Frau zu. Ich beobachtete, daß er während der Ampelphase fünf Frauen ansprach und offensichtlich keine Unterscheidung machte, was das Alter oder Aussehen der Frauen betraf. Alle Frauen winkten fröhlich ab, keine schien verärgert oder übermäßig erstaunt. Dann schaltete die Ampel auf Grün, und ich verlor den unscheinbaren älteren Mann aus den Augen.

Als ich Freunden von meinem Erlebnis erzählte, lachten sie. »Du ahnungslose Unschuld! Du bist in ein Land gekommen, in dem männlicher Chauvinismus ungebrochen ist. Wenn ein Mann eine Triebabfuhr braucht, dann geht er eben zur Sache. Hier macht man keine Umstände.«

Ich war geneigt, mein Erlebnis für untypisch zu halten. Ein paar Wochen später lernte ich eine junge Deutsche aus Marburg kennen. Sie hatte sich eines Abends mit einem israelischen Studenten ins Kino verabredet und wollte ihn abholen, da seine Wohnung auf dem Weg lag. Als sie klingelte, zog er sie in sein Zimmer, schloß die Tür ab und kam unverzüglich »zur Sache«. Es gelang ihr nach heftigem Gerangel zu entfliehen.

Eine deutsche Journalistin erzählte mir, daß der israelische Taxifahrer, der sie vom Flughafen Tel Aviv nach Jerusalem gefahren hatte, sofort mit ihr ins Hotelzimmer gehen wollte und beleidigt reagierte, als sie sein Ansinnen ablehnte: But why not? It makes fun.

In den USA hat die Angst vor »sexual harassment« hysterische Formen angenommen; David Mamets erfolgreiches Theaterstück »Oleanna« spielt die ruinösen Folgen einer Verdächtigung durch. In Israel scheint sexuelle Belästigung noch als Kavaliersdelikt oder überhaupt nicht als Delikt zu gelten.

Der frühere israelische Verteidigungsminister und hochdekorierte General Yitzhak Mordechai wurde vor kurzem in einem spektakulären Prozeß der gewalttätigen sexuellen Belästigung in zwei Fällen für schuldig befunden. Erschwerend kam hinzu, daß die Opfer dienstlich von ihm abhängig waren. Die männlichen Richter setzten die fällige Gefängnisstrafe zur Bewährung aus mit der Begründung, einen Mann wie Mordechai, der so große Verdienste um den Staat Israel habe, könne man nicht diskreditieren und um seine politische Zukunft bringen. Nur die weibliche Richterin protestierte gegen das Urteil. In einem Wiederaufnahmeverfahren wurde lange diskutiert, ob man von Gewalt sprechen könne, wenn ein Chef seine Untergebene unter einem Vorwand in sein Apartment locke, nur mit einem Handtuch bekleidet aus dem Badezimmer komme, sich über die Frau werfe und sein Geschlechtsteil an ihrem Unterleib reibe.

Psychologen führen die permissive Bewertung von sexuellen Straftaten auf die lange Militärzeit in Israel zurück. Jeder männliche Israeli muß drei Jahre lang Wehrdienst machen, jede weibliche Israeli zwei Jahre lang. Das begünstige ein Klima, in dem Enthemmung, Rücksichtslosigkeit und sexuelles Draufgängertum gedeihen.

»Und die Frauen wehren sich nicht genug«, sagt meine Freundin Sarah, »zu viele halten immer noch die Entschuldigung bereit, ›Männer sind eben so‹.«

Chuzpe

Neben der Direktheit und Ungezwungenheit im sozialen Umgang in Israel gibt es als Steigerung noch die Unverfrorenheit, bekannt unter dem jiddischen Begriff »Chuzpe«. Definiert wird Chuzpe meist durch diese Geschichte: Ein Mann, der Vater und Mutter getötet hat, steht vor Gericht. Im Schlußwort bittet er um mildernde Umstände bei der Urteilsfindung: schließlich sei er eine arme Waise!

Auf Formen der Unverschämtheit muß man im israelischen Alltag gefaßt sein. Wirklich erschüttert ist man nur am Anfang. Ich kaufe Bettwäsche ein, habe vorher das Bettzeug genau ausgemessen, suche im Kaufhaus lange nach einer Verkäuferin und bitte sie, die Maße zu kontrollieren und mir zu sagen, aus welchem Material die Wäsche ist, da auf der hebräisch geschriebenen Verpackung nichts steht, was mir Anhaltspunkte geben könnte. Sie läßt sich meine Maße geben und sagt: Genau! Sie fragt, welches Material ich denn gerne hätte: Baumwolle! Exactly!

Zu Hause stelle ich fest, daß die Maße nicht stimmen und die Wäsche aus 100 Prozent Polyester ist.

Ich gehe in das Kaufhaus zurück. Die Verkäuferin hat ihren freien Tag. Und eine geöffnete Verpackung kann man nicht zurückgeben. Beim zweiten Versuch ist die Verkäuferin da. Mit entwaffnendem Lächeln sagt sie: Ich erinnere mich an dich, aber doch nicht mehr an das, was ich gesagt habe. Du solltest einfach besser Hebräisch können. Warum bist du denn sonst hier!

Have a nice day, ruft sie mir nach, als ich mit der Bettwäsche abziehe.

Gewöhnungsbedürftig sind auch die ersten Busfahrten. Bezahlt wird vorne beim Busfahrer. Der fährt aber schon mit einem irrsinnigen Tempo los, sobald der letzte Passagier eingestiegen ist, so daß alle, die noch stehen, Mühe haben, einen festen Stand zu finden. Wenn die Busse eine Kurve nehmen, habe ich oft Angst, daß sie bei der Geschwindigkeit einfach umkippen. Tun sie aber nicht. Wer umkippt, sind die Fahrgäste. Man sieht im Bus sehr viele ältere Leute, oft schwer bepackt mit Plastiktüten und Einkaufstaschen. Einmal erlebe ich mit, wie eine alte Frau mühselig nach ihrem Ticket sucht, während der Fahrer einen sportlichen Start hinlegt. Die Frau fällt hin, strampelt zwischen ihrem Gepäck, aber kein Fahrgast rührt sich, um ihr zu Hilfe zu kommen. Fromme Juden schauen auf und versenken sich wieder in ihre Gebete, weniger Fromme vertiefen sich in die Tageszeitung. Ich sitze eingekeilt am Fenster und kann mich nicht rühren. Als ich Anstalten mache aufzustehen, erhebt sich mein Nachbar unwillig. Es ist ihm anzusehen, daß er denkt: »Warum hat denn die Frau keinen Sohn oder Schwiegersohn, der sie mit dem Auto fährt?«

Bei einer Massenkarambolage auf dem Highway Nr. 1 zwischen Tel Aviv und Jerusalem fuhr ein Autofahrer auf unseren Wagen auf. Die Polizei nahm den Unfall auf. Der Unfallgegner leugnete später beharrlich, uns touchiert zu haben. Die Versicherung weigerte sich zu zahlen, solange kein Geständnis des Versicherungsnehmers vorlag. Die Polizei interessierte sich nicht für die zivile Abwicklung von Unfallschäden. Nach einigen Monaten und einigen Briefen unseres Rechtsanwalts kam der Unfallgegner, ein junger Mann, in unsere Wohnung und bot uns an, den Wagen durch einen Kumpel reparieren zu lassen. Als unser Rechtsanwalt daraufhin den jungen Mann anrief und ihm sagte, sein Angebot sei doch eine Art Schuldeingeständnis, wies dieser das weit von sich. Er habe nur Mitleid mit uns gehabt, wir seien doch arme Ausländer! Am Ende haben wir Reparatur und Rechtsanwalt selbst bezahlt.

Die Urangst jedes Israelis, »über den Tisch gezogen zu werden«, führt dazu, daß er präventiv als erster zuschlägt. Gott hat dem Menschen schließlich die Möglichkeit und die hebräische Sprache gegeben, sich in dieser schwierigen Welt zu behaupten. Beseder? In Ordnung?

Mozart zum Aufwärmen

Konzert- und Theaterkarten sind in Israel sehr teuer. Aber die Israelis sind ein Volk der Musikliebhaber, auch die klassische Musik steht hoch im Kurs. Die russischen Einwanderer haben in den letzten Jahren viele vorzügliche Musiker ins Land gebracht. Das »Jerusalem Quartet« zum Beispiel, ein hervorragendes Streichquartett, das inzwischen auch in Europa und den USA berühmt ist, besteht aus drei Musikern aus der früheren Sowjetunion und einem »Sabre«, also einem, der in Israel geboren ist.

Konzertangebote gibt es reichlich. Manchmal sogar kostenlos. Ein exquisites Angebot macht das »Center for Near Eastern Studies«, hinter dem sich die Universität der Mormonen verbirgt. Sie liegt sehr nobel auf dem Mount Scopus mit einer der schönsten Aussichten auf die Stadt. Der Blick durch die hohen Fenster des Konzertsaals ist so grandios, daß man schwer entscheiden kann, was mehr die Sinne betört: die Musik oder das in nächtlicher Beleuchtung erstrahlende Jerusalem. Einmal war ich mit meinem Mann an einem Sonntagabend nach einem schlimmen

Selbstmordattentat bei einem Kammerkonzert an diesem herausgehobenen Ort. Wir kamen an mit dem Schock über das schreckliche Ereignis. Als wir nach zwei Stunden wieder gingen, waren wir nicht getröstet, das wäre ein Zuviel an Erwartung gewesen. Aber der Blick auf die Stadt hatte in uns die Hoffnung gestärkt, daß die Vision von einem anderen, friedlicheren Jerusalem immer besteht.

Eine beliebte Einrichtung, von der mir alle Freunde gleich nach meiner Ankunft erzählten, ist die Reihe »Etnachta«, Fermate, im Jerusalem Theater. In der Henry Crown Hall finden jeden Montag um 17 Uhr Kammerkonzerte bei freiem Eintritt statt. Die Konzerte werden live im Radio vom Sender Kol Yisrael, der »Stimme Israels«, übertragen, das erklärt die Generosität des Veranstalters.

Natürlich strömen um diese Nachmittagszeit vorwiegend ältere Leute ins Konzert. Auch bin ich seit langem gewöhnt, daß man sich in Israel immer lässig gibt; in die Oper gehen Israelis in kurzem Sporthemd und buntem Schlabberlook. Aber an diesen Musiknachmittagen im Herbst und Winter des Jahres 2000 kam ich doch aus dem Staunen über das legere Outfit und Verhalten der Besucher nicht heraus. Noch erstaunlicher war, daß vor allem in den oberen Rängen vermeintliche Musikliebhaber saßen, die sich nicht einen Deut um die Musik kümmerten. Sie lasen Briefe, malten auf einem Zeichenblock, blätterten in einem Buch und exzerpierten Stellen, flüsterten ausgiebig mit den Nachbarn, futterten Erdnußcrisps und Paprikachips und fühlten sich offensichtlich nicht weiter von der Musik belästigt. Am Ende klatschten sie brav – und waren am nächsten Montag wieder zur Stelle. Und lasen, schrieben, malten, redeten. Wenn sie jünger gewesen wären, hätten sie sich bestimmt zur Steigerung ihres Wohlbefindens noch die Knöpfe ihres Walkmans ins Ohr gesteckt und statt Mozart und Mahler Madonna gehört.

Langsam kam ich darauf, wie dieses Phänomen zu erklären war. Nicht alle zog die Leidenschaft zur Musik in diese kostenlosen Etnachta-Konzerte. Der Konzertsaal war für viele eine Wärmestube!

Denn es wird unendlich viel gefroren im Jerusalemer Winter, weil es kalt und sehr kalt werden kann, die meisten Häuser aber keine Heizung haben. Und wenn sie eine haben, wird sie zentral von der Hausverwaltung reguliert, das bedeutet: Wärme gibt es höchstens abends für zwei Stunden und am Schabbat. Wo aber kann man sich so günstig, ungestört und manchmal noch angenehm musikalisch temperiert in dieser Stadt von der Kälte im Januar oder Februar erholen und die verfrorenen Glieder aufwärmen!

»Ich habe noch nie so viel in meinem Leben gefroren wie in Jerusalem«, hört man viele Menschen klagen. Man kauft Radiatoren, die man in dem Raum aufstellt, in dem man gerade sitzt. Geht man in einen Nachbarraum, kommt man in eine Eishöhle. Rivka stellt ihren Biorhythmus um, geht im Winter abends um neun Uhr ins Bett, häuft meterhoch Bettzeug über sich und schläft zwölf Stunden. Dafür verpraßt sie die Sommernächte und kommt mit fünf Stunden Schlaf aus. Sie sagt, es funktioniere.

Im Frühling gibt es wunderbare Tage, solange nicht der Chamsin weht, ein heißer Wüstenwind, der die Luft so austrocknet, daß die Feuchtigkeit nur noch fünf Prozent ausmacht. Anfänglich habe ich mich lustig darüber gemacht, daß die Israelis immer und an jedem Ort zwei Dinge mit sich herumschleppen und in überreichem Maße bedienen: das Mobiltelefon und die Wasserflasche. Zum letzteren habe ich mich schnell bekehrt.

Im Sommer gibt es wunderbare Abende, an denen man immer und unbedenklich zu einer Balkon-, Terrassen- oder

Gartenparty einladen kann. Denn neun Monte lang regnet es nicht, die Sonne scheint ohne Unterlaß. Der deutsche »Blick ins Wetter« kommt abhanden. Aber die Tage sind wegen der großen Hitze schwer zu ertragen, auch wenn in Jerusalem mit seiner Höhe von über 800 Metern immer auf ein erfrischendes Lüftchen gehofft werden kann.

Die Etnachta-Konzerte machen Sommerpause. Natürlich haben die Kammermusiker ihre Ferien oder Auslandstourneen verdient. Und die Konzertbesucher strecken sich auf dem heimischen Balkon aus und stellen dort ihren Mozart an. Jetzt dann zum Abkühlen.

Shylock im Keller

Es gibt in Jerusalem eine »Bella Vista«, die ich wenigstens einmal in der Woche genieße. Vor der Terrasse des Maiersdorf-Faculty-Clubs der Hebräischen Universität breitet sich die Stadt weitflächig aus. Die Universität wurde bereits 1925 auf dem Mount Scopus gegründet, zwischen 1948 und der Eroberung von Ostjerusalem im Jahre 1967 lag sie als israelische Enklave in jordanischem Gebiet. Nach 1967 wurde dort dann die neue Hebräische Universität gebaut mit Geld von Stiftern aus aller Welt.

Der Campus liegt isoliert auf dem Hügel, viele meist flache Gebäude verschränken sich um Innenhöfe, verkanten sich, bilden Ausläufer, die neu ums Eck zusammenstoßen: ein verwirrendes Labyrinth für Besucher, noch verwirrender, wenn sie kein Hebräisch können, um die Hinweisschilder zu verstehen.

Aber alle Studenten sind des Englischen mächtig, müssen sogar ihre Englischkenntnisse nachweisen, um zum Studium zugelassen zu werden, weil man zu Recht davon ausgeht, daß es – unabhängig von der Fachrichtung – nicht genügend wissenschaftliche Literatur in der Sprache eines Sechs-Millionen-Volkes gibt, auch wenn es sich um die ehrwürdige Sprache der Bibel handelt.

Die gärtnerischen Anlagen auf dem Campus haben das Niveau deutscher Bundesgartenschauen. Und das Verblüffende ist, daß junge Israelis, die im Alltag so ungeheuer hemdsärmlig, cool und rüde sind, diese Grünanlagen in einem Zustand äußerster, fast lebloser Perfektion belassen. Da gibt es keine zertrampelten Rosen und keine leeren Wasserflaschen auf den Liegewiesen. Die Gebäude sind reich mit Kunst bestückt, Segnungen aus New York, Buenos Aires oder Paris, die die Universität verschönern sollen. »Verschönern« ist oft genug ein Euphemismus, aber Geschenke darf man nicht kritisieren, vielleicht darf man murmeln, wie schnell doch die Ästhetik der modernen Kunst veraltet. Meinem Sohn fiel bei einem Besuch etwas anderes auf. »Das ist eine Uni ohne ein einziges Graffito.« Mit seinem Berliner Hintergrund schien ihm das ein eher bedenklicher Hinweis auf Sterilität.

Am stärksten präsentiert sich die Hebräische Universität als eine grüne und hermetisch abgeschlossene Enklave, wenn ich mit dem Auto von meiner Schule durch Ostjerusalemer Industriegebiet auf den Mount Scopus hinauffahre, durch Straßen mit schäbigsten Autowerkstätten, privaten Müllhalden, abbruchreifen Häusern mit zerborstenen Fenstern, Autoreifenstapeln und dem ganz normalen Alltagsmüll auf der Straße und den Bürgersteigen. Dann bekommt die akademische Burganlage für mich etwas Unwirkliches, ja Arrogantes, weil sie das arabische Umfeld über die normale Wahrnehmung hinaus diskreditiert.

Palästinenser können genauso wie israelische Araber an der Hebräischen Universität studieren. Sie müssen Hebräisch und Englisch beherrschen. Da sie mit den Eingangsvoraussetzungen der israelischen Studenten nicht mithalten können, haben sie Nachteile, vor allem wenn sie ein so begehrtes Studium wie das der Medizin ergreifen möchten. Trotzdem gab es und gibt es immer ein paar tausend arabische Studenten, die ihr Studium auch während der Intifada fortsetzen.

Ich wollte in der englischen Abteilung der Universität an meinem freien Sonntag, der ja im israelischen Umfeld ein normaler Arbeitstag ist, ein Seminar besuchen, um meinen Geist mit mehr als deutscher Schulgrammatik zu füttern. Die Angebote an diesem Tag waren rar, aber es gab einen Kurs über Shakespeares Dramen auf der Bühne und im Film. Ich fragte die Dozentin, ob sie mich als Gasthörerin aufnehmen würde. No problem. So saß ich ein Jahr lang zwischen jungen israelischen Studenten und Studentinnen und beschäftigte mich mit Shakespeare-Inszenierungen. Die Atmosphäre im Seminar war informell, die Studenten kamen und gingen, nuckelten an ihren Wasserfläschchen und waren ungehemmt redselig, wenn es um Beifalls- oder Ablehnungsbekundungen ging. Das Niveau erinnerte mehr an unsere gymnasiale Oberstufe als an akademische Seminare. Aber seit »Pisa« darf man als deutscher Lehrer nichts mehr über das Bildungsniveau in anderen Ländern schreiben. Ein Problem scheint in Israel darin zu bestehen, daß zwischen Abitur und Studienbeginn häufig drei oder vier Jahre liegen. Denn nach dem zwei- beziehungsweise dreijährigen Militärdienst gehen die jungen Frauen und Männer erst einmal in die Welt. Wer es nur eben ermöglichen kann, gönnt sich ein Jahr Australien und Neuseeland oder Südamerika oder Fernost, um den Frust der Army gründlich abzustreifen. Wer aber vier Jahre lang nur Zeitung und Computermagazine liest und alle intellektuellen Begierden einschläfert, dem fällt es schwer, sich auf akademische Erwartungen einzustellen.

Ich liebte die Sonntagmorgen im Videokeller der Universität. Die Dozentin mühte sich redlich, ihre Studenten über die rein stoffliche Betrachtungsweise von Literatur hinauszubringen, ihnen strukturelle, poetologische, philosophische Zugriffe auf Shakespeares Werk zu ermöglichen. Am Ende des Kurses entwickelte sich eine Diskussion über den Shylock in Shakespeares »Kaufmann von Venedig«, eine Figur, die immer noch tief an das jüdische Selbstverständnis rührt. Soll man sie mit der provozierenden Radikalität Kortners spielen, der dem Shylock – als Täter wie als Opfer – etwas Monströses gibt, oder mit der eiskalten Berechnung eines kapitalistischen venezianischen Kaufmanns, wie Gert Voss ihn verkörpert hat? Ein Kuriosum wußte einer der Studenten zu berichten: In einem israelischen Film habe man die Figur Shylocks, der als Bürgschaft für geliehenes Geld ein Pfund Fleisch aus dem Leib seines Schuldners Antonio verlangt, durch die Figur eines israelischen Settlers ersetzt, als Inbegriff des blutrünstigen Juden.

Unter den Seminarteilnehmern war Kate, eine auffallende junge Frau, extrem großgewachsen, superdürr mit einer eindrucksvollen langen, spitzen Nase. Kate inszenierte bereits in einem jungen feministischen Theater in Jerusalem Stücke in englischer Sprache. Ich besuchte ihre verschiedenen Produktionen, die am Anfang immer voll spritziger Ideen waren, dann aber im Laufe der Aufführung versackten, so daß die meisten Abende in einer tapfer durchgestandenen Langeweile endeten.

Eines Tages sagte Kate zu mir: »Ich habe eine Freundin, die sucht für eine englische Produktion eine Schauspielerin, die mit deutschem Akzent spricht. Du hast doch schon viel Theater gemacht. Ruf doch Joyce mal an!«

Ich rufe Joyce an. Joyce ist begeistert. »Dein Ti-Eitsch ist zu englisch, das müßte etwas deutscher klingen, aber sonst bist du o.k. Klasse, daß du bei uns mitspielen willst. Du bist engagiert.«

Ich frage nach dem Stück, nach meiner Rolle.

»Ja, weißt du, das ist kein fertiges Stück, das haben wir selbst geschrieben. Es verändert sich auch noch ständig. Work in progress. Etwas Antifaschistisches natürlich. Du bist eine Krankenschwester in einem Kriegslazarett und kollaborierst mit so einem Nazi-Schwein. Natürlich beutet er dich aus. Irgendwann läufst du davon und lernst einen polnischen Partisanen kennen. Der versteckt ein jüdisches Mädchen ...«

Ich schlucke. Eine Nazi-Krankenschwester mit falschem Ti-Eitsch – so hatte ich mir den Einstand auf einer Jerusalemer Bühne nicht unbedingt vorgestellt.

»Sag mal, wie alt bist du eigentlich?« fragt Joyce.

Ich gebe Auskunft.

Ein schriller Schrei: »Ja warum sagst du das nicht eher! Dann hätte ich mir doch sparen können, dir das ganze Stück zu erzählen. Unsere Krankenschwester darf höchstens 25 sein. Sonst ist sie doch für den Nazi-Offizier uninteressant. Das verstehst du doch, oder?«

Klar. Bye, Joyce, bye, Kate, bye, Theater in Jerusalem.

Publikumsbeschimpfung

Aber nicht nur auf der Bühne vermisse ich das Theater. Auch als Zuschauerin im Parkett geht es mir ab. Dabei gibt es natürlich in Israel eine reiche Theaterszene – aber ich verstehe nur ein paar Wörter Hebräisch. Das Cameri-Theater in Tel Aviv zeigt einige Produktionen mit (schlechter) englischer Simultanübersetzung und schenkt mir auf diese Weise wenigstens einige Theaterabende.

Mit dem Cameri-Theater ist der Name eines Dramatikers und Regisseurs verbunden, der wie kein zweiter das zeitgenössische kulturelle Leben Israels geprägt hat: Hanoch Levin.

Zuerst sah ich ein Gastspiel seines Stückes »Murder« 1999 in Heidelberg – und war erschlagen von der Radikalität des Stückes und der Inszenierung. Levin zeigt schonungslos die Unlösbarkeit des israelisch-palästinensischen Konflikts auf. In einer mit kurzen Schnitten hart aneinandergesetzten Szenenfolge entwirft er ein Kaleidoskop von gegenseitigem Haß und Mißtrauen. Ein palästinensischer Vater, dessen Sohn von drei israelischen Soldaten gefoltert und getötet wird, glaubt, einen der Mörder seines Sohnes gefunden zu haben. Dieser junge Mann feiert gerade seine Hochzeit.

Der Zuschauer lechzt nach einer Versöhnung, nach einer Möglichkeit der Verständigung, nach Begnadigung oder Verzeihen, aber Hanoch Levin läßt ihm keinen Funken Hoffnung. Der junge Bräutigam wird von dem arabischen Vater ermordet, die Braut, die ihn retten will, ebenfalls. Am Ende steht das ermordete Paar auf und singt: »Wir sind immer drei: du und ich und der nächste Krieg.«

Hanoch Levin hat tiefer und weiter gesehen als die euphorischen Oslo-Freunde. Als ich die Produktion in Heidelberg sah, war ich schockiert über Levins Pessimismus. Damals dachte ich, friedenssehnsüchtig wie viele: So haß- und racheerfüllt ist das Verhältnis der Israelis und der Palästinenser doch schon lange nicht mehr. Im nachhinein kommt es mir vor, als habe Levin der zweiten Intifada ein Denkmal gesetzt, bevor sie ausgebrochen war. Er war unverblendet – sein schmerzhafter Schnitt ins Fleisch der israelischen Gesellschaft ging bis auf den Knochen, in das Selbstverständnis einer Nation, die sich als human definiert und dennoch seit 50 Jahren ein anderes Volk unterdrückt. Meine israelischen Freunde verehren Levin, der im August 1999 an Krebs starb, oder sie lehnen ihn ab – beides mit Emphase.

In einem anderen kulturellen Bereich hat sich Israel im letzten Jahrzehnt internationale Anerkennung erworben und zählt zur Avantgarde: dem Tanztheater. Vor allem in Tel Aviv wachsen und blühen die unterschiedlichsten Kompanien und haben ihr begeisterungsfähiges Publikum. Ich sah eine Aufführung der wohl berühmtesten Tanztheatertruppe, der Batsheva Dance Company, im Jerusalem-Theater mit dem Stück »Virus« in der Choreographie von Ohad Naharin. »Virus« basiert auf Handkes »Publikumsbeschimpfung«, einem Stück, das in die Jahre gekommen ist, bei dem der provokative Biß in Deutschland eher zu einem sanften Mümmeln verkommen ist. Hier aber – und das war die erstaunliche Erfahrung des Abends – verfing die Provokation noch unmittelbar. Als der Text von einem Tänzer, der über der Bühne schwebte, rezitiert wurde, gab es die ersten Reaktionen im Zuschauerraum. Die Jungen lachten, die Alten wurden wütend, nahmen Handkes Beschimpfungen nicht literarisch, sondern persönlich: »Wir sind keine Auswürfe der Gesellschaft! Wir sind keine Faschisten! Schluß damit! Das müssen wir uns nicht gefallen lassen. Aufhören! Hört! Hört! Wir sind keine Schlächter! Keine Miststücke. Was? Genickschußspezialisten? Auch das noch. Unverschämtheit.«

Wie weit hier die Reaktionen der Situation geschuldet waren, dem kollektiven Gefühl, von allen Seiten angegriffen zu werden, kann ich nicht beurteilen. Aber Peter Handke würde es sicher freuen, daß sein Stück nach 30 Jahren noch die Gemüter erregen kann – weit mehr, als an diesem Abend die hochartifizielle und suggestive Ästhetik der tänzerischen Expression es vermochte.

Allotria oder »bis man nicht mehr weiß, was man tut«

»No Carnival« steht groß am Schwarzen Brett in meiner Schule. In diesem Jahr 2001 fällt der Karneval der Intifada zum Opfer. In früheren Zeiten gab es ein ausgelassenes Treiben mit kostümierten Schülerinnen und Lehrerinnen. Schülerinnen nutzten die große Freiheit, um ihre Lehrerinnen zu parodieren. Aus allen Klassenzimmern dröhnte arabische Musik. Einmal im Jahr wurden die strengen Schulregeln außer Kraft gesetzt, die Wonnen der Entgrenzung ausgekostet.

In diesem Jahr gab es nicht einmal eine Luftschlange.

Purim fällt in diesem Jahr nicht aus. Das jüdische Fest, das man mit unserem Karneval vergleichen kann, wird Ende Februar gefeiert. Nach dem jüdischen Kalender ist es der 14. Tag des Monats Adar. An Purim wird der Esther-Geschichte der Bibel gedacht. Sie spielt im persisch-medischen Reich am Hofe des Königs Ahasveros, der eine Frau sucht, nachdem er seine Gattin verstoßen hat. Mardochai, ein jüdischer Regierungsbeamter am Hof, führt dem König seine Pflegetochter Esther zu und befiehlt ihr, ihre jüdische Herkunft zu verschweigen. Zum Konflikt kommt es, als Mardochai sich weigert, sein Knie vor dem Großwesir des Königs, Haman, zu beugen. Haman bringt Ahasveros dazu, die Ausrottung aller Juden im Reich zu verfügen, weil sie sich nicht anpassen und auf ihrer Besonderheit beharren. Da setzt Esther alles aufs Spiel, offenbart sich dem König als Jüdin und rettet ihr Volk.

Purim ist also das Fest der jüdischen Selbstbehauptung in einer feindlichen Umwelt, ein optimistisches Fest, weil nicht der Antisemit Haman mit seinen Vernichtungsphantasien Erfolg gehabt hat, sondern eine starke Frau, die die Juden vor der Auslöschung bewahrte. Am Abend vor Purim geht man in die Synagoge, wo aus der Schriftrolle Esther vorgelesen wird. Sobald der Name »Haman« erklingt, beginnt das »Hamanklopfen«: Man klopft mit dem Finger oder besonderen »Hamanhämmerchen« laut auf das Pult. Kinder nehmen Rasseln oder Ratschen, um auf handfeste und symbolische Weise den Namen Haman zu übertönen und auszulöschen.

Am Purimtag selbst wird viel gegessen. Ein traditionelles Gebäck sind die Hamantaschen, mit Mohnsamen gefüllte Teigbeutel. Noch mehr wird getrunken. Der Festritus sagt, man solle so viel trinken, daß man zwischen »Gesegnet sei Mardochai« und »Verflucht sei Haman« nicht mehr unterscheiden kann. Auf den Straßen finden Umzüge statt, die Ad-lo-jada heißen, von dem unser deutsches »Allotria« abgeleitet ist. Ad-lo-jada bedeutet »bis man nicht mehr weiß (was man tut)«. Die Entgrenzung besteht also darin, alle Unterscheidung aufzuheben.

Aus den Umzügen und Maskeraden haben sich schon im Mittelalter Purim-Spiele entwickelt, aus denen das jüdische Theater hervorgegangen ist.

Vor allem Kinder lieben Purim. Sie werden phantasievoll und aufwendig kostümiert, tollen auf den Straßen herum, machen Klingelmännchen und bitten um Süßigkeiten oder Geld.

Wochen vor dem Fest gab es in allen Geschäften in

Jerusalem Kostüme zu kaufen. Zwischen Cowboyhüten, Clownskostümen und weißen Prinzeßkleidchen hingen auch israelische Armee-Uniformen für die Drei- bis Sechsjährigen. Besonders gern kostümieren sich Haredi-Jungen mit Armee-Uniformen, was nicht nur optisch einen merkwürdigen Eindruck macht, wenn unter wüstensandfarbenem Käppi das bleiche Gesicht eines Yeshiva-Schülers mit Schläfenlocken hervorschaut. Es ist auch darum kurios, weil die orthodoxen Juden ja den Militärdienst strikt ablehnen. Diese Kinder werden niemals Soldaten werden. Purim aber erlaubt, reale Grenzen aufzuheben: die Militäruniform ist die perfekte Umkehrung ihrer gesellschaftlichen Wirklichkeit. Der Reiz, das vorzustellen, was man nicht ist, nie sein kann, sein will, funktioniert auch im anderen Lager. Moderne säkulare Juden kleben sich an Purim falsche Bärte und Schläfenlocken an und laufen im Kaftan durch die Straßen. Auch sie spielen mit dem Gegenentwurf ihrer Identität, spielen den fremden anderen und parodieren ihn zugleich. Für einen Beobachter von außen ist das ein seltsames Schauspiel, wenn Juden alle Stereotypen vom »typischen Juden« aufbieten, um Identifikation und Distanz auf gleiche Weise auszudrücken.

Den unbefangenen Umgang mit Militaria kommentierte ein israelischer Freund: »Das paßt doch genau ins Bild, Purim ist ein Fest der Fundamentalisten, der radikalen Selbstbehaupter, die über ihre Feinde triumphieren.«

Ein solcher Triumph wurde in diesem Jahr in Hebron gefeiert. In Hebron leben 29 jüdische Familien, etwa 250 Menschen, mitten in einer rein arabischen Stadt von 170000 Einwohnern. Diese Minderheit der israelischen Siedler der Stadt zelebrierte im Schutz von Hunderten von Soldaten ihr Ad-lo-jada, torkelte betrunken auf der Straße herum und schlug Schaufensterscheiben palästinensischer Geschäfte ein, während die arabischen Bürger der Stadt am hellen Tag Ausgehverbot hatten und sich nicht rühren durften.

Einige aus dem Mob hatten sich als Baruch Goldstein verkleidet und feierten damit den Massenmord des israelischen Arztes, der an Purim 1994 in die Ibrahimi-Moschee in Hebron eingedrungen war und in einem Amoklauf 29 Palästinenser niedergeschossen hatte.

Am Abend wird im Fernsehen ein jüdisches Kind aus Hebron interviewt, ein schönes zehnjähriges Mädchen, niedlich gekleidet, mit langen blonden Haaren, ersichtlich ein Kind, das mit neureligiösen Eltern aus Amerika nach Hebron gekommen ist, um diese jüdische Bastion zu halten. »Hebron gehört uns«, sagt die Kleine mit spitzem Mund, »die Araber sind hier unwillkommene Gäste.«

»Wenn Adar kommt, hüpft das Herz voll Freude«, heißt es in einem alten jüdischen Lied.

Erklär mir jüdische Ethik!

Das Telefon läutet unaufhörlich an diesem Oktobernachmittag des Jahres 2001 im Kellergeschoß des Eckhauses Yitzhak Elhanan Road – Jabotinsky Road, nahe beim Inbal Hotel. Auf dem Schreibtisch von Rabbi Ascherman stehen zwischen Telefon und Computer ein Plastikbecher mit Humus und ein abgebrochenes Stück Brot – Fast food für einen vielbeschäftigten Mann. Vor wenigen Stunden wurde der israelische Touristikminister Rehavam Ze'evi im Hyatt Hotel in Jerusalem von einem Palästinenser ermordet. »Das bedeutet einen schrecklichen Rückschritt für unsere Arbeit, für den Friedensprozeß überhaupt«, sagt Ascherman, der die Organisation »Rabbis for Human Rights« in Jerusalem leitet. »Die Teufelsspirale von Gewalt und Gegengewalt wird weitergedreht. Es gibt Kräfte, die einfach Angst haben vor einem Frieden. Nicht nur bei den militanten palästinensischen Organisationen, auch bei uns in Israel.«

Der »schreckliche Rückschritt« verweist auf die Schwierigkeiten, denen sich die Organisation gegenübersieht, will sie ihre vertrauensbildenden Projekte fortsetzen: Palästinensern in den Territories zu helfen, ihre von der israelischen Armee zerstörten Häuser wieder aufzubauen und Tausende von Ölbäumen neu zu pflanzen, die »aus Sicherheitsgründen« von der israelischen Armee gefällt wurden. Solche Aktionen werden in der israelischen Presse und Öffentlichkeit als »propalästinensisch« kritisiert, und in Zeiten, in denen die Emotionen hochschlagen wie jetzt nach dem Mord an Minister Ze'evi, als Kollaboration mit dem Feind gebrandmarkt.

»Dabei sind die Menschenrechte doch nicht teilbar«, sagt Arik Ascherman. »Wir arbeiten hier in Israel in verschiedenen Bereichen: helfen Gastarbeitern, geben Englischunterricht für Beduinen, arbeiten im Gesundheitswesen, unterstützen Arbeitslose und sozial Schwache. Aber wenn wir Palästinensern helfen, dann schreit die israelische Presse auf, als würden wir Terroristen unterstützen.«

Nein, populär ist das nicht, was die rund 100 Mitglieder der Organisation tun. Aber sie wissen, daß für jedes Engagement die Nagelprobe darin besteht, etwas zu tun, was nicht im Trend liegt und sich nicht allgemeinen Wohlwollens erfreut.

Die Organisation »Rabbis for Human Rights« wurde 1988 als Reaktion auf die erste Intifada gegründet. Schokkiert von den Verstößen des israelischen Militärs gegen die Menschenrechte, wollten die Gründer der Vereinigung daran erinnern, daß »das Judentum ein anderes Gesicht hat, daß die biblische Sorge für den ›Fremden in unserer Mitte‹ auch in Zeiten politischer Auseinandersetzung Gültigkeit haben muß«.

»Es passiert uns immer wieder«, erzählt Ascherman, »daß palästinensische Eltern ihre Kinder rufen, wenn wir kommen. Diese Kinder haben miterlebt, wie ihr Elternhaus zerstört wurde, sie sind traumatisiert, weil sie mit ansehen mußten, wie ihre Eltern gedemütigt wurden. Jetzt sehen sie Israelis, die nicht mit dem Gewehr oder mit Panzern anrükken, sondern mit Maurerkelle und Spaten. Vielleicht werden diese palästinensischen Kinder keine Terroristen.«

Die wichtigste Herausforderung für die »Rabbis for Human Rights« bleibt die schwierigste: in den Köpfen der Menschen etwas in Bewegung zu setzen. Die stereotypen Vorurteile auf beiden Seiten aufzubrechen ist die Voraussetzung für eine Annäherung. Die Rabbis gehen in die Schulen, sprechen über die Thora, aber auch über den Koran, über Judentum und Islam. »Die Religionen sind doch nicht die Quelle der Gewalt«, sagt Rabbi Ascherman. »Die Religionen könnten Frieden stiften. Daran müssen wir arbeiten.«

Rabbi Yisrael Rosen gehört nicht zu den »Rabbis for Human Rights«, und er will auch nicht unbedingt Frieden stiften. Er hat Vorschläge, wie man den palästinensischen Terror bekämpft. Die Zahl der Selbstmordattentate würde seiner Meinung nach drastisch zurückgehen, wenn man die Familien der Terroristen eindrucksvoller als bisher bestrafen würde. Formen von Sippenhaft werden zum Teil schon von der israelischen Armee praktiziert, wenn sie nach einem Attentat mit Bulldozern in dem Dorf anrückt, aus dem der Attentäter stammt, und hier das Haus der Familie zerstört. Da diese Maßnahmen aber nicht den gewünschten Erfolg haben und Jihad und Hamas offensichtlich ohne

Schwierigkeiten immer neue selbstmordbereite Kämpfer rekrutieren, entwickelt Rabbi Rosen weitergehende Ideen. Das Eigentum der Familie eines Kämpfers wird konfisziert und die Familie zwangsdeportiert. Man löscht nicht nur das Elternhaus, sondern ganze Dörfer aus, um die Gemeinschaft dafür zu bestrafen, daß sie einen Übeltäter in ihren Reihen beherbergt hat. Das sei eine echte Abschreckung, und Israel solle nicht zögern, konsequent diesen Weg zu beschreiten und damit der Welt ein Licht aufzustecken, wie man mit dem Problem des Terrorismus fertig würde.

Rosen befindet sich in reputierlicher Gesellschaft. Der Knessetabgeordnete Michael Kleiner hat öffentlich gefordert, daß für jedes jüdische Opfer eines Attentats 1000 Palästinenser getötet werden müßten. Dieser Appell löste mitnichten einen Aufschrei der Empörung in Israel aus, Kleiner darf weiterhin im Parlament bleiben und seine Ansichten vertreten.

Rabbi Rosen weiß sich des Beistands von oben sicher: Der Allerhöchste, geheiligt sei sein Name, sei auf der Seite der Starken und würde helfen, den Feind zu vernichten.

»Erklär mir jüdische Ethik!« sage ich zu einem israelischen Freund.

Preußisch-Blau

Im Paulus-Haus neben der Schule gibt es ein Kaiser-Wilhelm-Zimmer, in dem Wilhelm II. bei seinem Besuch in Jerusalem übernachtet hat. Das ist Historie. In der Schule selbst ist das Preußische aber noch gelebte Gegenwart. Die Schulregeln erinnern manchmal an die Disziplinarien in einer Kadettenanstalt. Sie sind strikt, und ihre Einhaltung wird auch strikt kontrolliert. Sollte sich doch einmal ein Hauch von Laisser-faire bei den Lehrern einschleichen, werden sie beim »Teacher's Meeting« ermahnt, eisern das Korsett anzuziehen. Denn das Fleisch ist schwach.

Konkret und äußerlich besteht das Korsett aus der Schuluniform. Die Schülerinnen hassen die Uniform, weil sie ihren individuellen Selbstentfaltungstrieb unterdrückt. Das ändert nichts daran, daß den meisten die Uniform hervorragend steht: blauer Faltenrock, blaue Weste, weiße Bluse, rote Krawatte, weiße Söckchen, schwarze Schuhe. Die Kleinen sehen einfach hinreißend darin aus, der rote Krawattenknoten, der unter der Weste hervorguckt, ist wie das Tüpfelchen auf dem i einer »little beauty«.

Die Uniform wird ständig kontrolliert. Wehe, wenn eine Schülerin statt der weißen Bluse ein Polohemd trägt, vielleicht gar eins, das sie zum Sportunterricht anläßt. Solche Eskapaden ins Unadrette rufen strikte Ermahnungen, im Wiederholungsfall Bestrafungen auf den Plan.

Schmuck ist verboten, außer einem schlichten goldenen Kreuz für die Christinnen und punktgroßen Ohrstechern. In der großen Pause geht die Schulleiterin höchstselbst mit strengem Blick über den Schulhof und sammelt die Ohrringe ein, die nicht der Norm entsprechen. Aber natürlich ist das weibliche Bedürfnis, sich zu schmücken, elementar und bricht immer wieder durch. Zudem sind Ohrringe das Medium pubertären Aufbegehrens gegen die Welt der Erwachsenen. Andere Mittel stehen den Mädchen auch kaum zur Verfügung.

Bei den kleinen Schülerinnen wird tatsächlich noch die Sauberkeit der Fingernägel kontrolliert. Von all solchen Bevormundungen und Kontrollen bin ich befreit, weil ich keine Klassenlehrerin bin. Ich hätte große Schwierigkeiten mit solchen Formen der Domestizierung, auch wenn ich weiß, daß die Mädchen, wenn man die Zügel locker läßt, dazu neigen auszuflippen und den Hauch von Freiheit zu wildem Ausleben ihrer unterdrückten Bedürfnisse ausnutzen. Aber das hat nicht unbedingt etwas mit einem »typisch arabischen Temperament« zu tun, sondern mit dem physikalischen Gesetz von Druck und Gegendruck.

Nach der großen Pause geht eine Kollegin über den Schulhof und läutet mit der großen Schulglocke den Wiederbeginn des Unterrichts ein. In Reih und Glied stellen sich die Klassen auf und warten auf ihre Lehrerinnen, die sie dann im Gänsemarsch in die Klassenzimmer führen. Zu Beginn sträubte sich alles in mir, wie eine Gouvernante aus früheren Zeiten an der Spitze meiner erwachsenen Schülerinnen in die Klassen zu marschieren. Nach und nach wurde der ritualisierte Abmarsch nicht nur Gewohnheit, sondern eine Chance, sich mit den Schülerinnen »warmzureden«, private, lustige, ironische Bemerkungen zu tauschen, in mentalen Lockerungsübungen dem Schulalltag einiges an Strenge zu nehmen. Ob das Geflachse immer im Sinn der Schulleitung war, mag ich bezweifeln.

Eine besondere Erfahrung war es, wenn ich die Schülerinnen außerhalb der strengen Schulordnung erleben konnte. Sei es, daß sie zu zusätzlichen Theaterproben am Nachmittag kamen oder zu Vorbereitungen auf weiterführende Prüfungen. Da erschien Dima, die ich in der Klasse immer als ein scheues Reh erlebte, schüchtern, fleißig und bis zur Selbstaufgabe angepaßt, plötzlich in modischen Jeans mit Schlag, knallengem weißen T-Shirt und Rastazöpfchen. Und natürlich riesig großen Ohrgehängen. Ich kam aus dem Staunen nicht heraus. Der Gebrauch von Lippenstift, Eyelinern, Wimperntusche, der natürlich in der Schule strikt verboten ist, wurde freitags, sozusagen auf exterritorialem Gelände, exzessiv geübt. Da entpuppten sich die braven jungen Damen als Teenager amerikanischen Stils, denen keine Mode, kein Schnickschnack der Jugendkultur fremd ist. Nicht weniger erstaunt, ja auch erschrocken war ich, daß eine meiner 17jährigen Schülerinnen, die in der Klasse die Wortführerin der selbständigen, unabhängigen arabischen Frauen ist, die einen vierwöchigen Sommerkurs in Deutschland gemacht hat und seither begeistert von der deutschen Lebensweise schwärmt, im langen arabischen Kleid erschien.

Als sie mein Befremden bemerkt, lacht sie und sagt: »Natürlich würde ich am liebsten mit dem Hjab, dem Kopftuch, kommen, aber das ist an dieser Schule ja absolut tabu. Haben Sie denn nicht gewußt, daß ich eine überzeugte Muslimin bin?« Und dann rationalisiert sie die äußeren Attribute in der bekannten Weise: natürlich würde nicht ihr Vater von ihr Kleid und Kopftuch verlangen, es sei ihr innerstes, ureigenstes Bedürfnis, sich so zu kleiden und damit ihren Stolz zu signalisieren, eine arabische Frau zu sein. Mit Unterdrückung durch eine männlich-patriarchalische Gesellschaft habe das überhaupt nichts zu tun. Alles sei ihre freie Entscheidung.

Ich bleibe skeptisch und bin froh, daß es an meiner Schule Schuluniformen gibt und ich mich nicht täglich den freiwilligen oder unfreiwilligen Verhüllungen meiner Schülerinnen gegenübersehe.

Die Höflichkeit der Königinnen

Wenn ich meine Freundin Sarah eingeladen habe, geht immer auf die Sekunde genau die Klingel der Haustür. Ich bin verblüfft über dieses exzellente Timing, das ich von

Israelis nicht gewöhnt bin. Irgendwann frage ich sie danach. Sarah lacht: »Ich gehe immer ein paar Minuten zu früh aus meiner Wohnung. Dann warte ich vor deinem Haus bis zur verabredeten Zeit. Man hat mir gesagt, daß Deutsche Pünktlichkeit über alles lieben. Du bist die erste Deutsche, die ich kenne. Ich will nichts falsch machen.«

Ich fühle mich ertappt. Sarah hat eines meiner Laster durchschaut. Andere sind da weniger einfühlsam.

Eines Tages ruft mich Natalie an, eine frühere Schülerin unserer Schule. Ich kenne sie nicht. Sie möchte sich um einen Studienplatz an einer deutschen Universität bewerben und bittet mich um Hilfe. Gerne. Wann sollen wir uns treffen? Ich schlage ihr drei Termine nach dem jeweiligen Ende meines Unterrichts vor. Natalie winkt ab. Das geht nicht. Da bin ich an der Universität in Bir Zeit. Und wann bist du in Jerusalem? Freitags. Freitags ist keine Schule, so ist es auch mein freier Tag. Sei's drum. Also gut, am Freitag. Nein, Miss, freitags geht es nicht. Das ist unser Sonntag, und der gehört der Familie. Nach langem Hin und Her verabreden wir uns an einem Donnerstagnachmittag. Ich muß immerhin nach allgemeinem Unterrichtsschluß drei Stunden in der leeren Schule auf sie warten. Als Natalie eine halbe Stunde nach der verabredeten Zeit immer noch nicht da ist, packe ich meine Sachen und gehe. Im Schulhof sitzen einige Schülerinnen auf der Bank in der Sonne und halten einen Schwatz. Ein Mädchen löst sich aus der Gruppe, kommt auf mich zu und fragt: »Sind Sie Miss Margret? Gerade wollte ich zu Ihnen kommen.«

Für das »Zertifikat Deutsch«, das informell »Goethe-Examen« heißt, weil es von den Goethe-Instituten abgenommen wird, haben sich sechs Schülerinnen meiner elften Klasse interessiert. Ich biete ihnen ein zusätzliches Training am Freitag an. Als passionierte Frühaufsteherin schlage ich ihnen morgens um acht Uhr vor. Schallendes Gelächter. Aber Miss, wir müssen am Freitag ausschlafen. Also um neun. Sie lachen immer noch. Um zehn? Zehn ist »mish mushkileh«, kein Problem. Am ersten Freitag bin ich um fünf vor zehn in der Schule, verteile Arbeitsblätter zur Deklination der Adjektive auf die Tische, stelle den Kassettenrekorder bereit. Und warte. Um Viertel nach zehn rufe ich meinen Mann an und frage ihn, welchen Wochentag wir haben. Und warte. Um halb elf kommen die ersten Schülerinnen, sehr fröhlich, ausgelassen. Sie lutschen Eis und bieten mir Paprikachips an. Ich wage es, über die Verspätung zu sprechen. Ach, teacher, wir sind doch ziemlich pünktlich. Wir haben auf dem Weg noch Mirna und Muna getroffen und ein bißchen mit ihnen geredet. Wir haben auch keine Uhren. Aber es ist doch noch ganz früh am Tag. Nach und nach trudeln auch die anderen Schülerinnen ein. Um 10.45 Uhr kann ich mit dem Vorbereitungskurs beginnen.

Ich erwarte, daß sie am nächsten Freitag reumütig und zerknirscht um zehn Uhr in der Klasse sitzen. Weit gefehlt. An diesem Morgen haben sie Nour und Nibal getroffen und noch ein kleines Schwätzchen gehalten. Da ist es etwas später geworden. Etwas später bedeutet 40 Minuten. Sie bieten mir Erdnußkerne an.

Ich rette mich vor meinen lauernden Aggressionen mit einem Trick. Ich bestehe nachdrücklich auf der verabredeten Anfangszeit von 10 Uhr, komme jetzt aber immer um halb elf. Nie ist eine Schülerin vor mir da. Aber auch nie viel später. Die Prüfungsvorbereitungen laufen in entspannter Atmosphäre. War Goethe eigentlich pünktlich?

Peter Lustigs Unterhose

In der neunten Klasse zeige ich einen Film aus der deutschen Kinderserie »Löwenzahn«. Peter Lustig erklärt das Landleben in einem bayerischen Dorf. Die Reaktionen meiner Schülerinnen bleiben zurückhaltend. Ja, die Landschaft ist sehr schön – na gut. Aber Bäume haben wir auch in Palästina. Kühe, Ziegen, Hühner, auch die gibt es bei uns. Schweine natürlich nicht.

Ein Aufschrei geht durch die Klasse, als Peter Lustig eines Morgens von einer Kuh geweckt wird, die seine Blumenkästengeranien auffrißt. Er springt aus dem Bett. Nicht nackt, Gott bewahre! Aber in Unterhose und T-Shirt. Ein Mann im Slip, das ist offensichtlich ein so unerwarteter, so sensationeller Anblick, daß meine Mädchen schreien und kreischen.

Aber sie haben doch alle Väter und Brüder und ein Badezimmer, vor dem man sich morgens begegnet, denke ich. Ich habe nicht vermutet, daß Männer aus ihrer Wahrnehmung so weit entrückt sind, daß ein Mann in seiner banalen physischen Präsenz (in Unterhosen!) so tabuisiert ist, daß man schreien muß. Und sie haben doch Satellitenreceiver und können sich alle Programme der Welt mit amerikanischen Filmen auf den Fernsehschirm holen.

Aber der Mann ist das unbekannte Wesen – und muß es auch lange bleiben. Meine Schülerinnen haben keine Liebesgeschichten, auch nicht mit 17 und 18 Jahren.

Nicht, daß es nicht Sehnsucht danach gäbe, die Gedanken sind frei, die Phantasien blühen, aber die Wirklichkeit hält nichts bereit, was auch nur einen harmlosen Flirt ermöglichte. Arabische Väter, und da scheinen sich die christlichen und die muslimischen einig zu sein, beschützen ihre Töchter, damit sie jungfräulich in die Ehe gehen. Das ist immer noch unabdingbare Voraussetzung, um eine gute Partie zu machen. Ein unverheiratetes Mädchen, das sich – gleichgültig in welchem Alter – mit einem Mann einläßt, fällt aus der Familie, aus dem Sozialgefüge heraus. Und hat keine Chancen mehr auf dem Heiratsmarkt.

Nach dem Motto »Wehret den Anfängen« werden die Mädchen streng behütet. Auch die 17jährigen müssen abends zwischen acht und halb neun Uhr zu Hause sein. Ins Kino kann man nur nachmittags gehen – oder in Begleitung von Familienangehörigen. Meine Schülerinnen beklagen sich über solch strikte Regeln, aber die Klagen ähneln denen meiner deutschen 14jährigen Schülerinnen, die Samstag abends nur bis elf Uhr in die Disco dürfen: sie sind ein rhetorisches Wider-den-Stachel-Löcken, in der Form ritualisiert, in der Sache aber wenig ernst gemeint.

Die palästinensischen jungen Frauen, die da vor mir sitzen, machen nicht die geringsten Zugeständnisse, wenn es um ihre hohen Erwartungen an eine akademische Karriere geht, da werden alle Höhenflüge mit Verve verfochten. Ihre sozialen und sehr privaten weiblichen Einschränkungen aber nehmen sie hin wie ein Naturgesetz: so ist es eben mit uns Frauen, da kann man gar nichts machen.

Ein interessantes Thema im Unterricht war die Koedukation. Es gibt in Palästina noch viele »Single-Sex-Schulen«, Jungen- wie Mädchenschulen.

In meiner zehnten Klasse lobten von 24 Mädchen 23 die Vorteile der getrennten Erziehung in höchsten Tönen und fanden die allerliebsten Begründungen. »Jungen stören beim Kochen«, »Jungen sind immer so laut«, »Wenn Jungen da sind, können wir nicht so laut lachen«, »Jungen wissen nicht so viel«. Nur eine sagte lakonisch: »Ich mag Jungen. Ich wäre gern mit Jungen in einer Klasse.«

Was natürlich mit Riesenhallo und Gekreische quittiert wurde.

Jerusalem aus Gold

Als meine Kinder mich in Jerusalem besuchten, spürte ich ihre anfängliche Enttäuschung. Zu sehr waren sie aufgeladen mit schwärmerischen Erzählungen von Bekannten, Freunden und nicht zuletzt ihrer Mutter, zu hoch waren die Erwartungen an das ewige, spirituelle Jerusalem, als daß die reale Stadt mit dem schrecklichen Verkehrslärm, mit häßlichen Hochhäusern und Brachflächen voller Müll dieses Sehnsuchtsbild von Jerusalem ausfüllen konnte.

Kaum eine Stadt, ausgenommen vielleicht Rom, hat so sehr eine mythische Aura wie Jerusalem. Nicht nur bei Juden, die in der Diaspora nicht aufgehört haben zu beten »Nächstes Jahr in Yerushalayim«. Christen, Muslime, aber auch nichtreligiöse Touristen in aller Welt fühlen sich magisch angezogen von dieser Stadt. Der Schlager »Jerusalem aus Gold«, mit dem die israelischen Truppen 1967 in den Sechstagekrieg zogen, war nicht nur in Israel ein Riesenhit.

Das Lied endet ziemlich schwülstig:

»Dein Name glühet mir die Lippe rein
Wie Küsse eines Engels hold.
Jerusalem, vergäß ich dein,
Du Stadt erbaut aus Gold.«

Schalom Ben-Chorin hat darauf hingewiesen, daß der Begriff »goldenes Jerusalem« aus dem Talmud stammt. Rabbi Akiba schenkte seiner Frau ein »Goldenes Jerusalem«, es handelte sich wahrscheinlich um ein Schmuckstück oder ein Amulett.

Die Literatur über Jerusalem ist unüberschaubar. Viele Romane und Geschichten spielen in Jerusalem, weil diese Stadt ihren Zauber leiht für fromme Geschichten, für Geschichten von Bekehrungen, Erweckungen, Erleuchtungen, für historische Szenarien, Liebesgeschichten, Kriminalgeschichten.

Wer im realen und gegenwärtigen Jerusalem lebt, muß einsehen, daß vieles Projektion ist, daß viele Menschen nicht der Stadt, sondern dem Bild der Stadt verfallen, das sich vorher in ihren Köpfen festgesetzt hat. Sie versuchen, wie Melville es formuliert hat, »ihren Geist mit der Atmosphäre Jerusalems zu sättigen«. Sie blicken vom Ölberg auf die abendlich erleuchtete Stadt, auf die Kuppel des Felsendoms, die im Mondlicht nicht mehr golden, sondern silbern leuchtet, und fühlen sich an diesem historischen Ort eins mit dem Universum.

Sie müssen ihr Jerusalem-Bild nicht im Alltag überprüfen, der in dieser Stadt ausnehmend harsch und rüde ist und mehr die Ellenbogen-Typen fördert als die religiösen Sinn-Sucher.

A. B. Jehoshua, einer der bedeutenden Gegenwartsautoren Israels, projiziert sein Jerusalem in die Vergangenheit der englischen Mandatszeit. Er läßt in seinem Buch »Die Manis« einen englischen Offizier im Jahr 1918 seinem General eine Beschreibung der Stadt geben:

»Die Stadt selbst, Sir, ist ein kleiner und schäbiger Ort, und nach ein paar wenigen Monaten, die ich hier verbracht habe, bin ich nahe daran zu sagen: sie ist zu allem auch noch schrecklich langweilig. Die Bevölkerung ist extrem gemischt, ein Eintopf von kleinen ungeselligen Gemeinschaften, aber so arm und unwissend sie auch sein mögen, so sind sie doch mit einem messianischen Sinn für Überlegenheit ausgestattet. Wie gewöhnlich gibt es keine Beziehung zwischen dem Ansehen des Ortes, der sein Renommee den großen Büchern verdankt, die in und über ihn geschrieben wurden, und der trostlosen Wirklichkeit. Was hat er denn schon zu bieten? Lächerlich wenig, Colonel. Eine renovierte und ziemlich eindrucksvolle Moschee, den Felsendom, den Ihr zweifellos kennt, Sir. Einige wenige bedeutende Kirchen, vor allem die Grabeskirche, die, wenn ich das sagen darf, Sir, eine ziemliche Enttäuschung ist... Und natürlich, dort ist die große weiße Mauer, die vermutlich ein Überrest ihres Tempels ist. Sie stehen davor, ja Sir, sie stehen einfach da und beten, als hätten sie Wurzeln geschlagen an diesem Fleck.«

Der junge Offizier erklärt, wenngleich ex negativo, eines der Faszinosa dieser Stadt: die topographische Nähe dreier großer Weltreligionen, der jüdischen, muslimischen, christlichen. Damit korrespondiert die »extreme Mischung« der Bevölkerung. Die Erfahrung einer solchen Vielfalt in all ihrer historischen und aktuellen Dimension macht vielleicht das Geheimnis Jerusalems aus.

Michal Govrin, eine zeitgenössische israelische Schriftstellerin, sagte vor kurzem in einem Gespräch:

»Ich lebe in einer Stadt, in der verschiedene Formen des ›anderen‹ existieren. Das gibt mir das Gefühl von Tiefe, von historischer Schichtung, vom Mythischen. Für mich ist dieser Ort einem Ort vergleichbar, an dem man in Liebe und Begierde fällt.«

Diese Erfahrbarkeit des anderen, aber auch der eigenen Person als einer anderen mache den »erotischen Reiz« Jerusalems aus, sagt Govrin. Vielleicht steckt mehr dahinter als die in Deutschland vielstrapazierte Multikulturalität, in der man das andere immer vom Eigenen her definiert und sich damit wiederum unterwirft. In dieser Stadt kann niemand das Possessivpronomen gebrauchen. Oder jeder. Sie entzieht sich der geistigen Landnahme, sie verweigert sich der Totalisierung, sie ist ein Fall für Zerstreuung. Sie könnte ein einzigartiges Modell für das Zusammenleben von Menschen sein, die alle im Fremden sind. Man braucht nur eine halbe Stunde durch die Stadt zu gehen, um die Vielfalt wahrzunehmen: katholische Nonnen und griechisch-orthodoxe Mönche, fromme Juden mit Schläfenlocken und Pelzhut, Streimel genannt, wie aus einem vergilbten Bilderbuch des polnischen Stetls, arabische Marktfrauen im langen Kleid, auf deren Kopf Gemüsekörbe schaukeln, israelische Soldaten äthiopischer Herkunft, koptische Mönche, jemenitische Jüdinnen, Franziskaner und israelische Teenager, auf amerikanisch gestylt.

Aber solange in Jerusalem Steine auf die Betenden an der Klagemauer geworfen werden und Soldaten Betende daran hindern, in die Al-Aqsa-Moschee zu gehen und sich in der Grabeskirche verschiedene christliche Religionen um die Schlüsselgewalt streiten, bleibt Jerusalem ein Symbol für das Nichtgelingen des Zusammenlebens, für das Scheitern der Toleranz.

Die Steine dieser Stadt

Jerusalem als literarischer Topos kennt vor allem zwei Elemente: Steine und Licht. Kaum ein Gedicht, das nicht das gleißende Licht beschwört, das alle Konturen mit ungeheurer Schärfe herausmeißelt. Kaum ein literarischer Text, in dem nicht Jerusalem als eine Stadt aus Stein ersteht.

Die Landschaft um Jerusalem ist steinig. Die judäischen Berge im Westen sind begrünt und aufgeforstet, aber überall schimmert der nackte Fels durch. Und im Osten der Stadt fällt die steinerne Wüste zum Toten Meer ab, vom Mount Scopus aus hat man einen grandiosen Blick auf Felsformationen, die im Abendlicht lila aufleuchten.

Und Jerusalem ist aus Stein gebaut. Nicht nur das Jerusalem vergangener Jahrhunderte. Daß auch das moderne Jerusalem eine Stadt aus Stein ist, verdankt sie dem britischen Militärgouverneur Ronald Storrs. Er erließ 1917 ein Gesetz, das diese Bauweise verpflichtend machte. Storrs zitierte gern eine mittelalterliche Hymne: »Jerusalem wurde im Himmel gebaut / aus lebendigem Stein.« Heute werden die Häuser zwar in Beton gebaut, müssen aber mit Stein verkleidet werden. Das bewahrt der Stadt, die an ihren Rändern ungemein häßliche neue Siedlungen hat und vor Bausünden strotzt, immer noch einen ästhetischen Reiz und ein humanes Gesicht.

Der Jerusalemer Stein »mizi«, der in riesigen Blöcken in der Umgebung gebrochen wird, besteht aus Kreide und grobkörnigem Kalkstein, er ist weich und läßt sich gut schneiden, verhärtet aber schnell in der Witterung. Seine Schönheit rührt von der bewegten Oberflächenstruktur her, den feinen Maserungen, vor allem aber den farblichen Schattierungen. Er kann ins Graue spielen, ein bernsteinfarbenes Gelb annehmen und schimmern wie Rosenquarz. Die Oleander, Bougainvilleen und Jacarandas, die vor den Häusern stehen, strahlen im Sonnenlicht ihre Farben ab und vertiefen die kompakte Energie des Steins.

Die Steine in Jerusalem sind immer auch Metaphern. Hermann Melville, der 1857 Jerusalem bereiste, schrieb in seinem Tagebuch über die Unausweichlichkeit der Steine von Judäa: »Steine haufenweise. Monumente und Denkmäler sind aus Stein gebaut; Menschen werden zu Tode gesteinigt; der sprichwörtliche Same fällt auf steinigen Boden; und es ist nicht verwunderlich, daß Steine in solchen Mengen in der Bibel erwähnt werden.« Melville zählt auf, was steinig ist: Straßen und Mauern, Häuser und Gräber, und endet mit »steinerne Augen und steinerne Herzen«.

Der israelische Schriftsteller Jehuda Amichai, der im September 2000 kurz vor Ausbruch der Intifada starb, schrieb in einem Gedicht über Jerusalem: »diese vielen Steine, diese viele Trauer, dieses viele Licht«. »Even tachat even« ist der Titel eines Romans von Batya Gur, in dem die Autorin mit der Härte der israelischen Gesellschaft abrechnet, an der ihre Heldin zerbricht. Wörtlich heißt das »Stein unter Stein«. Die metaphorische Bedeutung ist: Kein Stein bleibt auf dem anderen, alles wird zerstört.

In der Bibel (Habakuk 2,6–11) schreien die Steine. Dieses starke Bild steht im Kontext einer prophetischen Vision. Der Prophet warnt vor den Tyrannen: »Weh dem, der sein Gut mehrt mit fremdem Gut – wie lange wird's währen? ... Denn du hast viele Völker beraubt ... Weh dem, der unrechten Gewinn macht! ... Du hast zu viele Völker zerschlagen und damit gegen dein Leben gesündigt ... Denn auch die Steine in der Mauer werden schreien, und die Sparren am Gebälk werden ihnen antworten.«

Vergleiche mit der aktuellen Situation drängen sich auf. Mehren die Siedler in der Westbank nicht ihr Land mit fremdem Land? Zerschlägt Israel nicht das palästinensische Volk, indem es seine Lebensgrundlagen zerstört? Leugnen umgekehrt nicht militante palästinensische Gruppen das Heimatrecht des jüdischen Volkes?

In jüdischen Legenden regnet es Steine vom Himmel. Steine regnet es auch in der Intifada. Das Foto, das zum symbolischen Signum für die Anfangszeit des »uprising« wurde, zeigt einen kleinen palästinensischen Jungen, der mit dem weit ausholenden Arm des Steinewerfers einsam vor einem israelischen Panzer steht.

Wenn Else Lasker-Schüler in ihrer letzten Lebenszeit in Jerusalem schreibt: »Versteint ist unsere Heilige Stadt«, dann ahnt man, daß sie viel mehr als die Bauweise der Häuser meint. Sie weiß, daß Jerusalem noch einen anderen Baustoff braucht als seinen berühmten Stein. »Ich glaube, nur Barmherzigkeit ist imstande, die Heilige Stadt Jerusalem zu befestigen«, heißt es in ihrem Nachlaß.

Holy-Land-Tick

Zum ersten Mal begegnete mir das »Jerusalem-Syndrom« bei Philip Roth. In seinem Roman »Gegenleben« beschreibt er, wie ein Amerikaner nach Israel fährt, um seinen Bruder zu suchen. Eines Abends steht er, der säkulare Jude aus dem aufgeklärten Osten der USA, an der Klagemauer, betrachtet befremdet das Treiben der orthodoxen Juden am »Western Wall«, ihre »Kostüme«, ihr ritualisiertes »Schokeln« beim Beten. Da wird er von Jimmy, einem jungen amerikanischen Juden angesprochen, der, wie sich bald herausstellt, zur Zunft der vom Heiligen Land Infizierten, der Jerusalem-Spinner, der frommen Verrückten gehört. Jimmy will einen Baseballverein gründen und mit diesem Club die Ankunft des Messias herbeispielen. Seine Vision schreit er gegen die Klagemauer: »Die Jerusalem Giants gewinnen den Pokal! Der Messias ist unterwegs!«

Ob es die Luft in dieser Stadt macht oder der Schauer des Ewigen, die fromme Inbrunst so vieler Betender, oder das allgemeine Klima religiöser Erweckung, niemand kann die Ursache beschreiben, wohl aber die Symptome der Krankheit: temporäre absentia spiritus, Halluzinationen, Eskapismus, Bewußtseinsveränderung, Persönlichkeitsspaltungen. Das berühmte Hadassah-Krankenhaus in Ein Kerem veröffentlichte ein Statement über die »Spinner«, die jedes Jahr in die psychotherapeutische Ambulanz eingeliefert werden. Bei den meisten handelt es sich um Touristen, die dem »Schock Jerusalem« nicht gewachsen sind und vorübergehend »ausflippen«. Diagnostiziert wird fast immer eine harmlose und schnell vorübergehende Identitätsverwirrung. Junge christliche Männer fühlen sich als Jesus auferstanden, Juden inkarnieren sich als Moses oder gleich als der Messias. Auch die Jünger, Petrus insbesondere, sind beliebte Idealfiguren, in die man schlüpft.

Die religiös Erweckten haben in den letzten Jahren abgenommen zugunsten der Friedensapostel, die in das Land kommen und das alleinseligmachende Patentrezept haben, wie der Friede geschaffen werden könnte. Sie wollen zusammen mit Arafat in die Moschee gehen und beim Gebet die Hand auf die seine legen, sie wollen mit Scharon Friedenstauben aufsteigen lassen. Vor allem wollen sie Gutes tun. Sie wollen in einem Krankenhaus die Opfer eines Attentates pflegen, aber keinesfalls die normalen Blinddärme und Darmverschlüsse, sie wollen den Beduinen in der Wüste das Malen als persönlichkeitserweiternde Therapie nahebringen (ob diese Beduinen dann malend vergessen, daß ihnen ihr Land weggenommen wurde?), sie wollen bei Demonstrationen hebräische Lieder singen und in der Menge die Nähe des mitsingenden, mitweinenden Bruders erleben.

Ich lerne Sefa kennen, Sefa von Josefa, weißt du. Sie ist eine Deutsche, etwa 55 Jahre alt, trägt die grauen Haare in einer nachlässig-altmodischen Knotenfrisur. Ihre Augen sind hellblau, sehr hell. Sie trägt einen Flatterrock und einen roten, tief ausgeschnittenen Pullover, der ihre weiße Haut und den Brustansatz betont. Ich bin leicht irritiert von diesem Busen, der sich während des lebhaften Gesprächs immer weiter aus dem Ausschnitt wagt. Denn wir sitzen in einem Café in der Altstadt von Jerusalem, und das bedeutet, wir sind umgeben von muslimischen Männern, die ein solches Dekolleté nur als Aufforderung zur sexuellen Annäherung verstehen können.

Sefa erzählt mir ihr Leben. Bürgerliche Anfänge, Studium der Sozialpädagogik, Familienberatung. Dann kam die feministische Erleuchtung. Immerhin führte die nicht zur Gründung einer Frauenkneipe oder eines Lesbentreffs, sondern zu einer Frauenbäckerei. Sefa ist jahrelang um drei Uhr morgens aufgestanden und hat Brot gebacken. Dann kam die erste Reise nach Israel, und Sefa hat die Palästinenser entdeckt, »das arme geknechtete Volk«. Jetzt will sie ein Friedensnetz aufbauen. Sie hat ihre Ersparnisse aus der Frauenbäckerei abgehoben, ist nach Israel geflogen und hat eine Wohnung in der Altstadt von Jerusalem gesucht. Sie muß mitten im Basar wohnen, denn – und ihre Augen leuchten – »weißt du, ich muß diese Menschen einfach körperlich spüren!«

Sefa ist zu allem bereit, wenn sie nur den armen Arabern helfen kann. Empört erzählt sie mir, daß im Scherut-Taxi, das sie vom Flughafen nach Jerusalem gebracht hat, ein junger Araber seinen Ausweis vorzeigen mußte, sie aber nicht. Daraufhin sei sie zu dem israelischen Soldaten gegangen, habe ihm auf englisch klargemacht, er sei ein Rassist und solle jetzt gefälligst auch sie kontrollieren. Und bei dem Araber habe sie sich vielmals entschuldigt dafür, daß ein Israeli seine Würde verletzt habe. »Wie hat der Araber reagiert?« frage ich sie. »Leider gar nicht so, wie ich gedacht hatte«, sagt Sefa. »Er tat so, als machte ihm diese Paßkontrolle gar nichts aus. Aber tief im Innern habe ich seine Verwundung gespürt, seine Verwirrung.«

Wir brechen auf. Sefa geht erhobenen Hauptes und herausgestreckten Busens durch die Altstadt. Jeder Zoll eine Florence Nightingale im Heiligen Land. Sie ist auf der Jagd nach jungen Männern, die sie retten kann vor den Schrekken der israelischen Okkupation. Oder wenigstens sich tief herabbeugen zu ihnen und ihre Wunden verbinden.

Fitzcarraldo im Hinnom-Tal

Nach einem Terroranschlag sieht man in Jerusalem am nächsten Tag die Folgen. Die Busse sind spärlich besetzt, im »Canyon«, der Einkaufsmall beim Teddy-Kollek-Stadion, bleibt der übliche Andrang aus, die Cafés in der Innenstadt sind leer. Nur eine Institution erfreut sich ungebrochener Beliebtheit, die Cinémathèque. Sie ist ein heißbegehrter Zufluchtsort in einer Stadt, in der sich Ausgehen und Flanieren als hohe Sicherheitsrisiken erwiesen haben.

Die Cinémathèque ist ein Kino der besonderen Art, einem Programm- oder Kommunalen Kino in Deutschland vergleichbar, das nicht auf Kommerz und Mainstream setzt, sondern auf die Bereitschaft eines cineastischen Publikums, sich auf künstlerisch elitäre, schwierige und sperrige Filme aus aller Welt einzulassen. Ingmar Bergman konkurriert mit Wim Wenders, Krzysztof Zanussi mit Edward Yang, Pier Paolo Pasolini mit Akira Kurosawa – die Liste mit Namen berühmter Regisseure ließe sich fortsetzen. Im Oktober 2001 gab es eine Luis-Buñuel-Retrospektive, im November wurden 18 Filme von Werner Herzog gezeigt, von »Kaspar Hauser« über »Fitzcarraldo« bis zu »Mein liebster Feind«, Herzogs Hommage an Klaus Kinski. Und im Dezember gab es eine Auswahl von alten Karl-Valentin-Filmen. Wie merkwürdig sich Titel wie diese im hebräischen und aktuellen Kontext ausnehmen: »Karl Valentin und Liesl Karlstadt auf der Oktober-Festwiese«, »Die lustigen Vagabonden«, »Der verhexte Scheinwerfer«, »Ein verhängnisvolles Geigensolo«.

Aber die Cinémathèque ist mehr als ein Kino. Sie repräsentiert das Lebensgefühl einer säkularen, weltoffenen Jerusalemer Gesellschaft. Im Jahr 1981 eröffnete das Kino sein neues Haus am Ausläufer des Hinnom-Tales mit einem Skandal. Im frommen Jerusalem, in dem am Schabbat nur die Synagogen in Betrieb sind, wagte es eine Einrichtung, auch am Freitagabend und Samstag ihre Tore zu öffnen. Religiöse Fundamentalisten liefen Sturm gegen die Entweihung des geheiligten Tages, warfen Steine auf die Besucher und belagerten das Gebäude. Für sie erwies sich der Name des Ortes als Verweisung auf die Folgen des gotteslästerlichen Treibens: Hinnom-Tal bedeutet Höllental. Nach der Überlieferung sollen hier in der Urzeit Kinder ins offene Feuer geworfen worden sein, um den Gott Moloch zu beschwichtigen.

Mit israelischer Spitzfindigkeit fand man einen Dreh, dem göttlichen Gebot zu entkommen, nach dem am Schabbat nichts Neues begonnen und nicht mit Geld gehandelt werden darf. Man verkaufte keine Tickets, ließ alle Schalter geschlossen, wechselte kein Geld. Die Besucher mußten mit abgezähltem Geld kommen und dieses in eine Box werfen – der Eintritt war Vertrauenssache. Es funktionierte.

Warum, so frage ich meine Freundin Sarah, hat sie keine Angst, in die Cinémathèque zu gehen? 400 Menschen im Dunkeln auf engstem Raum, das ist doch gefährlich. Aber

Sarah reagiert wie alle aus Liebe Verblendeten: »Überall kann etwas passieren, aber nicht hier. Die exponierte Lage des Kinos, die Sicherheitsvorkehrungen, die Kontrollen – das ist das eine. Das andere aber ist: In diesem Kino laufen ständig arabische Filme. Und dieses Publikum ist links und kritisch, es ist für den Frieden mit den Palästinensern.«

Der eindrücklichste Kinoabend, den ich in der Cinémathèque erlebte, war der 28. Oktober 2001, der sechste Jahrestag der Ermordung Rabins. Gezeigt wurde der Film »Promises«, der das Leben israelischer und palästinensischer Kinder in den Jahren 1995 bis 1998 dokumentiert. Da treten auf: ein palästinensischer Junge, der sich Gel ins schwarzglänzende Haar massiert und davon träumt, ein berühmter Kurzstreckenläufer zu werden; ein Siedlerjunge aus der Westbank, der immer mit seinem Fahrrad die wenigen Meter bis zum Zaun der Siedlung fährt, denn dort ist seine Welt zu Ende; ein wunderbar lebhaftes palästinensisches Mädchen aus einem Flüchtlingslager, dessen Vater in einem israelischen Gefängnis sitzt; ein frommer Zehnjähriger mit Hut und Schläfenlocken, der in einer Yeshiva die Thora studiert und schon wie ein Schriftgelehrter redet; und ungemein aufgeweckte und vorurteilsfreie Zwillingsjungen aus einer säkularen israelischen Familie. Das Kino ist übervoll. Am Ende der Vorstellung applaudieren 400 Israelis, umarmen sich, weinen, sprechen von Rabin und den Hoffnungen, die er geweckt hatte, trauern über die Botschaft dieses melancholischen Films, der zeigt, daß palästinensische und israelische Kinder friedlich miteinander leben könnten, wenn man sie nur ließe.

Das Schönste an der Cinémathèque ist das jährliche Filmfestival im Juli, das Glanz und Glamour nach Jerusalem bringt, ein kosmokulturelles Aroma à la Cannes und Venedig. Das Zweitschönste ist das Café Cacao. Es hat eine große Veranda im mediterranen Stil. In Tontöpfen wuchern Rosmarin, Thymian, Minze, Salbei und Oleander.

Auch in den schlimmsten Phasen der Intifada, in denen man sich nicht mehr aus dem Haus traut, ist diese Terrasse ein letztes Refugium, ein Therapeutikum gegen die grassierende Klaustrophobie, ein Platz, wo man alte Freunde treffen, wo man neue Freunde kennenlernen kann. Immer redet man über Politik, immer aber auch über Filme und Theater. Am liebsten aber über Reisen. Das Gefühl des Eingesperrtseins ist so groß, daß jeder, der ein paar Tage Zeit und etwas Geld hat, einen Flug bucht, um aus diesem Land herauszukommen. An einem Abend fragte mich eine von Sarahs Freundinnen, wo ich herkäme. Ja und wo aus Deutschland? Aus Tübingen. Wie lange brauchen Sie, um mit dem Auto nach Frankreich zu fahren? Und nach Italien? Und in die Schweiz? Und nach Österreich? Ich gab getreulich Auskunft. Die Frau, eine geborene Israeli, war bewegt. Sie wandte sich zu ihrem Mann: »Wir sollten in Deutschland leben. Genau da sollten wir leben. Trotz allem, was mit Deutschland einmal war, da sollten wir leben!«

Von der Terrasse der Cinémathèque aus hat man – vor allem abends – einen der bewegendsten Ausblicke auf Jerusalem: durch das Hinnom Valley zum Berg Zion mit der Dormitio-Abtei, entlang der beleuchteten alten Stadtmauer zum Jaffa-Tor mit der Zitadelle. Ein Sehnsuchtsbild vom ehrwürdigen Jerusalem, das den Betrachter anrührt und fromm stimmt, auch wenn am heiligen Schabbat eine Jazz-Combo auf der Veranda spielt und die jungen Leute feiern, als seien sie im vergnügungssüchtigen Tel Aviv.

Wann immer ich in den letzten Jahren von Deutschland nach Jerusalem gekommen bin, habe ich den ersten Abend auf der Terrasse der Cinémathèque verbracht, oft genug frösteInd, denn die Abende sind kalt in Jerusalem, manchmal sogar im Juni. Aber es war für mich ein glücklich machendes Ritual: ich bin angekommen in meiner Stadt. Auch am ersten Abend nach unserer Ankunft Anfang Oktober 2000 saßen mein Mann und ich zwischen Minze und Rosmarin und aßen arabischen Salat. Von der nahen Altstadt hörte man das Geräusch von Schüssen, das Aufheulen der Ambulanzen. Die Intifada war ausgebrochen, und nach dem Freitagsgebet in der Al-Aqsa-Moschee begannen die Auseinandersetzungen. Steinewerfen, Tränengas, Schüsse. Die Situation war hochsymbolisch: die friedliche und spirituelle Atmosphäre auf diesem Aussichtsplatz angesichts des historischen, »ewigen« Jerusalem und die häßliche Realität eines Bürgerkriegs hinter der illuminierten Fassade.

Vorhimmel des Himmels

»Jerusalem, Gottes verschleierte Braut«, »Jerusalem, Sternwarte des Jenseits, Vorhimmel des Himmels«, »Wer einmal in Jerusalem gewesen, sehnt sich immer nach seiner ursprünglichen Natur zurück«, »Und meine Seele verglühte in den Abendfarben Jerusalems«.

Niemand hat emphatischer in deutscher Sprache Jerusalem besungen als Else Lasker-Schüler. Aber kaum jemand blieb auch so fremd in Jerusalem. Jerusalem war nicht Elses erwählte Heimat, sie war hier im Exil, weil ihr die Schweiz 1939 die Rückreise nach Zürich verweigerte. So ist das Jerusalem ihrer Gedichte und ihres Prosawerks »Das Hebräerland« ein realer und poetischer Ort, eine Stadt aus Stein und aus Wortgespinsten.

Jeden Tag gehe ich in Jerusalem auf meinem Schulweg am protzigen Dan Pearl Hotel vorbei. Hier stand Elses geliebtes Café Nordia, in dem sie stundenlang saß und den Kameltreibern zusah, die aus der Jaffa Street kamen. Nicht weit von der Stelle entfernt, wo in der Ben Yehuda Street das schreckliche Bombenattentat vom 1. Dezember 2001 stattfand, hat sie im Hotel Atlantik gewohnt und ihre Nachmittage im Café Sichel verbracht. In der Hama'alot Street Nr. 5 im Stadtteil Rehavia steht noch das Haus mit der Außentreppe, in dem sich Else im Herbst 1940 ein Zimmer bei Frau Weidenfeld mietete. Kein Schild am Haus erinnert an die berühmte Mieterin; Gedenkschilder sind nicht üblich in Israel. Die Legende will, daß sie völlig verarmt und unter unwürdigen Umständen in Jerusalem lebte. Sie erhielt aber eine monatliche Rente von 20 englischen Pfund, die ihr der Verleger Schocken und die Jewish Agency ausgesetzt hatten, eine Summe, die viele Familienväter zur damaligen Zeit nicht zur Verfügung hatten. Und auch ihr wunderliches Aussehen, die papageienbunte Kleidung, der üppige Behang mit Ketten und Ohrringen, konnten nicht darüber hinwegtäuschen, daß sich hinter der Kostümierung eine bürgerliche Tochter aus gutem Elberfelder Hause verbarg. Als man nach ihrem Tode ihren Kleiderschrank öffnete, quollen nicht, wie erwartet, bunte Tücher und malerische Accessoires heraus, sondern dort lag sauber gefaltet und geschichtet die Weißwäsche. Begraben ist Else Lasker-Schüler auf dem Ölberg, wo nach der Überlieferung der Messias wiederkommen wird und die Toten als erste aus ihren Gräbern auferstehen.

Palästina war zu ihrer Zeit Araberland, wandelte sich auch durch die zionistische Einwanderung und den Flüchtlingsstrom von Juden aus Europa noch nicht zum »Hebräerland«. Else erlebte Feindseligkeiten zwischen den Bevölkerungsgruppen, blutige Auseinandersetzungen, wenngleich

Ein seltener Moment während der Intifada: ein israelischer Soldat und ein palästinensischer Junge spielen selbstvergessen Fußball.

Morgens am Damaskustor: Männer sitzen müßig in den kleinen Cafés und wärmen sich auf.

»Ich danke dir, Herr, daß du mich nicht als Frau erschaffen hast«, beten die frommen Juden jeden Morgen.

Das zerstörte Paradise-Hotel in Bethlehem, fotografiert von meiner Schülerin Rana.

»Das muß ein Ende haben.« Beim Selbstmordattentat auf die Sbarro-Pizzeria in der Jaffa Street starben 20 Israelis.

»Stoppt die Okkupation!« Israelische Soldaten und Friedens-demonstranten.

»Wir haben nichts mehr zu verlieren.« Kinder demonstrieren für die Befreiung Palästinas.

Von Süleyman dem Prächtigen so prächtig gebaut: das Damaskustor, der Einstieg in die arabische Altstadt von Jerusalem.

Rafif, Manar, Natalie, Sana, Nada, Hana, Areej, Ranim und Maureen aus meiner elften Klasse.

Das Paulus-Haus, deutsche Pilgerherberge am Damaskustor, beherbergt auch das »Schmidt's Girls College«.

»Schule aus!« Die kleinen Schülerinnen stürmen aus dem Schmidt's Girls College.

Szenenbild aus der Theaterproduktion »Turandot«.

nicht vom Ausmaß unserer Tage. »Es ziemt sich nicht, hier im Heiligen Land Zwietracht zu säen«, schreibt sie. Araber und Juden waren für sie »Zwillingsstämme, ineinander verflochten, mit der gleichen Sonne Flachs gewebt, vom selben Wehen der Meere bespült«. Else lebte im Bild des Arabers ihre Sehnsucht nach dem Fremden, Exotischen, Morgenländischen aus. Prinz Jussuf fand in Jerusalem sein Theben.

Elses Wunsch nach Versöhnung zwischen Juden und Arabern trieb sie in sehr konkrete Phantasien. Eine davon war, daß nichts friedenstiftender sein kann als ein gemeinsames Essen. Die jüdischen Kolonisten laden die »wilden« Araber zum Mahle ein – dabei entstehen »wirkliche Freundschaften unter den semitischen Stiefbrüdern«.

Wer Elses kulinarische Vorlieben kennt, weiß, was die Juden vor 60 Jahren den arabischen Brüdern hätten vorsetzen müssen, damit der Frieden von Dauer gewesen wäre: westfälischen Reibekuchen Wuppertaler Machart!

Eine andere Phantasie ist ein gemeinsamer Jahrmarkt: »Versöhnung des Volks Judas und des Arabers bei einem Jahrmarkt mit ›Karossel‹ in Jerusalem.« Wahrscheinlich hatte Else eine bergische Kirmes vor Augen, die sie in Gedanken nach Palästina verpflanzte. »Der Jahrmarkt – eine liebe reine Sache. Gott könnte kommen und sich mit den kleinen und großen Kindern freuen.«

Auch wenn Elses Idee naiv klingt, hat die Vorstellung, in diesen Tagen palästinensische und israelische Kinder auf eine Kirmes, einen Jahrmarkt, ein Volksfest einzuladen, etwas Bestechendes. Statt Reibekuchen könnte es ja Falafel oder Pizza geben. Und wenn sich die Kinder beim Karussellfahren ins Gesicht schauten, könnten sie entdecken, daß sie verwandt sind von alters her.

Eine Tante, der ich in den Sommerferien in Deutschland Fotos von meinen palästinensischen Schülerinnen zeigte, sagte: »Was für schöne jüdische Mädchen!«

Der Saussuresche Balken

Es ist schön, mit einem Mann durch Jerusalem zu gehen, der ein Semiotiker ist, der die Schrift zu lesen versteht und die Zeichen deutet, die in ihr verborgen sind.

Ich gehe mit diesem Mann, der der meine ist, in der schmalen Gasse, die die Altstadt vom Zionsberg trennt. Linker Hand erhebt sich machtvoll die alte Stadtmauer mit dem Zionstor, rechter Hand, durch eine kleinere Mauer eingefaßt, breitet sich der Gebäudekomplex des Zionsbergs aus: das armenische Kloster, die deutsche Dormitio-Abtei, die mit ihrem runden Grundriß die Pfalzkapelle von Aachen nachempfindet, und Davids (unhistorisches) Grab. »Diese Gasse zwischen beiden Mauern, Chativat Etzion, ist der Saussuresche Balken«, erklärt mein Gelehrter. »Sie trennt nach der Zeichentheorie von Saussure den Signifikanten und das Signifikat. Zion links der Mauer ist der Signifikant, der durch sich auf das Signifikat verweist: das reale, historische und symbolische Jerusalem, die geistige Heimat des Judentums. Bei Saussure sind Signifikant und Signifikat absolut voneinander getrennt. Wo das Zeichen ist, kann das Bezeichnete nicht sein. Das Einmalige in dieser Stadt ist, daß Zeichen und Bezeichnetes räumlich so einander nahegerückt sind, daß nur ein paar Steine sie trennen, daß Zion und Jerusalem fast eins werden.«

»Der Herr wird dich segnen aus Zion, / daß du siehst das Glück Jerusalems dein Leben lang«, heißt es im 128. Psalm.

Darum konnten die Zionisten nicht in Uganda oder Uruguay oder wo immer eine neue Heimat für die Juden gründen, es mußte Jerusalem sein und das, was Jerusalem bedeutet: die messianische Verheißung.

Wir wandern weiter zu dem Zeichen schlechthin, Ha'kotel Ha'maaravi, der Westmauer des Herodianischen Tempels, der sogenannten Klagemauer. Es ist die Stein gewordene Manifestation des biblischen Gebots: »Zachor! Erinnere dich!« Dieses Gebot ist nach dem »Seid gerecht!« die wichtigste Forderung an den gläubigen Juden. Das Sicherinnern, das Überliefern von Geschlecht zu Geschlecht, hat ein kollektives Gedächtnis des Judentums begründet, das das Überleben des jüdischen Volkes ermöglicht hat. Schreiben bedeutete bei den Juden immer Aufschreiben der eigenen Geschichte. Im polnischen Stetl war es üblich, den Kindern am ersten Schultag Holzbuchstaben zu geben, die in Honig getaucht waren: Sie durften den Honig abschlecken und sich wörtlich und zeichenhaft die Welt der Schrift einverleiben.

Der große Platz vor der Klagemauer ist so leer, wie ich ihn in all den Jahren nicht gesehen habe. Es fehlen die Juden aus aller Welt, die hierher pilgern, um die Mitte ihrer jüdischen Existenz zu suchen oder wiederzufinden. Nur die frommen Jerusalemer Juden stehen an der Mauer, nach Männern und Frauen getrennt, die Männer in weiße Gebetsmäntel gehüllt oder im schwarzen Kaftan. Sie wiegen sich im Rhythmus der Gebete.

Die Mauerreste des Herodianischen Tempels stehen an der Grenze des Tempelbergs, des biblischen Morija-Berges. Hier sollte Abraham seinen Sohn Isaak opfern. Ein Engel gebot ihm auf Gottes Geheiß Einhalt, statt des Sohnes wurde ein Widder geopfert. Das Menschenopfer wurde durch ein

Tieropfer ersetzt; diese Stellvertretung ist eine der großen kulturellen Leistungen in der Geschichte der Menschheit. Nach dieser Prüfung Abrahams hat Gott an derselben Stelle den Bund mit ihm erneuert. Jerusalem wurde gebaut als der Ort der Verbindung von Gott und Mensch.

Hierher brachte David die Bundeslade, hier stand der Salomonische Tempel und neun Jahrhunderte später der Herodianische Tempel. Dies ist der Ort, der in den Psalmen besungen wird als das Sehnsuchtsziel aller Juden in der Diaspora:

> Vergesse ich dich Jerusalem,
> so verdorre meine Rechte.
> Meine Zunge soll an meinem Gaumen kleben,
> wenn ich deiner nicht gedenke,
> wenn ich nicht lasse Jerusalem
> meine höchste Freude sein. (Psalm 137)

Für die Muslime fuhr vom Tempelberg aus Mohammed auf seinem Pferd in den Himmel auf. Für die Christen starb Gottes Sohn in dieser Stadt und erstand von den Toten. Immer geht es in Jerusalem um die Verbindung von Himmel und Erde. Die topographische Nähe der für die drei Religionen so bedeutenden Denkmäler rückt sie zu einem neuen Zeichen zusammen: der Notwendigkeit der Koexistenz.

Auf dem Heimweg reden wir über jüdisches Exil und Diaspora.

Lekh-Lekha: geh aus deinem Land, das ich dir zeigen will, befahl Gott dem Abraham. Der Auszug ins Gelobte Land war ein Auszug vom Bekannten ins Unbekannte, das erste Exil – wenn man nicht die Vertreibung aus dem Paradies als die existentielle Ausgangserfahrung des Menschen schlechthin ansehen will. Zwischen Landnahme und Exil, zwischen Raum und Raumlosigkeit, steht die jüdische Existenz von Beginn an. Diese Grunderfahrung könnte auch in der gegenwärtigen Situation produktiv gemacht werden: daß nicht der »Kampf um Land«, das Festklammern an einem Ort genuin jüdisch sind, sondern die Zerstreuung, die Offenheit für das Fremde, die Bereitschaft zur Veränderung, das Herausgehen aus Vertrautem, das Nichtzulassen von Fixierungen. Statt mit Zähnen und Klauen jedes Settlement als einen Vorposten von »Greater Israel« zu verteidigen, könnte aus der Rückbesinnung auf die eigenen Wurzeln Verständnis für die Zerstreuung und Heimatlosigkeit eines anderen Volkes wachsen.

Bei manchen jüdischen Autoren taucht der Gedanke auf, ob nicht überhaupt die moderne Staatswerdung Israels ein Verhängnis war und zu einer Säkularisierung, ja Banalisierung jüdischer Existenz geführt hat. Pervertieren nicht die Yuppies von Tel Aviv, die den Begriff »Gelobtes Land« keineswegs fromm, sondern ungeniert hedonistisch definieren, die göttliche Verheißung nach dem Motto: Heimat ist da, wo es mir gutgeht?

Grace Paley, die amerikanische jüdische Autorin, schreibt in ihren »Two Short Sad Stories from a Long and Happy Life«: »Ich glaube an die Diaspora. Immerhin: sie sind das auserwählte Volk. Lach nicht. Sie sind es. Aber seitdem sie in einer kleinen Ecke der Wüste zusammenhocken, sind sie wie alle Völker: Franzosen, Italiener, säkulare Nationalitäten. Juden haben nur eine Hoffnung: ein Rest zu bleiben auf dem Grund der weltlichen Geschäfte, nein, ich meine etwas anderes: ein Splitter im Zeh der Zivilisation, ein Opfer, das das Gewissen reizt... Ich versuche nur zu sagen, daß sie nicht geschaffen sind für die Geographie, sondern für die Geschichte. Sie sollen nicht Land nehmen, sondern in der Geschichte fortbestehen.«

Gershom Scholem berichtet in seinen Memoiren, daß 1914 Franz Rosenzweig den großen jüdischen Philosophen Hermann Cohen gefragt habe, was er eigentlich gegen die Zionisten habe. Cohen habe ihm voller Entrüstung zugeflüstert: »Die Kerle wollen glücklich sein!«

Orient meets Okzident

Es gibt vieles, was die Engländer aus ihrer Mandatszeit in Jerusalem zurückgelassen haben. Das Schönste ist für mich das YMCA. Jeden Tag gehe oder fahre ich daran vorbei und ertappe mich dabei, daß ich nur in seine Richtung schaue und das viel berühmtere King David Hotel, das direkt gegenüberliegt, links liegenlasse. Das King David ist ein massiger Kasten, traditionsreich, plüschig, old-fashioned, Stein gewordene Geschichte. Es wurde 1931 gebaut und während des Zweiten Weltkriegs und kurz danach als Kommandozentrale der Briten genutzt. Die Irgun, eine jüdische Untergrundorganisation, sprengte im Juli 1946 den linken Flügel des Hotels, dabei kamen 90 Briten ums Leben. Beteiligt an diesem Unternehmen war Menachem Begin. Heute ist das King David eine Luxusherberge, in der Amerikaner und Japaner absteigen, die in Israel nicht die Levante, sondern europäischen Glanz suchen. Zwar habe ich mir auch an einem unerträglich heißen Sommernachmittag das teure Vergnügen gegönnt, den Swimmingpool des King David zu besuchen. Aber außer ein bißchen Abkühlung fand ich nichts, was mein Wohlbefinden gesteigert hätte.

Aber das YMCA! Ich liebe seine eigenwillige Architektur und seine Ausstrahlung, symbolisiert es doch alles, was im Augenblick in diesem Land nicht zu finden ist: Toleranz, Völkerverständigung, arabisch-jüdische Koexistenz.

Das YMCA wurde im damaligen Mandatspalästina von dem Architekten Arthur Loomis Harmon entworfen, der auch das Empire State Building in New York gebaut hat. Zwischen 1928 und 1933 wurde es als Haus einer christlichen Institution, der Young Men's Christian Association, von Arabern und Juden gemeinsam erbaut. Die Idee interreligiöser Toleranz wurde in das Bauwerk eingelassen. Christliche, jüdische und muslimische Symbole und Inschriften stehen einträchtig nebeneinander. Lord Allenbys Motto von 1933 ist noch nicht verblichen: »Hier ist ein Platz, dessen Atmosphäre Frieden vermitteln soll, wo politische und religiöse Eifersucht vergessen und internationale Einigkeit gepflegt und entwickelt werden kann.«

Manche mögen die Architektur des YMCA kitschig finden oder postmodern, weil sie aus Zitaten besteht. Sie vereint neoromanische und islamisch-maurische Elemente mit europäischem Jugendstil. Der Jerusalemer Stein entfaltet alles an Glanz und farblicher Nuancierung, was aus ihm geschlagen werden kann. Arkadengänge rhythmisieren den massiven Bau und geben ihm eine erstaunliche Leichtigkeit. Der fast 50 Meter hohe Turm, der so unübersehbar phallisch in den ewig blauen Jerusalemer Himmel ragt, hat eine Aussichtsplattform, von der aus man einen weiten Blick auf die Stadt hat.

Die multinationale und multikulturelle Tradition ist lebendig. Im »maurischen« Konzertsaal, dessen Kuppel der von Sinan-Moscheen in der Türkei gleicht, habe ich Schuberts »Winterreise« und Pergolesis »Stabat Mater« gehört. Zwanglos spielt man mit jüdischen, christlichen, muslimischen Elementen. Orient meets Okzident.

Das YMCA ist nicht nur ein Hotel, ein Restaurant, eine Kulturstätte, es ist vor allem auch die bekannteste Sporteinrichtung in Jerusalem. Hier haben viele meiner palästinensischen Schülerinnen Schwimmunterricht erhalten – zu Zeiten, als sie noch ohne Bedenken in den Westteil der Stadt gingen. Hier haben jüdische Jugendliche bei arabischen Trainern – und umgekehrt – Basketball oder Tennisspielen gelernt.

Auf eine besondere Einrichtung, die die Idee interreligiöser und multikultureller Toleranz weiterverfolgt, hat mich Samar, eine arabische Freundin, aufmerksam gemacht. Ihr kleiner Neffe Mohammed geht im YMCA in einen Kindergarten, in dem israelisch-jüdische und israelisch-arabische Kinder gemeinsam erzogen werden, in dem die jüdischen Kinder von ihren Spielgefährten Arabisch und die arabischen Kinder Hebräisch lernen.

An warmen Sommerabenden sitze ich manchmal auf der Terrasse des Restaurants, esse arabisch, italienisch oder amerikanisch und träume davon, daß diese Kinder, Mohammed und Shulamith, Ibrahim und Rachel, Yaakov und Samira eines Tages in einem Parlament sitzen, das eine neue Ordnung für dieses Land entwirft. Vielleicht sollte man sie jetzt schon nach ihrer Meinung fragen.

Sind jetzt alle Araber Terroristen?

11. September 2001. Mein Mann und ich haben Karten für ein Kammerkonzert im Khan-Theater in Jerusalem. Wir wissen nicht, ob wir hinfahren sollen, laufen ziellos in der Wohnung herum, machen uns fein fürs Konzert, ziehen dann den Blazer wieder aus und sagen: Das ist unmöglich, nach dem Anschlag auf das World Trade Center kann man doch nicht Beethoven hören. Oder muß man gerade jetzt ein Klaviertrio gegen den Terror setzen? Das Ereignis

sprengt so sehr die gewohnten Erfahrungsstrukturen, daß wir hilflos reagieren, wie vermutlich viele Menschen an diesem Abend überall in der Welt. Ist es nicht geschmacklos, pietätlos, jetzt in ein Konzert zu gehen, angesichts der Ungeheuerlichkeit des Ereignisses, angesichts der vielen Opfer? Kann man sich überhaupt noch auf Musik konzentrieren?

Wir fahren in das Konzert. Die meisten Besucher sind gekommen, um dem Fernsehen für zwei Stunden zu entrinnen. Es gibt herausragende Solisten: Yefim Bronfman am Klavier, Boris Pergamenschikow am Cello. Die Zuschauer aber spielen alle an ihrem Mobiltelefon. Sie halten es während des Konzerts in der Hand, um in der Pause gleich ins Freie stürzen und anrufen zu können. Es gibt Augenblicke, in denen die Musik verfängt und uns davonträgt in eine andere Wirklichkeit. Aber es sind nur Augenblicke, dann schieben sich die einstürzenden Türme des World Trade Center vor Beethovens Arpeggien.

12. September 2001. The Day After. In meiner Schule gibt es keine jubelnden Schüler, eher Empörung darüber, daß Bilder feiernder palästinensischer Kinder auf allen westlichen Fernsehkanälen zu sehen waren. »Wir sind doch keine gefühllosen Monster«, ist der einhellige Tenor bei Schülern und Lehrern. Aber wie jedes Ereignis in der Welt wird auch das Attentat auf das World Trade Center relativiert und auf das palästinensische Maß geeicht. »Natürlich ist es schrecklich, daß Tausende von Menschen zu Tode gekommen sind, aber jetzt erleben die Amerikaner einmal, wie es uns täglich ergeht.«

Tamar spricht mich an: »Wie denken die Deutschen? Glauben die jetzt, daß alle Araber Terroristen sind?«

»Nein«, sage ich. Aber Tamar scheint zu ahnen, daß mit den Türmen des World Trade Center auch die westliche Bereitschaft zur Differenzierung zusammengebrochen ist.

Die elfte Plage

Eines haben in diesen Zeiten Israel und Palästina gemeinsam – einen sprachlichen Euphemismus, der wie ein Passepartout auf alles angewendet wird, was im argen liegt – hüben wie drüben.

Auf Arabisch heißt er *»alwadé«*, auf Hebräisch *»hamatzav«*, im Englischen, das in beiden Ländern als zweite Nationalsprache fungiert, gibt es den gemeinsamen Begriff: *the situation.*

»Because of the situation« müssen die Taxis ihre Preise anheben, müssen Flüge, die man monatelang vorher gebucht hat, gestrichen werden, müssen überall längere Wartezeiten in Kauf genommen werden, muß die Müllabfuhr streiken, müssen Ämter ihre Öffnungszeiten reduzieren, ist der Winter in diesem Jahr besonders kalt und regenreich.

Würden andere Gründe angegeben, könnte man darüber diskutieren. Aber »the situation« als wohlfeiles Argument ist unangreifbar. Sie ist nicht ein von Menschen gemachter Zustand, sondern eine von höchster Instanz gesandte Kalamität, eine elfte Plage, auf die sich alles gegenwärtige Ungemach, alle Indifferenz, Inkompetenz, alles Versagen zurückführen lassen.

Der Handwerker, der die Heizung reparieren soll, kommt nicht. Mein Mann und ich sitzen in Mänteln in unseren Arbeitszimmern. Unsere Hände stecken in fingerlosen

Handschuhen, damit wir den Laptop bedienen können. Dabei dürfen wir nicht klagen. Wir sind in Israel außerordentlich privilegiert, wir haben eine Heizung, die nicht funktioniert. Sehr viele Menschen haben überhaupt keine Heizung. Als schließlich nach unzähligen Anrufen ein Monteur kommt, sagt er schon an der Tür: »Sorry, but you know, the situation ...«

Wenn in meiner palästinensischen Schule Überstunden anfallen, gab es am Anfang der Intifada wortreiche Erklärungen. »Miss Yvonne fehlt heute. Der Qalandijah-Checkpoint zwischen Ramallah und Jerusalem ist geschlossen, sie kommt nicht durch. Könnten Sie die Stunde übernehmen?« Jetzt liegen nur noch kleine Zettel auf meinem Platz im Lehrerzimmer, auf denen die Stundenplanänderung vermerkt ist. Jeder weiß ja: B.O.S. Because of the situation.

Der Euphemismus schafft Distanz, verharmlost, neutralisiert die Ereignisse, indem er sie aus der deprimierenden Konkretheit in etwas Allgemeines und Abstraktes hebt. Mit »the situation« verschafft man sich einen mentalen Freiraum, in dem die tägliche Misere nivelliert wird zu einer geringen Abweichung von der Norm. Arbeitslosigkeit, Armut, zerstörte Häuser, verstörte Kinder, Bulldozer, Tanks, Terroristen, Suicide-Bombing, Checkpoints, Straßensperren, Ausgehverbot, Drive-by-Shooting – das sind die häßlichen Tatsachen des Krieges. Da hat der Begriff »situation« etwas gnädig Verschwommenes, etwas barmherzig Ungenaues.

Und welch wunderbare apologetische Begründungen er für das individuelle Verhalten liefert! Wenn man im Straßenverkehr hochaggressiv sich und andere Verkehrsteilnehmer gefährdet: wem sonst als der Situation sind die blanken Nerven geschuldet? Wenn sich Familientragödien häufen, so ist das doch nur die Fortsetzung der Politik auf privater Ebene. Wenn man den Kopf oder die Fassung verliert, so hat man dazu doch wahrlich Anlaß genug in diesen Zeiten.

Als der amerikanische Botschafter in Israel, Daniel Kurtzer, öffentlich die Bemerkung machte, Israel solle lieber mehr Geld für Behinderte als für neue Siedlungen ausgeben, beschimpfte ihn der Knesset-Abgeordnete Zvi Hendel als »Jewboy«, »Judenbengel«. Der antisemitische Ausbruch eines israelischen Juden gegen einen amerikanischen Juden schlug hohe Medienwellen. Aber, so wurde die Öffentlichkeit schnell belehrt, alles war nicht so böse gemeint. Die nervöse Aufgeregtheit des Herrn Hendel hatte doch einen einleuchtenden Grund: »the situation«.

Strammstehen zum Feiern

Der Situation fällt im Juni 2001 die »Graduation Celebration« an meiner Schule zum Opfer, ein Fest, das analog zu unserer Abiturfeier begangen wird.

Die Abiturientinnen sind traurig, sie möchten feiern und tanzen trotz aller Einschränkungen im Alltag, trotz Ausgehverboten, Arbeitslosigkeit der Eltern, Grenzkontrollen, Wasserknappheit, Bombardements.

Aber das palästinensische Unterrichtsministerium hat Feste ausdrücklich untersagt. So gibt es nur in der Schulaula den offiziellen Akt der Verabschiedung: hochritualisiert und hochpatriotisch. Der Einmarsch der Schülerinnen wird angeführt von Mädchen in Landestracht mit palästinensischen Fahnen. Die Nationalhymne wird gesungen. Man muß kein Arabisch verstehen, um aus der Rede des katholischen Bischofs die kämpferischen politischen Appelle herauszuhören. Eine meiner Schülerinnen, Sahar, hält eine sehr maßvolle Rede in Deutsch.

Sie bedankt sich bei Gott, bei den Eltern und den Lehrern, die sie und ihre Mitschülerinnen befähigt haben, die Schule glücklich zu beenden, damit sie jetzt ihrem Land und dem palästinensischen Volk dienen können. Alle sind gerührt. Sahar hat Tränen in den Augen.

Ich versuche mir für einen Augenblick vorzustellen, daß bei einer Abiturfeier in Deutschland ein Schüler eine ähnliche Dankesrede hält und der freudigen Bereitschaft Ausdruck gibt, fortan dem deutschen Volk dienen zu wollen.

Am Ende der Zeremonie stellen sich die jungen Damen – immer noch in Schuluniformen, aber mit einem Sträußchen künstlicher Blumen am Revers – in Reih und Glied im Schulhof zum Defilee auf. Alle Lehrer und alle Würdenträger marschieren gemessenen Schrittes vorbei und gratulieren den Mädchen zum bestandenen Abitur. Da es mit einem knappen »Congratulation« oder »Mabruk« nicht getan ist, sondern nach Lehrerart detaillierte Wünsche und Ermahnungen mit auf den Weg gegeben werden müssen, dauert die Cour lange. Die heiße Junisonne brennt auf den Schulhof. Eigentlich wären Erfrischungen nicht schlecht gewesen.

Ein dummer Mann ist eine Höllenqual

In den Zeiten des Krieges muß man Theater spielen. Dieser Satz spielt mit der Idee der Stellvertretung: Das Theater hebt den Krieg nicht auf, setzt aber eine andere Wirklichkeit in Kraft. Die Intifada ist ein Krieg, der nicht offiziell erklärt ist, aber in der Realität geführt wird.

Meine englische Kollegin und ich wollen mit unseren Schülerinnen Theater spielen. Wir sind uns einig, daß wir keine Performance zum Thema »Das Leiden des palästinensischen Volkes« auf die Bühne bringen wollen. Mit solchen Schauspielen werden die Mädchen vom arabischen Fernsehen täglich überschüttet.

»Am besten suchen wir einen exotischen Stoff«, sagt Carolin. Wir kommen auf »Turandot«, ein Stück über Gewalt und die Überwindung der Gewalt durch Liebe. So proben in unserer Drama Group palästinensische Mädchen zwischen 14 und 16 Jahren ein altes chinesisches Märchen auf deutsch.

In der Klasse erlebe ich die Schülerinnen als geborene Schauspielerinnen: temperamentvoll, mit extrovertierter Körpersprache, ungehemmter Lust am Spielen und Agieren, großer Musikalität. Die ersten Proben bringen mich zur Verzweiflung: auf der Bühne stehen hölzerne Puppen, die mit piepsigen Stimmchen Text herunterleiern. Alle Versuche, beim Warm-up die starre Schale zu sprengen, um das spielerische Dynamit zur Explosion zu bringen, fruchten nichts. »Liegt es an Turandot?« »Nein«, sagen die Mädchen, »Turandot ist eine tolle Frau, weil sie keinen Dummkopf heiraten will. Man müßte ja die dummen Männer nicht köpfen, wie Turandot es tut, es würde reichen, sie ins Gefängnis zu werfen.« »Liegt es am chinesischen Ambiente?« »Nein, wir finden es wunderbar, uns einmal ganz anders verkleiden zu können.«

Es ist der kleine kulturelle Unterschied, den ich am Anfang nicht verstehe. Der muslimischen Tradition mit ihrem Bildverbot ist das Theater fremd. Man stellt sich nicht in der Öffentlichkeit aus und exhibitioniert intime Gefühle. Jorge Luis Borges liefert einen schönen Beleg für die Theaterferne des Islam. In einer seiner Geschichten versucht der maurische Philosoph Averroes Aristoteles' Werk über die Tragödie zu übersetzen, versteht aber nicht, was gemeint ist, weil er keinen Begriff von Theater hat. Aus dem Fenster sieht er drei Jungen im Hof spielen: Einer stellt sich auf die Schultern des anderen und mimt einen Muezzin, der zum Gebet ruft, der andere, der ihn festhält, stellt das Minarett dar, und der dritte Junge, der im Staub auf den Knien liegt, ist der fromme Beter. Die Jungen spielen Theater, aber Averroes weiß das nicht, weil ihm der Begriff und damit die Erkenntnis fehlt.

Erst als ich in den Proben dazu übergehe, die Aktion auf der Bühne zu ritualisieren, jede Bewegung genau zu bemessen, Schritte abzuzählen, die Körpersprache zu alphabetisieren und zu interpunktieren, kommen wir weiter, kommen die Schülerinnen über die strenge Führung zu einer Freiheit im Spiel.

Die Rolle der Turandot hat Vida übernommen, ein Mädchen mit blasser Haut und blonden Locken. In einer schwarzhaarigen Umgebung verkörpert sie das Besondere und Exotische. Eine Prinzessin eben. Das Goethe-Institut in Ramallah hat uns 1000 Schekel gespendet, mit denen wir wundervolle Kostüme herstellen können. Am letzten Schultag vor den Weihnachtsferien ist die große Aula zweimal zum Bersten gefüllt, morgens mit Schülerinnen, am Nachmittag mit den Eltern. Yasemin gibt einen Prolog auf englisch, damit die kleinen Mädchen und die Eltern, die kein Deutsch verstehen, der Handlung folgen können. Bei der Schüleraufführung ist es ganz ruhig, alle sind bemüht, die Akteure auf der Bühne zu verstehen. Anders aber ist es bei der Nachmittagsaufführung. Die Mütter schnattern, und sie hören auch nicht auf, als der Vorhang aufgegangen ist. Eine Schülerin, die meine Nervosität über die Unruhe im Saal spürt, sagt: »Mach dir nichts daraus. Eine arabische Frau kann einfach nicht den Mund halten. Und die

Mütter interessieren sich auch nur für die Kostüme. Aber die Väter interessieren sich etwas mehr für das Stück. Es darf nur nicht zu lange gehen.«

Turandot ruft auf der Bühne voller Empörung aus: »Ich will nur einen klugen Mann. Ein dummer Mann ist eine Höllenqual. Lieber bleibe ich allein.« Da erzittert nicht nur der Kaiser von China. Auch die arabischen Väter im Zuschauerraum müssen den Gedanken, ein Mädchen könne freiwillig unverheiratet bleiben, als subversive Drohung empfinden. Aber die Sätze werden auf deutsch, nicht auf arabisch gesprochen. Damit bleibt alles Literatur.

Deutsches Auto, deutsche Frau

Eines Tages kommt Rasha auf mich zu und sagt mit halblauter Stimme: »Miss, ich muß dich sprechen. Aber allein!« Bei meinen deutschen 16jährigen Schülerinnen kann ich ziemlich gut abschätzen, was dann kommt: Liebeskummer, der ja ausgestorben und ersetzt ist durch »Probleme auf der Beziehungsebene«, Schwierigkeiten mit den Eltern, unerwünschte Schwangerschaft. Dies alles habe ich hier nicht zu erwarten.

Rasha zeigt mir die Fotos, die ich ihr vor zwei Tagen geschenkt habe. Es sind Szenen aus der Garderobe vor unserer »Turandot«-Aufführung. Ein Reutlinger Fotograf, der in der Weihnachtszeit gerade in Jerusalem war, hat sie gemacht: farbenfrohe Bilder von den geschminkten und prachtvoll kostümierten Schülerinnen, ich mittendrin, Ermunterungen und Ermahnungen ausstreuend. Rasha hat in der Aufführung den tumben Prinzen gespielt, der keine der Fragen der chinesischen Prinzessin beantworten kann und jedesmal in ein haltlos dummes Gekicher ausbricht. Was ihm dann vergeht, als er hört, worin seine Strafe besteht.

Rasha blättert noch einmal die Fotos vor mir auf. »Miss, siehst du die Bilder? Ich habe sie gestern meinem Onkel gezeigt. Der hat mich sofort gefragt: wer ist denn das da? Meine Deutschlehrerin, habe ich gesagt. Und Miss, jetzt ist es passiert. Mein Onkel fragt, ob du frei bist. Er ist an dir interessiert. Miss, mein Onkel ist ein Doktor!«

Ich bin ergriffen. Rasha legt sich ins Zeug wie eine jüdische Schadchente, eine Heiratsvermittlerin. »Er ist schon 40, mein Onkel. Er hat eben gewartet, bis die Richtige gekommen ist. Er meint es ernst. Er ist ein Doktor.«

»Aber Rasha, ich habe einen Mann.«

»Du bist verheiratet?«

»Ja.«

»Richtig verheiratet?«

»Ja, richtig.«

»Aber mein Onkel ist ein Doktor, und er hat in Amerika studiert.«

»Rasha, sag deinem Onkel, ich fühlte mich geehrt.«

»Miss, ist denn dein Mann, wie ist er, ist er wenigstens, is he a smart guy?«

Shireen, meine Kollegin, hat mir einmal gesagt: »Für einen palästinensischen Mann gibt es zwei große Haben-Wollen-Wünsche. Erst einen Mercedes und dann eine ausländische Frau! Nichts hebt seine Reputation in der Öffentlichkeit mehr. Wenn er das geschafft hat, hat er alles geschafft!«

Ich habe drei Kolleginnen, die aus Europa kommen und mit palästinensischen Männern verheiratet sind, und ich habe einige Schülerinnen, denen man die ausländische Mutter schon an ihrer helleren Haut und den Haaren ansieht: rumänische, französische, irische, englische, amerikanische, russische und auch deutsche Mütter. In den meisten Fällen haben sie ihre Männer während des Studiums im Ausland kennengelernt. Olga, die Sportlehrerin, stammt aus der früheren Sowjetunion und ist so blond wie ich. Das erklärt mir, daß mich die Händler auf dem Markt und in den Geschäften für eine Europäerin halten, die mit einem Palästinenser verheiratet ist. Immer sprechen sie zunächst arabisch mit mir, auch wenn sie Englisch können. Und in Westjerusalem werde ich natürlich als Israeli angesehen, mit der man hebräisch spricht. Es gibt keine Xenophobie in Palästina. Es gibt eine alttradierte Achtung vor dem Fremden im Judentum. Nur da, wo der andere eigentlich kein anderer, sondern ethnisch und topographisch der Nächste ist, sind diese Regeln außer Kraft gesetzt.

Als ich nach Hause komme, taucht mein Gelehrter aus der Tiefe der Kantschen »Kritik der Urteilskraft« auf, den Blick voll »interesselosen Wohlgefallens«. Ich küsse ihn. »Are you a smart guy?« frage ich ihn. Er lächelt, etwas verwirrt ob meiner Frage. Sein Lächeln ist ein Stern, der mir in die Augen wächst.

Kein süßer Ramadan in diesem Jahr

Wenn meine Schülerinnen morgens um elf Uhr zu gähnen beginnen und sichtbar in ein biologisches Loch fallen, dann weiß ich, es ist wieder Ramadan. Sie sind ohne Frühstück zur Schule gekommen, ohne Essen und Trinken. Manche sind von ihren Eltern morgens um vier Uhr geweckt worden, um eine kleine Stärkung für den Tag einzunehmen, manche aber fasten 22 Stunden lang und essen nur abends eine Mahlzeit. Ramadan, der fröhlichste Monat des Jahres?

»Ja«, sagt Manar, Schülerin der elften Klasse, »normalerweise ist der Ramadan sehr fröhlich. Die Altstadt von Jerusalem ist zum Platzen voll, man schiebt und drängt sich in den Straßen, geht in die Al-Aqsa-Moschee zum Beten und kauft nach Herzenslust im Suk ein, man ist einfach glücklich.

Das Fasten ist ja nicht schlimm, höchstens wenn Ramadan in den Sommer fällt und man den Durst bezwingen muß. Bei uns fangen die Kinder schon mit sieben Jahren an zu fasten, manche schon mit fünf Jahren.«

»Normalerweise« bedeutet »immer, nur nicht in diesem Jahr«. Am Damaskustor ist es in diesen Tagen und an diesen Abenden merkwürdig leer. Ich vermisse den gewohnten Lärm, das Geschrei der Händler, die Duftschwaden der Kebab-Grills, vermisse die Gemüsefrauen aus Jericho, die ihre Auberginen-Körbe auf dem Kopf durch die Menge schaukeln. Das arabische Bilderbuchszenario, das Fotografen hungrig macht, hat seine satten Farben verloren. Statt dessen sehe ich ein immer stärkeres Aufgebot an israelischen Soldaten und Polizisten, die in offenen Jeeps, zu Fuß oder zur Pferde den Eingang zur Altstadt besetzen. Sie kontrollieren, daß nur Frauen und Männer ab 45 durch das Damaskustor gehen, um zum Haram esh Sharif zu kommen, um dort in der Al-Aqsa-Moschee zu beten. Sie versuchen, die Scharen von halbwüchsigen Burschen auseinanderzutreiben, die herumlungern, ohne Arbeit, ohne Geld, ohne Perspektive.

Einmal komme ich an einem Freitagabend im Ramadan spät am Abend noch von einer Besprechung aus meiner Schule. Die Szenerie in meinem Viertel ist gespenstisch. Im

Schein der Neonbirnen, die vom Damaskustor in grellen Schnüren herabhängen und das fröhliche Ende des Ramadan signalisieren sollen, sieht man die Hinterlassenschaft eines Markttages: Straßen und Plätze sehen wie eine Müllkippe aus, in der der Wüstenwind spielt und immer neue leere Kartons, Plastikschalen, Zeitungsfetzen umherwirbelt. In dieser trostlosen Verlassenheit, in der eigentlich nur die Ratten fehlen, die sich über die Gemüseabfälle hermachen, stehen verloren ein paar junge arabische Männer herum, als hätten sie kein Zuhause und wüßten nicht, was sie mit sich anfangen könnten. Aus Ghettoblastern lassen sie arabische Musik dröhnen. Die Musik klingt wie die verzweifelte Beschwörung eines Lebens jenseits der Häßlichkeit und Leere.

Kein süßer Ramadan in diesem Jahr.

Sweet little sixteen

Wer von außen den Schulhof meiner Schule betritt, kommt aus dem Staunen nicht heraus. Er gerät in eine Oase der Ruhe, eine Idylle, in der er die Intifada kaum unterbringen kann. Da spielen in der großen Pause die Kleinen »Fangerles«, die älteren Schülerinnen sitzen in der Sonne auf dem Boden, tauschen CDs mit ihren Lieblingspopgruppen aus, andere stehen verloren in der Brandung und memorieren Vokabeln oder chemische Formeln für den Test in der nächsten Stunde. Schulalltag, Pausenalltag wie überall in der Welt.

Der Schein trügt. Die Normalität ist brüchig. Sie muß jeden Morgen neu hergestellt werden. Denn jeden Morgen stellt sich die Frage: Welche Lehrer schaffen den Weg aus der

Westbank nach Jerusalem? Wieviel Unterricht ist noch möglich? An manchen Tagen fährt die energische Schulleiterin an die Checkpoints und verhandelt mit den israelischen Soldaten um die »Freilassung« ihrer Lehrer und setzt dabei gezielt ihren Nonnen-Bonus ein. Manchmal ist sie erfolgreich, an anderen Tagen bleiben die Soldaten ungerührt.

Die Schülerinnen passieren meistens die Kontrollen, manchmal mit Verspätungen. Sie wollen unbedingt in die Schule kommen, die für viele die letzte verbürgte Normalität in ihrem gegenwärtigen Leben ist. Schule als rettende Insel in einem Meer aus Bedrohung und Gewalt.

Im deutschen Lesebuch für die zehnte Klasse stehen Texte zum Thema: »Jungsein ist schön«. Der Glanz des Teenagerlebens wird in bunten Bildern und flotten Sprüchen beschworen: Sweet little sixteen... Mit 17 hat man noch Träume...

Meine Schülerinnen sind 16 oder 17 Jahre alt. Die deutschen Texte lösen Reaktionen aus, wie sie ihre »süßen Jahre« erleben.

»Unser Leben ist anders, unsere Träume sind anders. Alles ist anders. Wovon wir träumen, ist Freiheit für unser Land, Palästina. Wenn wir unsere Freiheit bekommen, können wir leben wie alle Teenager auf der Welt und nicht wie in einem Gefängnis«, schreibt Khoulud.

Und Amira: »In allen Ländern haben Teenager wunderbare Möglichkeiten. Aber ich lebe in Jerusalem, und darum habe ich keine Möglichkeiten. Mein Leben hier ist gefährlich, und mein Leben ist schrecklich langweilig.«

Rasha ist der Typ der begabten jungen Künstlerin, deren Talente von ihren Eltern gefördert wurden – bis zum Ausbruch der Intifada. Rasha nahm Klavier- und Geigenunterricht bei Konzertmusikern in Ramallah, sie hatte ihre ersten Auftritte bei Kammerkonzerten. Ihre Lieblingskomponisten sind Beethoven und Schubert. Ballettunterricht erhielt sie in der Jaffa Street im israelischen Jerusalem. Alle diese Wege sind ihr seit einem Jahr verbaut, sind zu gefährlich. Doch, sie übe Klavier und Violine zu Hause, sagt sie, aber sie komme nicht so recht voran. Und in ihrem Aufsatz schreibt sie: »Ich bin jung, aber zur gleichen Zeit bin ich sehr alt.«

Neben den melancholischen Tönen, den leisen und resignativen, gibt es auch die wütenden.

»Eine deutsche Brieffreundin hat mir geschrieben, wenn mir etwas nicht gefällt, soll ich einfach ›Scheiße‹ sagen«, schreibt Maureen. »Ich sage Scheiße, Scheiße, Scheiße, aber es ändert sich nichts. Ich bin einfach eingesperrt.«

Auch Tahani kommt nicht mehr aus dem Haus: »Die Intifada ist schrecklich. Es ist schrecklich, wie viele Menschen getötet werden. Aber schrecklich ist auch, daß ich nur noch zu Hause bleiben muß und immer meiner Mutter bei der Hausarbeit helfen muß. Ich hasse Hausarbeit. Ich will keine Hausfrau werden.«

Diese jungen Mädchen erleben die Intifada am eigenen Leibe, in ihren sehr konkreten, manchmal auch banalen Auswirkungen. Ihre kollektive Krankheit ist die Klaustrophobie. Sie alle haben das Gefühl, betrogen zu sein, um ihre Jugend, ihre Entwicklungsmöglichkeiten, ihren Spaß am Leben. Sie analysieren nicht die politischen Hintergründe, leiten nichts her, stellen die eigene politische Führung nicht in Frage.

Manche Schülerinnen hoffen auf bessere Zeiten, retten sich in eskapistische Träume, malen sich aus, was sie alles nach Ende der Intifada tun werden, wohin sie reisen, welche neue Sportart sie erlernen wollen.

Andere Schülerinnen überlassen sich einem düsteren Defätismus:

Teacher, teacher, warum sollen wir noch Deutsch lernen?

Warum sollen wir überhaupt noch lernen? Wir werden ja doch alle gekillt.

Ihr werdet nicht gekillt.

Aber Scharon hat das gesagt.

Das hat er nicht gesagt.

Aber wir haben es doch gehört.

Das kann nicht sein. Hätte er das gesagt, wäre er nicht mehr Ministerpräsident in Israel.

Aber er hat es gesagt. Er will uns alle killen.

Wo hat er das gesagt? Auf welchem Fernsehkanal? Zu welcher Zeit?

Miss, vielleicht hat er es nicht gesagt. Aber er DENKT es. Er WILL es. Er TUT es.

Ein glücklicher Tag

»Peace Now« wirbt für Friedensdemonstrationen mit dem Slogan »Stoppt die Besatzung. Sie beschädigt uns«. Menschliche Würde, Respekt vor dem Nächsten, Achtung vor dem Wert des menschlichen Lebens werden im Laufe der Intifada auf beiden Seiten immer mehr demontiert. Eine Gesellschaft wie die israelische, die stolz darauf ist, in dieser Region die einzig funktionierende Demokratie zu sein, die ihre politische Kultur, ihr humanistisches Wertesystem und ihr rechtsstaatliches Gewissen beschwört, ist in das Fahrwasser einer Politik geraten, in dem diese Werte immer mehr konterkariert werden. Die Zerstörung von 50 palästinensischen Häusern in der Nähe von Rafah, die »punktgenauen Liquidationen« von angeblichen oder tatsächlichen Terroristen, bei denen immer wieder auch unschuldige Menschen getötet werden, die Schikanen an den Checkpoints und Straßensperren führen dazu, daß sich

Israel als ein Staat entpuppt, der Menschenrechtsverletzungen duldet oder sogar anordnet.

Nour wohnt in Bethlehem. Sie kann während der Besetzung der Stadt durch israelische Truppen Ende Oktober 2001 nicht zur Schule nach Jerusalem kommen. Als sie wieder zurück ist, erzählt sie mir, wie sie aus dem Fenster ihres Hauses beobachtet hat, wie ein israelischer Panzer langsam die Straße herabgefahren ist und alles zerstört hat, was ihm im Wege war: Autos, Telefonzellen, Straßenlampen, Mülltonnen, Verkehrsschilder. Durch Zufall sei ein Auto, das weit auf dem Bürgersteig geparkt habe, unbeschädigt geblieben. Da habe der Panzer zurückgesetzt, einen neuen Anlauf genommen, um auch dieses Auto zu einem Klumpen Blech zusammenzuschreddern. Nour kommentiert in bitterer Schärfe: »Miss, das müssen die Israelis tun, weil sie ja ihre Heimat gegen uns verteidigen müssen. Und ein geparktes Privatauto am Straßenrand von Bethlehem ist natürlich eine tödliche Bedrohung. Oder etwa nicht?«

Nour ist 16 Jahre alt. Sie hat eine Erfahrung mit menschlicher Niedertracht gemacht.

Während der Operation »Verteidigungsschild« animiert eine israelische Lehrerin in einem der Settlements in der Westbank ihre Schüler, Briefe an die »Kämpfer an der Front« zu schicken. Die Kinder lassen sich nicht lange bitten und schreiben den Soldaten nach Hebron, Nablus und Jenin: »Tötet so viele Araber wie eben möglich! Kümmert euch nicht um das Gesetz, spritzt sie einfach hinweg!« Eine Sprecherin der Siedlerinnen verteidigt die Lehrerin und ihre Schüler: diese Briefe bewiesen eine Erziehung zu »gesundem Haß«. Und den Vorschlag, das Gesetz zu mißachten, nennt sie einen »praktischen und reifen Zugang« zu dem Problem, wie man mit den Arabern fertig werden könnte.

Die Vorstellungen vom Umgang mit dem Gegner sind auf palästinensischer Seite nicht weniger menschenverachtend.

In meiner Elften gibt es im Rahmen einer Prüfung das Thema »Ein glücklicher Tag«. Es kommen die erwartbaren Erzählungen von Geburtstagspartys, Fahrten ans Meer, die längst nicht mehr möglich sind, Ferien in Jordanien. Ghada schreibt einen Aufsatz, in dem sie erzählt, wie eines Tages im Sommer ihr Vater anrief, es seien bei einem Attentat in einer Pizzeria in der Jaffa Street über 20 Juden getötet worden. Er komme jetzt nach Hause, sie würden ein Fest feiern. Dann erzählt Ghada minutiös, wie dieses Fest ablief, wie immer neue Verwandte und Freunde eintrafen, welchen Kuchen man gegessen, was man getrunken habe und wie froh man einfach gewesen sei, wie glücklich. Ghada ist 17 Jahre alt. Sie ist kein Kind mehr. Als ich ihr die Arbeit zurückgebe und sage, ich könne sie nicht korrigieren, ich fände es unmenschlich zu feiern, wenn unschuldige Menschen getötet würden, versteht sie mich gar nicht. »Aber wir müssen das doch tun, Miss«, sagt sie mit blanker Unschuld in den Augen. »Und dann ist es doch gut, wenn diese Bombings erfolgreich sind.«

Bertolt Brecht hat in seinem Gedicht »An die Nachgeborenen« deutlich gemacht, wie das Opfer dem Sieger ähnlich wird:

»Dabei wissen wir doch: / Auch der Haß gegen die Niedrigkeit / Verzerrt die Züge. / Auch der Zorn über das Unrecht / Macht die Stimme heiser.«

Die Palästinenser fühlen sich als Opfer der israelischen Okkupation. Sie sind es ohne Zweifel. Das Leiden ist so beherrschend, daß es keinen Raum läßt, über die eigene Opferrolle hinaus zu denken und zu fühlen und im Gegner noch den Menschen zu sehen.

Also wird der Terror der Hamas oder Jihad als Notwehr verteidigt, er wird – von wenigen Ausnahmen abgesehen – als moralisch und gut gerechtfertigt. Wie die Muslime diesen Terror mit dem Koran in Einklang bringen, weiß ich nicht. »Wer immer einen Menschen getötet hat, der einen Konflikt mit den Muslimen hatte, soll nicht den Wohlgeruch des Paradieses atmen«, sagt Mohammed, der Prophet (Saheeh Al-Bukhari, Nr. 3166). Die Interpreten des Koran betonen, daß das Töten unschuldiger Männer, Frauen und Kinder verboten und verabscheuungswürdig ist und unvereinbar mit den Gesetzen des Islam.

Eine Kollegin sagt nach einem Attentat: »Aber diese Israelis, die da sterben, sind doch nicht unschuldig. Die haben doch alle Scharon gewählt. Wir sind die unschuldigen Opfer. Wir.«

Der Tod macht nicht alle gleich

Am 1. Juni 2001 starben nach einem Selbstmordattentat auf die Stranddiskothek »Dolphinarium« in Tel Aviv 20 Teenager, vorwiegend Mädchen. Fast alle stammten aus Immigrantenfamilien der früheren Sowjetunion. Die Eltern wünschten, daß die Töchter, die im Leben Klassenkameradinnen und Freundinnen gewesen waren, nebeneinander begraben würden. Da aber gab es Probleme. Denn einige der Opfer waren keine »richtigen« Juden, das heißt, sie hatten entweder keine jüdische Mutter oder waren nicht zum Judentum konvertiert. Man hatte sie als »Halbjuden« – welch ein belastetes Wort! – ins Land gelassen, den jüdischen Vater oder die jüdische Großmutter als hinreichende Begründung der Staatsbürgerschaft anerkannt. Aber angesichts des Todes verfingen die gesetzlichen Bestimmungen, nach denen auf einem jüdischen Friedhof nur Juden begraben werden dürfen. So wurden einige der Mädchen mit »ungeklärter jüdischer Herkunft« auf einer abgelegenen Ecke außerhalb des Friedhofs beigesetzt.

Ein Beduine aus dem Negev, der als israelischer Soldat diente und im Dienst getötet wurde, konnte ebenfalls nicht wie alle anderen Soldaten mit militärischen Ehren auf einem Militärfriedhof begraben werden: er war kein Jude.

Das westliche Ausland, aber auch das säkulare Israel reagiert mit Empörung: Diese Menschen sterben in unserem Land, sterben für unser Land und werden nach dem Tod diskriminiert. Die Gefühle der Angehörigen, die nach einem plötzlichen und gewalttätigen Tod ohnehin verwundet sind, werden zusätzlich verletzt. Auch wenn ihre Kinder »richtige« Israelis waren, sind sie im Zweifelsfall, im Todesfall, Menschen niederer Ordnung.

Die Begräbnisriten verweisen auf eine existentielle Frage Israels: ist Israel ein säkularer Staat für alle seine Bürger, in dem Juden, Christen, Araber, Beduinen, Drusen gleichberechtigte Bürger sind, oder ist es ein theokratischer Staat, in dem das jüdische Gesetz, die Halacha, auch öffentlich-ziviles Recht ist? Das Problem führt in ein Dilemma, dem man in Israel nicht entrinnen kann, das wohl auch schon die zionistischen Väter geahnt haben. Wäre Israel ein säkularer Staat, der die Trennung von Religion und Staat vollzogen hätte, müßte man nach seiner Existenzberechtigung fragen. Denn wenn die Gemeinschaft der Völker 1948 der Gründung des Staates zugestimmt hat, dann aus dem Konsens heraus, den Juden der Welt einen Ort zuzugestehen, an dem sie nicht verfolgt würden. Wird Israel ein Vielvölkerstaat mit vielen gleichberechtigten Religionen, gerät das Fundament des Staates ins Wanken.

So werden von der Mehrheit der Israelis (nicht immer schweigend) Entscheidungen geduldet, die mit einem modernen Rechtsstaat westlicher Prägung unvereinbar sind. Ein Ärgernis ist für viele das Ehe- und Familienrecht. Es gibt keine zivile Eheschließung. Heirat und Scheidung liegen ausschließlich in der Hand des Oberrabbinats. Nichtrechtgläubige müssen nach Zypern fliegen und dort heiraten. Oder, so hörte ich von einer Bekannten, »per Post« heiraten: Guatemala soll das ermöglichen. Geschichten von ehelicher Versklavung findet man in Israel häufig. Fast immer sind die Frauen die Opfer, die sich nur mit Zustimmung des Ehemannes scheiden lassen können. Eine besondere Erscheinung in diesem Land sind die »agunot«, Frauen, deren Männer verschwunden oder verschollen sind, die aber in ihrem Status als Ehefrauen »eingefroren« bleiben, bis sich eine reale Leiche findet. Erst dann können sie vom Rabbiner als Witwen anerkannt werden und die Möglichkeit einer Wiederverheiratung erlangen.

Im israelischen Alltag sind wir als Nichtjuden von der jüdischen Halacha wenig beeinträchtigt. Wir wohnen in einer Gegend, wo auch die frommen Juden nicht Steine auf unser Auto werfen, wenn wir am Schabbat einmal wegfahren. Nicht nur in Tel Aviv, sondern auch im frommen Jerusalem gibt es inzwischen Restaurants, die am Freitagabend, also am Schabbat, geöffnet haben. Da man in Israel wunderbar Fisch, Gemüse und Obst kaufen kann, fällt es leicht, koscher zu essen und koscher zu kochen. Wer vermißt denn wirklich Schweinefleisch!

Schabbes-Goi wurden früher die Christen genannt, die von den Juden engagiert wurden, die Arbeiten zu tun, die einem Juden am Schabbat verboten sind. Bei einem Seder-Abend, dem traditionellen Abend vor Pessach, waren wir bei unseren Freunden in Beer Sheva auch darum hochwillkommen, weil wir alles machen konnten, was unseren Gastgebern als frommen Juden nicht möglich gewesen wäre: das Licht andrehen, als der Strom ausfiel, den Herd ausschalten, die Geschirrspülmaschine anstellen. Wenn man mit dem jüdischen Leben nicht vertraut ist, mag einem manches dogmatisch und überholt vorkommen. Aber man darf nicht vergessen, daß das Judentum eine Religion des Gesetzes ist. Das erkennen auch alle die Juden an – und sie sind die Mehrheit in Israel –, die sich an diese Gesetze längst nicht mehr halten.

Sarah und Sarah

Wenige Schritte von meinem Apartment in der Ha Rav Berlin wohnt meine Freundin Sarah. Sarah ist Literaturwissenschaftlerin und lehrt an der Hebräischen Universität und an einem College. Sie ist vor 30 Jahren als junges Mädchen aus Chicago nach Israel eingewandert. Vorher war sie einmal mit ihrem Vater und ihrer Zwillingsschwester in den Sommerferien in Cäsarea gewesen. Das Meer, das Licht, die Wärme der sonnigen Tage hatten einen unauslöschlichen Eindruck auf sie gemacht und die Sehnsucht geweckt, in diesem Land zu leben. »Ich darf gar nicht laut sagen, daß mich das Klima in dieses Land gelockt hat, für eine Jüdin ist so ein banales Motiv wirklich despektierlich.« Aber Sarah war keine Zionistin und ist es bis heute nicht geworden. Ihre Heimat ist ihr nicht »Erez Israel« geworden, schon gar nicht der Staat Israel und seine – wie sie sagt – »monströse« politische Führung. Heimat wurde ihr die Sprache: das Hebräische. Sie lehrt auf englisch, sie lehrt auf hebräisch. Sie übersetzt ehrenamtlich für Friedensorganisationen Texte aus dem Hebräischen ins Englische und aus dem Englischen ins Hebräische. Sie liebt die Armut und den Reichtum dieser Sprache. Die Armut, weil die Sprache der Bibel, auf die das Ivrit zurückgeht, archaisch und begrenzt in ihrem Wortschatz und ihren Bedeutungsstrukturen ist. Den Reichtum, weil die Sprache die moderne Welt aufsaugt, auf sie positiv reagiert, ohne die biblische Schönheit einzubüßen.

Da sie sich mit Literatur beschäftigt, sieht sie, wie sich das Hebräische immer mehr ausdifferenziert, immer reicher in seiner semantischen Vielfalt, seinen Nuancierungen wird. »Man muß nur die ersten Romane von Amos Oz lesen: wie holzschnittartig da das Hebräische noch war. Jetzt hat er ein ganz anderes sprachliches Instrumentarium zur Verfügung.« Auch bei anderen israelischen Gegenwartsautoren wie David Grossman, A. B. Jehoshua, Meir Shalev beobachtet sie, wie »die Schatten zwischen den Wörtern eine andere Intensität annehmen.«

Sarah ist mir von allen israelischen Freunden am meisten ans Herz gewachsen. Mit keinem anderen Menschen habe ich trotz der Unterschiede in Herkunft, Religion, Sprache und Alter einen solchen Gleichklang im Blick auf die Welt empfunden. Vor allem hat sie mich verstehen gelehrt, daß auch für einen säkularen Juden Israel eine Heimat ist, die weit über Nationalität hinausgeht.

Einmal hörten wir gemeinsam ein Lied von Gali Atari von der CD »Good bye, my friend«, die zu Ehren von Rabin nach seiner Ermordung herausgekommen ist. Sarah übersetzte mir den Text aus dem Hebräischen ins Englische. Ich wußte, warum sie plötzlich Tränen in den Augen hatte und sich nicht genierte, ihre Gefühle in einem schlichten Songtext ausgedrückt zu sehen:

»Ich habe kein anderes Land.
Und selbst wenn die Erde brennt,
Dringt ein Wort auf Hebräisch

In meine Adern ein, in meine Seele,
In einen Körper voller Schmerz,
In ein hungriges Herz.
Hier bin ich zu Hause.«

Irgendwann hat mir Sarah einen Schlüssel zu ihrer Wohnung in die Tasche gesteckt. »Damit du weißt, daß du immer ein Zuhause in Jerusalem hast.« Ich hüte den Schlüssel als ein Symbol für die Heimat in einer Stadt und in einem Herzen.

Im Laufe der Zeit habe ich viele von Sarahs Freundinnen kennengelernt. Sie sind Lehrerinnen, Juristinnen, Schriftstellerinnen, Sozialpädagoginnen. Sie sind verheiratet oder geschieden oder leben allein, fast alle haben Kinder. Sarah und ihre Freundinnen arbeiten hart, um ihr Leben in Israel bestreiten zu können. Dieses Leben ist teuer, gutbezahlte Jobs sind rar, und die Arbeitslosigkeit steigt dramatisch an. Keine dieser Frauen ist religiös. Am Schabbat gehen sie nicht in die Synagoge, sondern ins Internet. Und wenn ihnen das fromme Jerusalem zu eng wird, fahren sie ins säkulare Tel Aviv, wo sich das Leben am Schabbat kaum von einem Wochentag unterscheidet. Diese Frauen sind »bekennende« Jüdinnen, aber sie leiten ihr Judesein nicht mehr vom jüdischen Gesetz ab. Sie empfinden sich eher als Mitglieder einer historischen Gemeinschaft, fühlen sich dem kulturellen und ethischen jüdischen Erbe verpflichtet. Viele von ihnen haben in der Generation ihrer Eltern oder Großeltern Verwandte, die im Holocaust getötet wurden. Sie leiden an Israel, an der gegenwärtigen Regierung, an dem verhärteten Konflikt zwischen Israel und Palästina. Aber keine denkt daran, Israel zu verlassen.

Wenn ich von Sarahs Wohnung aus die Aza Road hochgehe und in die King George Street einbiege, komme ich nach

Mea Schearim, in das Viertel der ultraorthodoxen Juden. Der übergangslose Schritt von einer europäisch-amerikanischen Großstadt in ein polnisches Stetl des 19. Jahrhunderts ist für mich jedes Mal aufs neue ein Schock. Lichtlose schmutzige Gassen werden von engen, heruntergekommenen Häusern gesäumt, in deren Untergeschossen kleine Läden oder Werkstätten zu finden sind, dunkel, chaotisch, mittelalterlich. Die Frauen, die hier leben, heißen auch Sarah, aber Welten und nicht ein paar hundert Meter trennen sie von ihren Schwestern im anderen Teil Jerusalems. Sie tragen lange Röcke, ihre Haare sind entweder abrasiert und durch eine Perücke ersetzt, oder sie tragen Kapotthüte. Denn Haare müssen bedeckt werden, weil sie die Begierde der Männer wecken können. Die Frauen haben schlechtbezahlte Jobs, sind ständig schwanger, ziehen ihre vielen Kinder auf, kochen und putzen, während ihre Männer den ganzen Tag in der Yeshiva die Thora studieren und auf den Messias warten.

Kürzlich wurde in Jerusalem eine neue Buslinie eingeweiht, Egged Bus Nr. 402, die »mehadrin« ist, streng koscher. Die vorderen Busreihen sind für Männer reserviert, die Rücksitze für Frauen. Die Frauen sind gehalten, im Bus zu schweigen. In der israelischen Öffentlichkeit wird diskutiert, ob sich ein staatliches Unternehmen zum Handlanger einer öffentlichen Diskriminierung der Frau machen darf, ob Geschlechtertrennung als Variante der Rassentrennung toleriert werden kann. Die Buslinie ist gut frequentiert.

»Ich danke dir, Adonai, daß du mich nicht als Frau erschaffen hast«, betet am Morgen ein orthodoxer Jude in dem Film »Kadosh«, der das Schicksal der Frauen in Mea Schearim beleuchtet.

Sehr behutsam und mit großer Sympathie wird die Geschichte zweier Schwestern erzählt. Die ältere wird von ihrem Mann, den sie liebt, verstoßen, weil sie keine Kinder empfangen kann, was, wie sich herausstellt, das Problem des Mannes ist, die jüngere wird mit einem Mann verheiratet, den sie nicht liebt. Dieser Schwester – und das ist die Schwäche des Films, weil er um eines versöhnlichen Schlusses willen die Wirklichkeit verrät – gelingt die Flucht aus dem geschlossenen System: Sie verläßt ihre Familie und zieht mit ihrem Freund fort.

Solche Ausbrüche aus dem hermetischen Zirkel orthodoxen Lebens aber gibt es nicht. Wer sie dennoch wagt, scheitert kläglich. Israelische Sozialarbeiter kennen die jugendlichen »Aussteiger« aus Mea Schearim, die orientierungslos und drogenabhängig am Russian Compound in Jerusalem herumhängen und in den Tag dösen, weil sie nie gelernt haben, ihr Leben in die Hand zu nehmen, für sich selbst Entscheidungen zu treffen. Unvorbereitet trifft sie die Härte eines säkularen Lebens, das im modernen Israel besonders hart ist und vorzugsweise die skrupellosen Siegertypen belohnt. Die einzige Chance einer Sozialisation bietet ihnen die israelische Armee, was eine gewisse Ironie bedeutet, da die Haredi ja den Militärdienst ablehnen. In diesem »Schonraum« finden sie drei Jahre lang Schutz vor den Anforderungen der Gesellschaft und gleichzeitig die Hinführung in ein neues, selbstbestimmtes Leben.

Frauen aber haben kaum eine Chance, sich zu befreien. Sie bleiben Gefangene männlicher Fremdbestimmung, und sie erziehen ihre Töchter zu Gefangenen. Und die Haredi sterben nicht aus, sondern beherrschen mehr und mehr das Stadtbild von Jerusalem, da sie dreimal so viele Kinder haben wie die säkularen israelischen Paare.

Zwischen allen Stühlen

Als mich Samar zum ersten Mal mit nach Hause nimmt, bin ich verblüfft. Mitten in Jerusalem, nur wenige Minuten von dem Stadtteil entfernt, in dem ich wohne, finde ich ein arabisches Dorf, Beit Safafa. Hier leben Araber, die 1948 bei der Staatsgründung Israels in ihren angestammten Häusern geblieben sind, seit über 50 Jahren israelische Staatsbürger sind, aber ihre arabische Lebensweise bewahrt haben.

Samar schreibt gerade ihre Dissertation. In ihrer erziehungswissenschaftlichen Arbeit untersucht sie das arabische Schulsystem, beschreibt dessen Härte und Rigidität und entwickelt Perspektiven für eine innere Schulreform. Sie arbeitet zudem an einem College, an dem sie junge Lehrer ausbildet. Ganz nebenbei hat sie auch einen Master in Kriminologie gemacht. Sie hat an der Hebräischen Universität studiert und schreibt ihre Doktorarbeit auf hebräisch, also nicht in ihrer Muttersprache Arabisch.

Samar gehört zur Minderheit der Araber, die 18 Prozent der israelischen Bevölkerung ausmachen. 78 Prozent davon sind Muslime. Samar weiß, daß sie in Israel eine Ausnahmeerscheinung ist, eine Alibifrau, eine der wenigen, der es gelungen ist, die Diskriminierung der Araber als Bürger zweiter Klasse zu unterlaufen. Denn im Durchschnitt sind die arabischen Israelis deutlich schlechter ausgebildet als die jüdischen Israelis und haben die Jobs, für die sich die jüdischen Israelis zu schade sind.

Ich frage Samar nach ihrer Haltung zur Intifada. Sie ist Araberin, also muß sie sich mit den Palästinensern identifizieren. Sie ist aber auch eine Israeli, die in diesem Staat lebt und von ihm profitiert. »Es ist ein Spagat«, sagt sie, »und ich fühle mich gespalten. Wie sehr ich eine Israeli bin, spüre ich, wenn ich in die arabische Altstadt gehe. Dort fühle ich mich fremd. Ich fühle mich mehr zu Hause, wenn ich mit meinen jüdischen Freundinnen zu einer Friedensdemonstration in Westjerusalem gehe.«

Alle israelischen Araber gehören zu den Opfern der Intifada, auch wenn das nach außen hin nicht so in Erscheinung tritt. Von ihren israelischen Mitbürgern werden sie mit Mißtrauen beäugt und als potentielle Mitverschwörer angesehen, von den Palästinensern als Verräter an der gemeinsamen Sache, der Befreiung vom jüdischen Feind. Sie sitzen zwischen allen Stühlen.

Und manchmal sitzen sie in den Bussen, die von ihren arabischen Brüdern in die Luft gejagt werden. So geschah es bei einem Selbstmordattentat auf einen Bus in Haifa, so geschah es am 18. Juni 2002 bei der Sprengung des Busses 32a in Jerusalem kurz nach der Haltestelle Beit Safafa. Da fand sich unter den jüdischen Namen der Opfer Leah, Baruch, Mendel, Liat, Galila und Moshe auch der Name Baiman Aazi Kabhah. Er war ein israelischer Araber, ein 23jähriger Student am David Yellin Teachers College, wo Samar Pädagogik lehrt.

Das Haus von Samars Eltern in Beit Safafa ist riesengroß, mit wunderschönem Garten und einer Terrasse, die zu einem weiten Blick in die Jerusalemer Hügel einlädt.

Samars Mutter bringt den Kaffee, lautlos und zurückhaltend wie eine Dienerin. Es scheint mehr als eine Generation zwischen ihr und ihrer Tochter zu liegen. Sie ist eine alte Frau, gezeichnet von schwerer Arbeit, bekleidet mit dem langen bestickten Kleid der Araberinnen, die Haare unter dem Kopftuch verborgen. Sie ist Analphabetin, spricht Arabisch, kann es aber nicht schreiben, spricht auch kein Wort Hebräisch, obwohl seit über 50 Jahren ihre Heimat Israel ist. Neben ihr steht die kluge, schöne Tochter in Jeans und schwarzem Twinset und parliert mit mir auf englisch. Größer könnten die kulturellen Brüche nicht sein.

Der Vater spielt den jovialen Patriarchen. Ich mache ihm Komplimente und gratuliere ihm zu seiner erfolgreichen Tochter. Er verzieht das Gesicht: »Aiwa, lakin.« Ja, aber! »Ja«, übersetzt mir Samar, bedeutet: Klugheit schadet nicht. »Aber« bedeutet: »Was hilft all die Klugheit, wenn die Tochter 31 Jahre alt ist und noch immer keinen Mann hat. Und es jeden Tag schwieriger wird, sie zu verheiraten.«

Samar gehört zu den jungen arabischen Frauen, die zwischen die Mühlsteine der gesellschaftlichen Entwicklung geraten sind und davon zerrieben zu werden drohen. Sie könnte in Europa oder den USA oder auch im nahen Tel Aviv ihren Mann stehen. Aber sie lebt bei ihren Eltern, weil es für diese undenkbar ist, daß eine muslimische Frau ein eigenes Apartment bezieht, solange sie unverheiratet ist. Samar studiert in einem Haus, in dem es nie Ruhe gibt, weil immer einige ihrer 14 Nichten und Neffen dort herumspringen und ihre zehn Jahre jüngeren Schwägerinnen mitleidig auf sie herabblicken, weil sie keinen Mann und keine Kinder hat. Sie hat sich zwar erkämpft, daß sie abends allein ausgehen und mit dem Auto fahren darf, aber um 23 Uhr sollte sie wieder zurück sein.

»Mein Vater hat ja recht«, lacht sie, und hinter der Ironie verbirgt sie unerfüllte Sehnsucht, »wie soll ich denn noch einen Mann finden! Einen Juden kann ich nicht heiraten, einen Muslimen will ich nicht heiraten, es sei denn, er könnte mich als Frau und als selbständigen Menschen akzeptieren. Und solch ein Araber muß noch geboren werden!«

Ich lobe den guten arabischen Kaffee, den Samars Mutter für uns gekocht hat. Samar übersetzt ihrer Mutter mein Kompliment. Diese verändert nicht ihren stoischen Gesichtsausdruck. Aber als ich mich verabschiede, drückt sie mir ein Paket Kaffee in die Hand. Shukran, sage ich, danke, salamu alaikum: Segen sei mit dir.

Kinder, aber keine Erben

»Kommen Sie aus Deutschland oder aus Überzeugung?« sollen die Einwanderer gefragt worden sein, die in den dreißiger Jahren nach Palästina kamen. Hinter der ironischen Pointe verbarg sich Wahrheit: Wer in dieser Zeit aus Deutschland nach Erez Israel kam, hatte nicht unbedingt zionistische Motive. Er wollte dem Nazi-Terror entkommen. Die Zahlen sprechen eine deutliche Sprache: vor 1933 gab es rund 2000 deutschstämmige Juden in Palästina, zwischen 1933 und 1939 kamen 80000 deutsche Emigranten.

Jeckes wurden sie genannt, weil sie mehrheitlich einer Gesellschaftsschicht entstammten, wo man bei der Arbeit eine Jacke trug. Die legten die Deutschen ungern ab, auch wenn das Klima und die Art der Arbeit eine neue Kleiderordnung nahelegten. Straßenbau bei 40 Grad im Sakko, Ackerbau im Kibbuz im Trachtenjanker? Spott und Hochachtung stecken wohl beide in der Bezeichnung »Jeckes«.

Hanna aus Tel Aviv ist Jahrgang 1914 und lebt seit 65 Jahren im Land, länger als der Staat Israel existiert. Sie hat erfahren, daß ich Lehrerin an einer palästinensischen Schule bin und möchte, daß ich mit ihren Urenkeln spreche, daß ich ihnen erkläre, wie palästinensische Jugendliche die Intifada erleben. Die Urenkel sprechen kein Wort Deutsch. Auch die Enkelkinder nicht, und die Kinder können nur noch ein paar Brocken. Dafür spricht Hanna bis heute nur ein mittelmäßiges Hebräisch. Aber ihr Deutsch ist von der altmodischen Wohlgesetztheit einer Tochter aus bürgerlichem Hause der Weimarer Zeit. Sie gehört zu den Jeckes, die Deutschland nie ganz verlassen haben und nie ganz in Israel angekommen sind. Die Muttersprache war für sie gebrandmarkt als die Sprache von Auschwitz, aber auch unzerstörbar geheiligt als die Sprache ihrer Kindheit. So sitzt sie heute vor dem Fernseher und sieht auf deutschen Kanälen, die man in Israel über Kabel empfangen kann, Peter Steins »Faust«-Inszenierung oder den Film über das Leben von Thomas Mann. Zu Weihnachten schickte mir Hanna eine Blumenschale mit Christsternen, damit ich mich in diesem »weihnachtslosen Land Israel« nicht so heimatlos fühle.

Als im Frühjahr 2002 die Selbstmordattacken zunehmen, will Hanna nichts mehr von meinen palästinensischen Schülerinnen hören. »Ich bin so verzweifelt«, sagt sie am Telefon. »Immer habe ich geglaubt, daß ein friedliches Zusammenleben zwischen den Palästinensern und uns Juden möglich sein müßte. Jetzt komme ich mir vor, als sollte ich ein zweites Mal aus meiner Heimat vertrieben werden.«

Im Goethe-Institut in Jerusalem besuchte ich einen literarischen Abend deutschsprachiger israelischer Schriftsteller. Die Mehrheit der Autoren, die ihre Gedichte vortrugen, waren alte Frauen. Es war ein tieftrauriger Abend – traurig, weil es in zehn Jahren diese schreibenden Jeckes nicht mehr geben wird (»Wir werden keine Enkel haben«, sagt Rilke) und damit ein Teil deutsch-jüdischer Kultur zu Ende geht. Traurig, weil sich diese Jeckes nach sechzig, siebzig Jahren noch immer am Trauma ihrer deutschen Vergangenheit abarbeiten, ohne wirklich eine Sprache dafür zu haben. Das Hebräische haben sie kaum gelernt, ihr Deutsch ist nicht mit ihnen gewachsen, sondern ein nostalgisches Relikt ihrer Jugendzeit geblieben. Jean Amery hat diese Emigrantensprache »verrunzelt« genannt. Epigonale Gedichte werden nicht durch ein hartes Lebensschicksal nobilitiert.

Es gibt Ausnahmen. Ilana Shmueli, die aus Czernowitz stammt und mit Paul Celan befreundet war, findet lyrische Töne, die an Celan erinnern, ohne ihn zu kopieren: *»Fall* *nicht ins Wort, / rappel dich aus der Falle, / dein vielgott gibt Zeichen: / Der Sinn ist nicht EINER. / Bete, / vergiß die Bedeutung. / Begleite das Flüstern der Geister / über der Asche.«*

Einen eigenen Weg ist auch Ada Brodsky gegangen, die aus Frankfurt an der Oder stammt. Sie hat ihr kulturelles deutsches Erbe bewahrt, aber für ihre neue Heimat fruchtbar gemacht. Jahrzehntelang hat sie im israelischen Rundfunk Sendungen über deutsche Komponisten und deutsche Musik gemacht – auf hebräisch. Sie hat über Celan geschrieben, Rilke ins Hebräische übersetzt und zwei große Anthologien deutscher Gedichte in hebräischer Übertragung herausgegeben, nicht als Form heimwehkranker Flucht zurück, sondern als deutschen Beitrag zur polyphonen kulturellen Identität Israels. In ihrem Haus habe ich einen jungen israelischen Countertenor Lieder aus Schuberts »Winterreise« singen hören – auf hebräisch in Adas Übersetzung von Wilhelm Müllers Gedichten. Da bekam das »Fremd bin ich ausgezogen« einen aufregend neuen Zungenschlag, wurde zum Ausdruck der genuin jüdischen Erfahrung von »Fremdsein im Eigenen« und »Zuhausesein im Fremden«.

Sicherheit geht vor

Haben Sie eine Waffe bei sich? wird man am Eingang des Supermarkts gefragt. Das erscheint lächerlich. Wer würde denn zugeben, daß er eine Pistole im Rucksack hat oder gar selbst eine Waffe ist!

Das Sicherheitsbedürfnis in Israel treibt seltsame Blüten. Seine Befriedigung ist der einzig prosperierende Zweig in der israelischen Wirtschaft, in der vieles im argen liegt. Reiseleiter und Stadtführer, die seit Monaten arbeitslos sind, werden umgeschult. Statt mit kunstgeschichtlichen Studien beschäftigen sie sich jetzt mit der Kunst der Terrorbekämpfung: wie erkenne und entwaffne ich einen Selbstmordbomber?

Kein Supermarkt mehr ohne Zerberus am Eingang, der die Handtasche prüft und mit dem elektronischen Detektorstab am Körper entlangfährt, ob dort irgendwelche Metallteile versteckt sind. Was am Flughafen gang und gäbe ist, muß man in Jerusalem durchlaufen, wenn man Käse einkaufen will.

Kein Café mehr, vor dem nicht ein breitbeinig aufgepflanzter Aufpasser steht, die Pistole im Gürtel oder das Maschinengewehr über der Schulter. Die Gäste – sofern sich überhaupt noch Vertreter dieser rar gewordenen Spezies einfinden – bezahlen das Salär der Wächter durch einen Extra-Aufschlag auf die Rechnung, eine Art Mehr-Sicherheit-Steuer. Die Türhüter erwecken den Eindruck von Schutz, aber die Sicherheit erweist sich häufig genug als Illusion. Auch vor dem Moment-Café in Jerusalem, auch vor dem Parkhotel in Netanya standen Sicherheitsleute und konnten doch den Mörder nicht erkennen und sein Eindringen verhindern.

Es gibt aber auch die Helden, die ein Attentat vereitelt oder seine Auswirkungen begrenzt haben. In einem Café in der beliebten German Colony kam einem Kellner ein junger Gast verdächtig vor, weil er stark schwitzte, obwohl es ein kühler Tag war. Der Kellner verlangte, den Inhalt des Rucksacks zu sehen. Als sich der Gast weigerte, überwältigte er ihn kurzerhand, legte ihn auf den Boden und zog kaltblütig die Strippen aus den elektrischen Kontakten, die mit dem explosiven Gürtel des Selbstmordbombers verbunden waren.

Neben der Kaltblütigkeit gibt es eine Form von Galgenhumor, wie sie israelischer nicht sein kann, wie ich sie mir allenfalls noch in New York vorstellen kann. Zur Genüge kennt man ja Piktogramme in Form von Verbotsschildern: eine durchgestrichene Zigarette signalisiert »Rauchen verboten«, ein durchgestrichenes Mobiltelefon sagt »Bitte hier nicht telefonieren«, inkriminierte Bermudashorts am Eingang einer italienischen Kirche weisen den Besucher auf Kleidervorschriften hin. In Tel Aviv aber prangt am Eingang eines gut frequentierten Cafés ein Piktogramm mit einem durchgestrichenen Symbol für einen Sprengstoffsatz! »Bitte nicht losbomben! Am besten gar nicht, aber auf keinen Fall hier!«

Wenn man auf diese Weise seiner Angst und Verzweiflung Herr werden kann, hat man ein Ventil gefunden. Bei vielen Menschen aber schlägt Angst in Hysterie um. Ein Freund wollte mit einem Sammeltaxi vom Flughafen Tel Aviv nach Jerusalem fahren. Da es dauerte, bis das Scherut voll war, holte er seinen Laptop heraus, um zu schreiben. Das Herumkramen in seiner großen Tasche und sein »nichtjüdisches Aussehen« führten zu einer Panik im Bus. Die Mitreisenden riefen die Polizei, der Freund stand Todesangst aus, weil er wußte, wenn er eine falsche Bewegung macht, seinen Ausweis zu umständlich aus der Jackentasche holt, ist er ein toter Mann.

Der Freund ist der Sohn einer englischen Mutter und eines indischen Vaters. Für eine halbe Stunde machte er die Erfahrung, in diesen Zeiten ein Araber in Israel zu sein.

Wer nach Israel fliegt oder aus dem Land ausreist, muß drei Stunden vor Abflug im Flughafengebäude sein und sich auf eine Sicherheitsüberprüfung der umfassenden Art gefaßt machen. Man sollte genau erklären können, was man in Israel zu suchen hat, welche Menschen man dort kennt. Man sollte die entsprechenden Telefonnummern parat haben. Manchmal werden die Freunde tatsächlich angerufen. Bei einem Sicherheitscheck am Flughafen in Lod begrüßte eine der Hostessen ausnehmend freundlich meinen Mann: »Ich kenne Sie, Sie lehren an der Hebräischen Universität.« Was sie nicht daran hinderte, genau nach Vorschrift, insistierend und ohne Pardon ihre Befragung zu beginnen: »Was machen Sie hier in Israel?«

Man darf nicht zimperlich sein. Auf Fragen an das Ehepaar »Wo haben Sie in der vergangenen Nacht geschlafen?« sollte man Auskunft geben können. Als gelernte Katholikin erwartet man die Nachfrage »Allein oder mit anderen?« Die Frage an mich »Und was machen Sie hier in Israel?« beantworte ich immer mit klarer Stimme und festem Blick, wenngleich nicht ohne Überwindung: »Ich bin Hausfrau.« »Und sonst?« »Ich höre ein bißchen englische Literatur an der Universität.« Daß ich an einer palästinensischen Schule arbeite, wage ich nicht zu sagen. Ich habe Angst vor Problemen, Angst, nicht mehr ins Land gelassen zu werden.

Als meine Schülerin Lama ein Stipendium für einen vierwöchigen Aufenthalt in Deutschland erhalten hatte, brachten sie ihre weitsichtigen Eltern sechs Stunden vor Abflug zum Flughafen nach Tel Aviv. Fünf Stunden lang wurden Person und Gepäck minutiös durchgecheckt. Landkarten und Bilder von Palästina, die Lama für ihre Gasteltern eingepackt hatte, wurden von den israelischen Sicherheitsbeamten demonstrativ zerrissen. Lama kam mit Tränen in Deutschland an – und erlebte dann, wie sie sagte, den »schönsten Monat ihres Lebens«.

Theoretisch ist Jerusalem immer noch eine freizügige Stadt. Das bedeutet, daß sich die Palästinenser, die Jerusalemer Bürger sind und eine Jerusalem Identity Card haben, vom Ostteil der Stadt in den israelischen Westteil bewegen können. Wehe, wenn sie es tun! Die Kontrollen durch israelische Soldaten und Polizisten gleichen einer Echternacher Springprozession: drei Schritte vor in die Weststadt führen wieder zwei Schritte zurück. Am Damaskustor, einer Schnittstelle zwischen den beiden Jerusalem, wurde vor einigen Monaten eine provisorische Polizeistation errichtet. Jeden Tag passiere ich zu Fuß diese Stelle und bin noch nicht einmal aufgefordert worden, meinen Ausweis zu zeigen. Ich erfülle nicht die Kriterien in bezug auf Alter, Aussehen und Kleidung. Verdächtige Personen sind junge Männer, vor allem wenn sie eine schwarze Lederjacke tragen, die gilt als palästinensisches Markenzeichen. Und neuerdings werden auch schwangere junge Frauen mit besonderem Mißtrauen betrachtet, seit eine Attentäterin den Sprengstoffgürtel um ihre Hüften als schwangeren Leib getarnt hatte.

An den Checkpoints haben die Formen der Kontrollen andere Dimensionen angenommen. Die palästinensischen Männer müssen ihre Hemden ausziehen, um zu beweisen, daß sie keinen Sprengsatz am Leibe haben. Die jungen arabischen Frauen werden von israelischen Soldatinnen untersucht. Meine Schülerinnen leiden darunter, wenn sie ihr T-Shirt lüften müssen. Sie klagen, daß die Israelis nicht wissen, was es für eine muslimische Frau bedeutet, ihren Körper zu entblößen. Manche Palästinenser, Männer wie Frauen, verzichten lieber auf ihre Mobilität, als sich diesen Leibesvisitationen auszusetzen. Frauen hindert die Scham, Männer hindert der Stolz. Das Schlimmste für einen palästinensischen Mann ist, wenn sein jugendlicher Sohn ihn in einer demütigenden Situationen erlebt. »Papa, warum hast du dem Juden nicht eine geknallt?« hat ein Fünfjähriger seinen Vater gefragt, als dieser an einem Checkpoint mit erhobenen Armen eine halbe Stunde warten mußte, bis er an die Reihe kam. Solche Fragen läßt sich ein Araber nicht gerne stellen. Lieber geht er nicht mehr aus dem Haus. Und schenkt dem Fünfjährigen ein Spielzeuggewehr.

Blickt so ein Mörder?

Frauen sprechen darüber. Männer tun es nicht.

Frauen dürfen auf mehr Verständnis hoffen, wenn sie von ihren Alpträumen sprechen. Sie bekennen sich zu der täglichen Angst, an Bushaltestellen, in Bussen, im Hauptpostamt, im Kino oder auf dem Markt einem Selbstmordattentäter oder einem Amokschützen zum Opfer zu fallen. Die meisten schämen sich zuzugeben, daß sie ständig mit einem selektiven Blick durch Jerusalem laufen, weil dieser Blick ein rassistischer ist.

Ich kenne diesen Blick gut, weil ich ihn auch habe. Ist dieser junge Mann in Jeans und wattierter Windjacke, der drei Schritte von mir entfernt auf dem Mahane-Yehuda-Markt im Westen der Stadt steht, ein Palästinenser? Ist seine Jacke so ausgebeult, weil darin Sprengstoff versteckt ist? Wirkt er nicht ziemlich nervös, so wie er sich in den engen Gassen zwischen den Ständen bewegt? Sind das die Augen eines Selbstmörders und eines Mörders, mit denen er die Tomaten auf den Auslagen mustert?

Erleichterung tritt immer dann ein, wenn der junge Mann eine Kipa trägt, das kleine runde Käppchen, das die gläubigen Juden auf den Hinterkopf stecken. Eine Kipa ist ein untrügliches Zeichen, daß man einen Israeli vor sich hat. Untrüglich? Als könne nicht jeder in der Altstadt von Jerusalem für zehn Schekel eine Kipa kaufen. Aber wenigstens den orthodoxen Männern, den Haredi, kann man vorbehaltlos trauen. Sie mögen zwar in ihrem religiösen Fundamentalismus alles in ihren Augen gotteslästerliche Tun verfolgen. Aber sie zünden keine Bomben. Und ihre traditionellen Attribute wie Schläfenlocken und Vollbart brauchen Zeit zum Wachsen und lassen sich nicht als Tarnung für ein paar Schekel auf dem arabischen Markt kaufen. Weit gefehlt, es gab einen palästinensischen Selbstmordattentäter, der sich als Haredi verkleidet hatte und in Mea Schearim ein Attentat verüben wollte. Er fiel der israelischen Polizei auf, weil er einen Rucksack trug – das paßte nicht zu Kaftan, Bart und schwarzem Hut. Die Polizei stellte ihn, er zündete die Bombe, tötete sich und verletzte einen Polizisten schwer.

Israelische Freundinnen, die mit dem Bus zur Arbeit oder zur Universität fahren, erzählen mir, wie sie in Panik den Bus verlassen, wenn ihnen ein junger Mitfahrer palästinensisch, also verdächtig erscheint. Oder sie zwingen sich zum Sitzenbleiben und kommen schweißnaß und völlig aufgelöst am Zielort an, sind stundenlang wie gelähmt und können sich nicht auf die Arbeit konzentrieren. Die Suggestion der Fernsehbilder nach einem Attentat wie dem auf die Pizzeria in Jerusalem verstärkt solche Angstsyndrome.

Ich fahre seit Monaten nicht mehr mit dem Bus, sondern gehe meinen 40minütigen Weg zur Schule zu Fuß oder fahre Taxi. Aber einen sicheren Schutz vor Attentaten gibt es nicht. So passierte ich Anfang Dezember 2001 morgens um halb acht die King David Street, wo sich wenige Minuten zuvor ein Selbstmordbomber in die Luft gesprengt hatte. Er hatte offensichtlich seinen Sprengstoff zu früh gezündet und »nur« fünf Menschen leicht verletzt – das gilt in diesen Zeiten in Israel als eine Größe, um die man nicht viel Aufhebens macht.

Ich stand ein paar Minuten am Schauplatz des Geschehens. Die Polizei hatte schon begonnen, den Bezirk abzusperren. Ich sah, wie die Ambulanzen eintrafen, wie von allen Seiten Fernsehteams und Fotojournalisten herbeiströmten, sah, wie routinemäßig – einem Verkehrsunfall nicht unähnlich – das Ereignis »entsorgt« wurde.

Zehn Minuten später war ich am Damaskustor, im arabischen Viertel. Dort begegnen mir täglich Scharen von jungen palästinensischen Männern. Doch hier sind sie keine potentiellen Attentäter, hier sind sie die Brüder meiner Schülerinnen, die Söhne meiner Kolleginnen, ganz normale Jugendliche, denen ich ohne Angst in die Augen blicke.

Leben ohne Würde

Wenn ich eines Tages Jerusalem verlasse, werde ich ein Geräusch im Ohr behalten: das Signalhorn von Magen David Adom, dem roten Davidstern, der israelischen Variante des Roten Kreuzes. Es ist ein besonders aufgellendes Signal, erinnert nicht an unser fast melodiöses Martinshorn, sondern an Polizeiautos, die durch die Straßenschluchten von New York jagen. Ambulanzen hört man immer in Jerusalem. Schließlich gibt es in einer Großstadt Verkehrsunfälle, Herzinfarkte, spontane Geburten. Aber man bekommt ein geübtes Ohr, um normale Häufigkeit von Katastrophen-Sequenzen zu unterscheiden.

Am Abend des 1. Dezember 2001 heulten die Ambulanzen die ganze Nacht hindurch, entfalteten ein bedrohliches akustisches Szenario, noch bevor ich wußte, was geschehen war: Zwei palästinensische Selbstmordattentäter hatten sich in der Ben Yehuda Street in die Luft gesprengt, zehn junge Israelis mit in den Tod gerissen, mehr als hundert verletzt.

Wenn ich in einer solchen Nacht in den Nachrichten die Schreckensmeldungen höre oder sehe, gibt es lähmende Momente, in denen es ein Zuviel an Anstrengung bedeutet, an den Kühlschrank zu gehen und ein Glas Wasser zu holen. Auch noch am nächsten Tag weiß ich nicht, woher ich die Kraft nehmen soll, in einen normalen Arbeitsalltag hinauszugehen: Unterricht zu halten, Klassenarbeiten zu korrigieren, im Supermarkt neuen Käse zu kaufen, Bücher in die Bibliothek zurückzubringen, E-Mails an deutsche Freunde zu schreiben.

An einem solchen Morgen stehe ich vor meinen palästinensischen Schülerinnen und frage mich, was sie denken und empfinden. Ich frage mich, nicht sie. Meine Angst, daß sie »klammheimliche Freude« über die Auswirkungen des Attentats zeigen könnten, läßt mich in äußerster Distanziertheit erstarren. Wehe, wenn an solch einem Tag jemand ein falsches Wort sagt!

Erst einige Tage später spreche ich mit Muna, einer meiner Schülerinnen aus der elften Klasse. Muna jubelt nicht über die Toten und Verletzten in der Ben Yehuda Street, aber sie rechtfertigt das Attentat. »Miss«, sagt sie, »das alles ist schrecklich, aber es ist die einzige Möglichkeit, wie wir für unsere Freiheit, unser Land, unsere Würde kämpfen können. Die Israelis haben die Waffen. Wir haben nichts. Das einzige, womit wir uns wehren können, sind solche Attentate.« Natürlich widerspreche ich. »Für die Freiheit kann man nicht kämpfen, indem man unschuldige Menschen tötet.« Aber Muna bleibt ganz unbeirrt: Sie sei zwar nicht zur Selbstmordbomberin geschaffen, aber wenn jemand zu ihr sagte, sie solle ihr Leben hingeben für das Vaterland, so würde sie nicht eine Minute lang zögern. Denn dieses Leben ohne Würde sei nichts wert.

Muna erlebt die täglichen Demütigungen an den Checkpoints, erfährt die fortschreitende Zerstörung der palästinensischen Lebensgrundlagen. Aber daß ein 17jähriges Mädchen sagt: »Mein Leben ist nichts wert«, erschreckt mich, auch wenn ich das Formelhafte eines solchen Satzes erkenne.

Ich versuche pragmatisch zu argumentieren, gebe zu bedenken, wie sehr diese Terrorakte dem Ansehen Palästinas im Ausland schaden. Muna erwartet sich nichts vom Ausland. Das Ausland seien die USA, und die stünden auf israelischer Seite. Die Intifada müsse dem palästinensischen Volk allein gelingen. »Miss, Sie verkennen, zu welchen Opfern wir bereit sind. Als Deutsche können Sie das nicht verstehen.«

Ich spreche von den Opfern der Ben Yehuda Street. In der Zeitung habe ich ihre Bilder gesehen, ihre Biographien gelesen. Rivka hat mir von dem 21jährigen Sohn einer Freundin erzählt. Er litt unter Leukämie, war zwei Jahre lang in ständiger Behandlung, Monate davon im Krankenhaus, Chemotherapie, Knochenmarktransplantation. Endlich schien es ihm besserzugehen. Sein Arzt sagte: »Nächstes Wochenende gehst du einfach einmal aus, mach dir einen schönen Abend im wiedergewonnenen Leben!« Yoel ging aus, machte seinen ersten vorsichtigen Schritt in die verheißene Zukunft – und starb an diesem Abend.

Die Opfer in der Ben Yehuda Street waren zwischen 14 und 21 Jahre alt, junge Leute, die am Ende des Schabbat noch in der Jerusalemer Innenstadt flanierten, Geburtstag feierten, ein Eis im Café essen wollten. »Sie waren in deinem Alter, Muna, sie waren wie du.«

»Sie waren Juden«, sagt Muna.

Spiel mir das Lied vom Tod

Gaza im Jahr 2001. Die islamische Jihad-Gruppe veranstaltet einen Memorial Day zum Gedenken an drei palästinensische Kinder, die in den letzten Monaten in den israelisch-palästinensischen Auseinandersetzungen getötet wurden. Höhepunkt der Festlichkeiten ist eine Theateraufführung, in der 15 Kinder unter zehn Jahren ein Spiel über »suicide bombing« aufführen. Ein Junge im Grundschulalter ist als Selbstmordattentäter verkleidet, er trägt eine schwarze Gesichtsmaske, ein grünes Gewand und am Gürtel ein kleines Päckchen in Folie eingepackt: die Bombe. Hinter der Maske ertönt seine Stimme, die die anderen Kinder zum Singen anstiftet: »We die for the sake of God.« Wir sterben um Gottes willen. Ein anderer Junge schiebt einen Pappkarton auf die Bühne mit der israelischen Fahne darauf, der Junge wirft sich auf den Boden und symbolisiert ein israelisches Opfer.

Auch die Mädchen sind im Einsatz. Sie streicheln Pistolen wie früher Puppen, während aus einem Kassettenrekorder aufpeitschende Reden erklingen, andere Mädchen rufen ins Mikrophon »Erhebt die Fahne des heiligen Kriegs!«

Ein Führer der Jihad-Bewegung rechtfertigt diese Kinderspiele: »Das palästinensische Volk vom Kleinkind bis zum alten Mann muß bereit sein, sich für dieses Land zu opfern.«

An meiner Schule wäre solch eine Indoktrination undenkbar. Wir bekommen eher die Folgen der Fanatisierung zu spüren. In den ersten Tagen der Intifada sammelten in der großen Pause Zweitkläßler, also Siebenjährige, Steine in Plastiktüten. Von der aufsichtführenden Lehrerin nach ihrem merkwürdigen Tun befragt, sagten sie: »Unsere Jungen brauchen doch Steine zum Steinewerfen. Wir sammeln sie, damit sie auch genug haben.«

Die Jungen spielen ständig Krieg. Maha, eine Kollegin aus Bethlehem, erzählt, daß alle ihre Neffen vom Grundschulalter an mit Spielzeugpistolen und Gewehren aufeinander losgehen. Das Problem ist natürlich, daß alle auf der arabischen Seite sein wollen, weil die nicht verlieren kann. Das Spiel braucht aber – in vertrauter Räuber-und-Gendarm-Konstellation – Verlierer, die Juden, sonst gibt es auch keine Sieger. So kommt es zu Schreikrämpfen und Wutausbrüchen, wenn das Los einen Jungen in das Lager des Feindes bestimmt. Einige Jungen sind schon dazu übergegangen, Katzen zu Juden zu erklären und zu verfolgen. Das hat zwar gruppendynamische Vorteile, führt aber zu technischen Problemen. Katzen entziehen sich allzu erfolgreich der Verfolgung durch halbwüchsige Knaben. Außerdem sind sie im Islam geheiligte Tiere, die man nicht zu Todfeinden deklarieren darf.

Lücken in der Mauer

Rachel, eine junge Malerin aus Tel Aviv, hat einen Mann geheiratet, der als Mitglied einer israelischen Menschenrechtsorganisation regelmäßig Lebensmittel und Medikamente in die Dörfer der Westbank bringt. Einmal wurde er von Hamas-Aktivisten gekidnappt, die ihn umbringen wollten. Da begann er in fließendem Arabisch Suren aus dem Koran zu deklamieren, in denen das Töten unschuldiger Menschen als sündhaft verworfen wird. Der Koran rettete ihm, dem Juden, das Leben; die Hamas-Leute ließen ihn laufen. Rachel selbst hat viele künstlerische Kontakte zu Palästinensern gehabt. Mit ihnen zusammen hat sie häufig Gemeinschaftsausstellungen organisiert, in Tel Aviv wie in Ramallah. Viele Freundschaften seien aus der gemeinsamen Arbeit gewachsen, erzählt mir Rachel. Am zweiten

Tag der Intifada aber habe sie ein palästinensischer Freund angerufen und gesagt, es täte ihm leid, er könne den Kontakt zu ihr nicht mehr aufrechterhalten. Von den anderen Maler-Freunden aus Ostjerusalem und Ramallah habe sie nie wieder etwas gehört.

Der israelisch-palästinensische Dialog, der zaghaft in der Nach-Oslo-Zeit zu blühen begann, ist dabei, abzusterben und zu verdorren.

Eine große Rolle in diesem Dialog hat seit 1993 das »Jerusalem Link« gespielt, das zwei Friedensbewegungen vereinigt, das »Jerusalem Center for Women« und »Bat Schalom« (Tochter des Friedens). Im »Jerusalem Link« arbeiteten arabische und israelische Frauen zusammen, um ihre Vision von einem dauerhaften und gerechten Frieden zwischen den beiden Völkern zu verwirklichen. Sumaya Farhat-Naser ist eine Schlüsselfigur der Bewegung. Die Palästinenserin hat in Hamburg studiert und hat ein Buch geschrieben, das in Deutschland ein großer Erfolg ist: »Thymian und Steine«. In diesem Buch beschreibt sie ihre Kindheit und Jugend, die Zeit der ersten Intifada, ihr Engagement in Frauenorganisationen und in der palästinensisch-israelischen Friedensarbeit. Über die Begegnung mit einer israelischen Historikerin im Jahr 1989 schreibt sie: »Uns war beiden klar, daß es niemals um eine israelisch-palästinensische Liebesgeschichte gehen konnte, sondern um die für beide Völker existentielle Notwendigkeit, Ängste und Vorurteile abzubauen, einander mit Respekt zu begegnen und die uns zustehenden Rechte gegenseitig anzuerkennen.«

Zu Beginn der Intifada reagiert Sumaya Farhat-Naser beinahe brüsk, als ich sie nach dem »Jerusalem Link« frage. »Das ist alles tot. Das gibt es nicht mehr. Seit Beginn der Intifada ist damit Schluß. Vielleicht gibt es noch einmal ein privates Telefongespräch. Aber die Arbeit ist tot. Ich bin ausgetreten aus dem Jerusalem Center for Women. Ich treffe niemanden mehr. Das hat alles keinen Sinn in diesen Zeiten. Vielleicht wenn sich die politische Lage wieder ändert. Ich bin nur noch Privatperson. Ich schreibe jetzt wieder ein Buch.«

Terry Greenblatt von »Bat Schalom« bestätigt, daß der palästinensisch-israelische Dialog abgebrochen ist.

»Wir sind im Untergrund. Unsere Kontakte dringen nicht mehr in die Öffentlichkeit. Für die Palästinenserinnen ist das viel zu gefährlich.« Aber »Bat Schalom« ist nicht müßig. Die 2500 Frauen, die sich in dieser Organisation engagieren, konzentrieren sich auf die innerisraelische Arbeit, sie wollen ein »Klima für den Frieden« schaffen, eine Kultur, in der Frieden wie in einer Nährlösung wachsen kann. »Bat Schalom« organisiert Friedensdemonstrationen und Kundgebungen, oft zusammen mit »Peace Now«.

Terry Greenblatt kapituliert nicht. »Wenn ich nicht an eine Zukunft glauben könnte, in der wir Israelis und Palästinenser hier in Frieden leben, dann möchte ich eigentlich gar nicht mehr leben«, sagt Terry. Und strahlt dabei einen starken Willen aus, alt zu werden.

Im Sommer 2002, anderthalb Jahre nach meinen Gesprächen mit den Friedensfrauen, sehe ich Sumaya in Tübingen bei einer Lesung wieder. Nach dem Beenden ihres Buches scheint sie ihren alten Kämpfermut wiedergefunden zu haben und reist als leidenschaftliche Botschafterin der palästinensischen Sache durch Deutschland.

Orit und Samar haben an dem College, an dem sie als Lehrerinnen arbeiten, seit Jahren eine jüdisch-arabische Dialoggruppe geleitet. Dort trafen sich nur Israelis, aber eben jüdische Israelis, christlich-arabische Israelis und muslimisch-arabische Israelis. Sie alle haben den gleichen Paß, die gleiche Staatsangehörigkeit. Es trennen sie Religion und Kultur. Man wollte sich besser kennen- und verstehen lernen, arbeitete an gemeinsamen Projekten, die vor allem die Stellung der arabischen Frauen im öffentlichen Leben Israels verbessern sollten. Je mehr die Intifada fortschreitet, je mehr polarisiert sich die Gruppe. Die Araber solidarisieren sich mit ihren palästinensischen Brüdern und Schwestern. Über marginale Dinge kommt es zum Streit. Eine der jüdischen Frauen möchte nicht mehr, daß man sich in der Altstadt von Jerusalem trifft; sie fühle sich dort unsicher. Das erbost die Araberinnen, sie werten diese Befindlichkeit als massives Mißtrauensvotum. Eine der Araberinnen schickt zum Weihnachtsfest 2001 ihren jüdischen Kolleginnen eine Weihnachtskarte mit einem schockierenden Foto, das die durch israelische Truppen verursachten Zerstörungen in Bethlehem zeigt. Darunter steht höchst zynisch »Merry Christmas«. Die jüdischen Frauen sind empört: Erstens ist Weihnachten kein Fest, zu dem man Juden Grüße schickt. Zweitens kämpfen wir doch seit Jahren genau für das Gegenteil dessen, was dieses Foto signalisiert: für Verständigung statt Gewalt, Anerkennung statt Unterdrückung!

Die Gruppe ist auseinandergebrochen.

Am Schmidt's College wäre es in diesen Zeiten unvorstellbar, ein Treffen zwischen palästinensischen und israelischen Schülern zu arrangieren. Allein der Vorschlag erschiene als eine Provokation, die leidenschaftlich zurückgewiesen würde.

Das palästinensische Erziehungsministerium hat ohnehin jegliche persönliche Kommunikation von palästinensischen und israelischen Schülern untersagt. Die Nachbarn sprechen nicht mehr miteinander. Schlimmer, sie dürfen nicht mehr miteinander sprechen.

Aber »Jerusalem ist gebaut als eine Stadt, / in der man zusammenkommen soll«, singt David im 122. Psalm.

Es gibt Lücken in der Mauer aus Schweigen, Feindseligkeit und Haß. Die Freundschaft zwischen Orit und Samar, zwischen einer amerikanischstämmigen Jüdin und einer muslimischen Araberin, hat Bestand und scheint alle Stürme der Intifada zu überleben.

Der palästinensische Mann meiner englischen Kollegin Carolin lehrt Politologie an einer palästinensischen Universität, er hat aber auch einen Lehrauftrag an einer israelischen Universität. Dort hält er ein Seminar über palästinensisch-israelische Beziehungen. Carolin sagt: »Ich bin stolz auf meinen Mann.« Was früher keiner weiteren Erwähnung wert gewesen wäre, verlangt in diesen Zeiten Mut von beiden Seiten: von dem palästinensischen Wissenschaftler, vor israelische Studenten hinzutreten und sich auf dieses delikate Thema einzulassen, von der Universität, einen Palästinenser einzuladen. Die Sprecherin der Hebräischen Universität in Jerusalem konnte mir keine Auskunft geben, ob noch Palästinenser an der Universität lehren. Aber im Faculty Club der Universität bedient seit vielen Jahren ein palästinensischer Kellner die Espressomaschine. Ihm hat in den ersten Tagen der Intifada ein bekannter israelischer Literaturwissenschaftler die Hand gegeben und sich bei ihm entschuldigt für das, was Israelis Palästinensern antun.

In Kafkas Erzählung »Beim Bau der chinesischen Mauer« aus dem Jahr 1917 besteht die Einheitserfahrung einer Gruppe darin, eine Mauer zu bauen, die aus Lücken besteht. Kafkas Paradoxon mag in diesen Zeiten auf diese Region übertragbar sein: Vielleicht ist im Bau von Lücken, im Vertrauen auf die Möglichkeit des Unmöglichen, eine palästinensisch-israelische Annäherung herzustellen oder wiederherzustellen.

Und nicht im Bau von elektrischen Zäunen.

Oslo ist nur eine Stadt

»Es war doch nicht immer so«, sagt Avi, mein Friseur. »Früher bin ich abends mit meinen Kumpels in die arabische Altstadt gegangen. Das hat einfach Spaß gemacht. Wir haben im Café gesessen, mit palästinensischen Jungs geredet, Kaffee getrunken, herumgeblödelt. Wir haben für die gleichen amerikanischen Popgruppen geschwärmt. Wir haben uns verstanden. Die konnten ja alle perfekt Hebräisch. Manchmal haben sie uns Sachen besorgt, die bei ihnen billiger sind. Manchmal sind sie mit uns durch israelische Diskotheken gezogen. Es war alles so einfach. Und jetzt hassen sie uns. Ich verstehe es nicht. Es war doch alles anders. Die Araber waren anders.«

Sarah redet genauso wie Avi. Sie schwärmt davon, wie sie mit ihren Freunden am Schabbat von Jerusalem nach Bethlehem gewandert ist oder nach Beit Jala, dem schönsten Dorf in den judäischen Bergen. Wie sie im arabischen Restaurant Humus und Techina gegessen haben und die kleinen grünen bitteren Oliven. Wie sie abends, angefüllt von Sonne, arabischer Musik und süßem Kaffee, ins schabbatfromme, ruhige Jerusalem zurückgekehrt sind, beflügelt von dem Ausflug in die andere Welt, selig darüber, daß solch ein Ausflug möglich war. »Wir waren euphorisch, weil wir dachten: es ist ja so leicht, so einfach. Nach all den Kriegen, den Übergriffen, der Feindseligkeit. Arafat und Rabin haben sich die Hand gegeben. Jetzt haben wir Frieden. Jetzt können wir wie Nachbarn leben. Natürlich gab es immer wieder Irritationen, Attentate auf Busse, Schüsse aus dem Hinterhalt, Messerstechereien. Aber wir wollten den Frieden, und darum haben wir die Bedenken beiseite geschoben.«

Taysir, der palästinensische Taxifahrer am Damaskustor, mit dem ich öfters nach der Schule nach Hause fahre, redet in den gleichen Wendungen, mit verkehrten Vorzeichen: »Ich habe gesehen, wie mein Vater lebte. Er hatte eine ganz kleine Schlosserei und eine viel zu große Familie. Wir waren immer schrecklich arm. Ich wollte nicht werden wie er. Ich wollte eine schöne Frau, vier Kinder, ein Auto, ein Haus und einfach gut leben. Ich habe gesehen, daß ich das am besten kann, wenn ich mit den Israelis Geschäfte mache. So habe ich Hebräisch gelernt und spreche es wie meine Muttersprache. Ich habe alles bekommen, ein florierendes Geschäft, eine perfekte Familie. Und jetzt ist plötzlich Schluß. Mein Geschäft ist zusammengebrochen, jetzt bin ich Taxifahrer und habe keine Kunden und verdiene zu wenig. Warum hassen uns die Juden? Ich hasse die Juden nicht. Wenn ich das zu laut sage, werde ich von meinen Landsleuten erschossen. Ist das nicht eine groteske Situation? Warum ist es nicht mehr so, wie es war? Es war doch einmal anders. Auch die Juden waren anders.«

Einmal fahre ich mit Taysir zum Flughafen nach Lod. Den Sicherheitscheck am Flughafen passieren fünf Taxis vor uns ohne jede Wartezeit; ein kurzer Blick des Soldaten durch das Fenster auf den Fahrer, schon signalisiert die Hand Weiterfahrt. Bei uns kommt die flüssige Durchfahrt zum Stehen. Ein Blick durch das Fenster – schon wird der Wagen aus der Schlange gewunken und auf eine Abstellbucht geleitet. Drei israelische Soldaten mit geschultertem Gewehr tauchen auf. Ausweiskontrolle des Fahrers. Paß und Flugschein des Fahrgastes. Die Soldaten ziehen sich mit den

Papieren zurück. Wir warten in der Sonne. Glücklicherweise ist es eine milde Wintersonne. Nach zwanzig Minuten kommen zwei Soldaten zurück. Wir müssen das Auto verlassen, der Wagen wird durchsucht. Kofferraum, Motorraum, mein Gepäck. Mit Spezialspiegeln, die an Stangen befestigt sind, wird der Unterboden des Autos untersucht. Die Soldaten entfernen sich. Nach einer weiteren Viertelstunde erhalten wir unsere Ausweise zurück. Wir können passieren. »Das nächste Mal werden Sie ja wohl ein israelisches Taxi nehmen«, sagt Taysir, nicht ohne Bitterkeit. Ich sage: »Aber Sie haben ein israelisches Taxi, alle Jerusalemer Autos haben das gleiche gelbe Nummernschild. Warum wurden Sie kontrolliert und die anderen Taxis nicht?« »Das muß an meiner krummen arabischen Nasenspitze liegen«, sagt Taysir. »Oder sie riechen, daß ich ein Palästinenser bin.«

Man könnte die Stimmung den »Post-Oslo-Schock« nennen, die tiefe Ernüchterung und Enttäuschung darüber, daß die Annäherung der Nachbarn, die so hoffnungsvoll in Oslo 1993 begonnen hatte, schrittweise, für manche unmerklich, zerfiel und jetzt in der Intifada endgültig zu Grabe getragen wird. Auf israelischer Seite gibt es nur noch wenige mutige Männer wie den früheren israelischen Justizminister Yossi Beilin, der die Ideale von Oslo aufrechterhält. Auf palästinensischer Seite repräsentiert ein Mann wie Sari Nusseibeh, der Rektor der Al-Quds-Universität, den Geist der Verständigung, den Oslo einmal beschworen hatte. Beide Männer sprechen auf jeder größeren Friedenskundgebung, sie sind Hoffnungsträger und Lichtgestalten in der Düsternis dieser Tage – aber ohne wirkliche Macht.

Das Sagen haben die, die Oslo nie wollten oder es schon lange nicht mehr wollen, die die Erfüllung der Vereinbarungen von Oslo so lange verschleppt und verzögert haben, bis der Unmut der Palästinenser anschwoll und sich wie eine

Flut über das Land ergoß. Rätselhaft wird mir immer bleiben, daß ein Mann wie Schimon Peres weiterhin in der Regierung Scharon bleibt und ihm bei allen Begräbnisritualen der Osloer Vereinbarungen assistiert.

Aber auch Arafat hat seinen Anteil daran, daß der Geist von Oslo gestorben ist. Er hat seine Vertrauenswürdigkeit, wenn er sie denn jemals hatte, in Israel gründlich verspielt. Mit diesem Mann schließt man keine Verträge mehr, weil er sie ohnehin nicht einhält, das ist die gängige Meinung.

Avi hat noch seinen Frisiersalon. Sein Stolz ist eine original italienische Gaggia-Espressomaschine, in der er seinen Kundinnen den Segafredo braut. Während sie den genießen, redet er von dem arabischen Kaffee in der Altstadt. Sarah hat noch ihre Stelle als Literaturwissenschaftlerin an einem College. Ihren Humus kauft sie im Supermarkt und ißt ihn zu Hause. Von ihrem Apartment aus kann sie, wenn nicht der gelbe Wüstenwind den Horizont verdunkelt, Bethlehem sehen. Dort hingehen kann sie nicht mehr. Taysir hat noch einen alten Mercedes, und seine Frau ist immer noch schön. Aber er kann mit ihr nicht mehr nach Tel Aviv an den Strand fahren. Oslo ist nur noch die Hauptstadt von Norwegen, nichts weiter.

Wir sind alle Waisen

Wir treffen auf der Terrasse der Cinémathèque, dem einzigen Ort, wo wir in diesen schrecklichen Februartagen 2002 noch glauben, uns verabreden zu können, ohne in einem sehr wörtlichen Sinn auf einem Pulverfaß zu sitzen. Die Abende sind kühl, die Heizstrahler kämpfen vergebens gegen die Kälte, die vom Steinfußboden hochzieht. Aber der Blick auf die beleuchtete Stadtmauer wärmt die Herzen und füllt die

Augen. Michael, der jeden Tag die Checkpoints von Jerusalem nach Bir Zeit passiert, Qalandiyah und Ein Ariq, erzählt von seinen Erfahrungen, beschreibt die Situation der Palästinenser, die täglichen Demütigungen, die die meisten stoisch hinnehmen, die endlosen Wartezeiten, die sich noch verlängern, wenn die israelischen Soldaten demonstrativ Zeitung lesen, während die Schlange der Autos und der Fußgänger immer länger wird. Jetzt nach dem Attentat von Ein Ariq, bei dem wenige Tage zuvor sechs israelische Soldaten getötet wurden, wird auf jeden geschossen, der sich der künstlichen Grenze aus aufgeschütteten Wällen und Betonelementen auch nur von ferne nähert. Am vergangenen Wochenende wurde an einem Checkpoint ein Auto beschossen, in dem ein palästinensischer Mann seine Frau zur Entbindung in die nächste Klinik bringen wollte. Beide wurden getroffen, der Mann starb, die Frau wurde schwer verletzt, das Kind wurde ein paar Stunden später gesund geboren.

Im Gaza-Streifen zwangen israelische Soldaten sechs Palästinenser, sich bis auf die Unterwäsche zu entkleiden und im strömenden Regen auf und ab zu laufen. Ein Armeesprecher verteidigte die Aktion; die Männer seien verdächtig gewesen, explosives Material am Körper zu tragen. Aber lag das Aufundablaufen im Regen im Sicherheitsinteresse des Landes? Hat es der Verteidigung der Nation gedient, daß ein israelischer Soldat die Kleidung der sechs durch eine dreckige Pfütze zog, bevor er sie den unbewaffneten Männern zurückgab? Bei der Besetzung von Flüchtlingslagern in Bethlehem und Gaza haben israelische Soldaten gefangengenommenen Palästinensern die Augen verbunden, sie mit erhobenen Armen an Hausmauern stehen lassen, haben ihnen Nummern auf die Arme geschrieben. Kann sich die kollektive Erinnerung eines Volkes so verflüchtigen, daß die Menschen vergessen, wann und wo ihren Eltern und Großeltern Nummern eingebrannt wurden?

»Ihr seht in diesem Verhalten das Muskelspiel des Okkupanten, den brutalen Kampf des Überlegenen gegen den Schwächeren«, sagt Sarah. »Die Rollen von Tätern und Opfern scheinen klar verteilt. Da gibt es eine hochgerüstete Macht, die über das modernste Waffenarsenal der Welt verfügt, und einen militärisch völlig unterlegenen Gegner, der im Gewehrschrank ein paar untaugliche Raketen und ein paar Kalaschnikows hat. Und der Goliath bombt Häuser zusammen, marschiert mit Tanks in Städten ein, kämmt Flüchtlingscamps durch, walzt Obstgärten und Felder nieder, tötet steinewerfende Kinder und hindert schwangere Frauen daran, in ein Krankenhaus zu kommen. Das alles entspricht der Wahrheit. Aber es ist die halbe Wahrheit. Ihr versteht nicht das ungeheure Sicherheitsbedürfnis der Israelis, das Gefühl von Verletzbarkeit und Verwundbarkeit, die tiefsitzende Angst, ausgelöscht zu werden. Ihr begegnet ja im israelischen Alltag kaum noch dem Holocaust, es sei denn, ihr sucht ihn ausdrücklich. Dann geht ihr nach Yad Vashem ins Holocaust-Museum. Aber ihr findet ihn nicht dort, sondern in unseren Seelen, unserem kollektiven Trauma, keine Fluchtmöglichkeit zu haben, keine Geborgenheit, keinen Schutz. Wir sind doch alle Waisen – und wir haben uns bis an die Zähne bewaffnet, mit Waffen und mit rhetorischen Rechtfertigungen, um unseren Platz im Waisenhaus zu verteidigen. Und glauben unserem Heimleiter Scharon, der uns versprochen hat, uns vor den bösen Wölfen zu beschützen, die uns fressen wollen.«

Amos Oz, der über den Verdacht erhaben ist, ein rechter israelischer Nationalist zu sein, wird in »Ha'aretz«, der israelischen Tageszeitung, zu seinem neuen Buch befragt (»Sipur al Ahava ve Hoshekh«, »Ein Märchen von Liebe und Dunkelheit«), das stark autobiographische Züge trägt. Am Schicksal seiner Großeltern, die aus Litauen und der Ukraine stammten, verdeutlicht Oz die Erfahrung, daß europäische Juden, die dem Holocaust entfliehen wollten, überall auf der Welt unwillkommene Eindringlinge waren, unerwünschte Bittsteller, »displaced persons«. Die Großeltern versuchten, Amerikaner zu werden. Es wurde ihnen gesagt: »Sorry, aber von eurer Sorte haben wir genug.« Dann bemühten sie sich um eine Einreisegenehmigung nach England. Die gleiche Reaktion. Sie versuchten es mit Frankreich und Skandinavien, ja, der Großvater beantragte sogar, ein Jahr vor Hitlers Machtergreifung, die deutsche Staatsangehörigkeit. In diesem Fall war es ein Glück, daß er abgelehnt wurde. »Mein Großvater wurde herumgeworfen wie ein Stück Dreck, das Europa ausgespuckt hatte«, sagt Oz in dem Interview. »Die Botschaft war: ›Geht von hier weg, geht von dort weg. Kommt nur nicht zu uns. Seid nicht hier, seid nicht dort. In anderen Worten: existiert überhaupt nicht. Wir mögen euch vielleicht nicht töten, das ist eine schmutzige Sache, und wir sind nicht so, aber ihr werdet nicht existieren. Ihr werdet sterben.‹«

Auch Oz gebraucht ständig das Wort von der »Waisenschaft«, von der äußeren und inneren Ungeborgenheit, die selbst dann blieb, als die Familie die äußere Existenz gerettet hatte und vor den Nazis in Palästina geschützt war. Seine Eltern zerbrachen am Leben, seine Mutter beging Selbstmord, als der Sohn zwölf Jahre alt war, sein Vater zog sich in seine Innenwelt zurück, Amos änderte seinen Namen von Klausner in Oz, der »Starke« und ging in einen Kibbuz – wie in ein Waisenhaus.

Die traumatische Erfahrung, daß Juden überall mit dem Rücken zur Wand stehen, hat Amos Oz' gegenwärtige Haltung zur Intifada geprägt. Er, der Friedensaktive, Mitbegründer von »Peace Now«, Befürworter der Oslo-Verträge, sagt in diesem Interview: »Mein Zionismus beginnt und endet damit, daß es kein Mensch verdient, das durchzumachen, was meine Eltern und deren Eltern und die Eltern dieser Eltern durchgemacht haben. Darum hat nach meiner

Auffassung das jüdische Volk das Recht, an einem Ort in der Mehrheit zu sein, und dieses Recht ist unanfechtbar. Dieses Recht ist verankert in der erlittenen Demütigung, immer und überall eine Minderheit gewesen zu sein.«

Je länger ich in Israel und Palästina lebe, desto mehr empfinde ich, daß beide Seiten traumatisiert sind, daß aus diesen Traumata die unversöhnlichen Ansprüche der beiden Gegner erwachsen. Ich verstehe den Zorn der Palästinenser, die beklagen, daß ihnen Land und Heimat von den Juden geraubt wurde und noch täglich weggenommen wird, daß sie okkupiert sind und unfrei. Ich verstehe die Israelis, die diesen Staat als ihre rechtmäßige Heimat ansehen, vielleicht nicht so sehr legitimiert als »Land der Väter« – sind nach 2000 Jahren Besitzansprüche, auch wenn sie religiös unterfüttert sind, nicht verjährt? –, sondern moralisch gerechtfertigt, wie es Theodor Herzl und die Zionisten wollten, als Heimat für die Heimatlosen, als eine Zuflucht vor Verfolgung und Diskriminierung.

Wahrscheinlich gäbe es ohne den Holocaust den Staat Israel nicht. Daraus leitet sich die Verantwortung Deutschlands gegenüber Israel ab. Aber zu Recht kann man auch eine Verantwortung gegenüber Palästina reklamieren. Denn Palästina hat den Preis für den Holocaust mit seinem Land bezahlt.

Die Palästinenser fordern, daß alle Gebiete, die 1967 erobert wurden, von den Israelis zurückgegeben werden sollen. Dafür gab es unter Barak eine gewisse Bereitschaft. Dafür gibt es keine Bereitschaft mehr unter Scharon. Und wie steht es mit Jerusalem? Was soll aus dieser Stadt werden?

Was Jerusalem den Palästinensern bedeutet, habe ich verstanden, als ich ein Gedicht des palästinensischen Autors

Majid Abu Ghush gelesen habe, das er 1990 während der ersten Intifada geschrieben hat. Es hat den Titel »Al Quds«, dem arabischen Namen für Jerusalem.

Al Quds

Du geliebtes Versteck
meiner dahinschwebenden Träume.
Ich verbrachte die Nacht unter deinem Fenster,
wie viele Liebende sehnte ich mich vor deiner Tür
nach Erlösung.
Wirst du jemanden außer mir
Zutritt zu deinem Mihrab gewähren?
Ich bin sicher, du wirst es nicht tun.
Wirst du deine Hand in die eines anderen legen?
Ich bin sicher, du wirst es nicht tun.
Wirst du etwas anderem lauschen als meinem Lied
und dem Spiel meiner arabischen Laute?

Das lyrische Ich beschreibt sich als einen Liebhaber, der unter dem Fenster der Geliebten wartet. Die sexuellen Anspielungen sind deutlich: der Mihrab ist die nach Mekka ausgerichtete Gebetsnische in der Moschee in Form einer muldenartigen Höhlung in der Wand. Die Geliebte darf niemand anderen zulassen zu ihrem Innersten und Intimsten. Die Gewißheit ist da, daß sie es nicht tun wird.

So über eine Stadt zu sprechen ist mehr als eine Liebeserklärung. Es ist der metaphorisierte Besitzanspruch: Uns gehört Jerusalem. Niemand wird uns diese Stadt streitig machen.

Die Historiker wissen, daß nicht immer Jerusalem so mit religiöser und politischer Bedeutung aufgeladen war, weder für die Juden noch für die Muslime, daß der Kampf um die »erhabenen Heiligtümer« erst jüngeren Ursprungs ist. Dieses Wissen ändert nichts am gegenwärtigen Anspruch beider Gruppen, Jerusalem als unverzichtbare Kapitale beider Religionen anzusehen.

Soll Jerusalem wieder geteilt werden, wie es das vor 1967 war, jetzt mit der modernen Variante eines elektrischen Zaunes? Und was geschieht mit den rund 370000 israelischen Siedlern in der Westbank und im Gaza-Streifen? Sie besiedeln zwar nur 1,7 Prozent palästinensischen Bodens, kontrollieren aber 42 Prozent, wie »Betselem«, die israelische Menschenrechtsorganisation festgestellt hat. Werden die Settler mit der Gründung eines palästinensischen Staates automatisch Bürger Palästinas? Oder werden alle Siedlungen geräumt? Und was ist mit dem »palästinensischen Recht auf Rückkehr«? 70 Prozent der israelischen Stadtteile Jerusalems müßten geräumt und an die Palästinenser zurückgegeben werden, so traditionsreiche Wohngegenden wie Rehavia und Katamon waren einmal rein arabische Wohnviertel. Eine solche Forderung kann Israel nicht erfüllen. Die Bereitschaft, von Maximalansprüchen abzugehen und damit Verhandlungen zu ermöglichen, ist seit dem Scheitern der Gespräche von Camp David auf beiden Seiten gesunken.

Trotz allem wissen eigentlich alle in der Region, was das Ergebnis dieses Krieges sein wird: Es wird einen palästinensischen Staat neben Israel geben, und Jerusalem wird die Hauptstadt beider Länder sein.

Wenn aber alle die Lösung kennen, wozu muß dann immer noch mehr Blut vergossen werden?

Krieg und Frieden

Das »Peace Camp« ruft Anfang März 2002 zu einer Friedensdemonstration in Jerusalem auf. Sarah sagt: »Komm mit!« Ich zögere: Darf ich mich als Ausländerin in die inneren Angelegenheiten Israels einmischen, darf ich, und sei es indirekt, die Israelis belehren, was sie tun sollten? Sarah lacht: »Du mit deinem empfindlichen deutschen Gewissen! Du lebst hier wie eine Israeli, und du arbeitest in Palästina, wenn es jemand gäbe, der etwas zu sagen hätte, dann wärest du es. Hör auf mit dieser deutschen Attitüde, als müßtest du dich noch immer persönlich für die Shoa entschuldigen. Du bist ein politischer Mensch – laß dir doch nicht den Mund verbieten. Oder andere Formen, deine Meinung zu äußern. Komm mit!«

Ich komme mit. Kikar Zion, der Zion Square, ist das sehr prosaische Herz der Jerusalemer Neustadt, an der neuralgischen Ecke Jaffa Street / Ben Yehuda Street gelegen und an diesem Samstagabend, unmittelbar nach Schabbat, hell erleuchtet. Kikar Zion ist ein »hot spot«, den man in diesen Wochen tunlichst meidet, nachdem hier zwei große Selbstmordattentate stattgefunden haben. Aber man kann sich nicht vorstellen, daß in einer Friedensdemonstration eine Bombe hochgehen könnte. Warum will man diese Möglichkeit einfach nicht wahrhaben? Es ist der naive Glaube an das Gute im Attentäter, der zwar unschuldige Menschen tötet und nach seiner Logik möglichst viele, der aber doch nicht die Infamie besitzen kann, friedensbewegte Menschen zu attackieren, die sich für eine Verständigung mit den Palästinensern stark machen. Die Demonstranten sammeln sich, die Polizei hat den Platz und die umliegenden Straßen abgesperrt, viele Soldaten patrouillieren auf und ab, aber die Atmosphäre ist gelassen und ruhig. Manche Demonstranten haben Kerzen in der Hand, manche tragen Poster mit den bekannten Slogans »Stoppt die Okkupation! Geht heraus aus den Territories! Geht zurück zu euch selbst!«

Plötzlich unterbricht das schrille Heulen einer Ambulanz die Ruhe auf dem Platz. Niemand im Kreis der Freunde kommentiert die Störung, man redet weiter, sobald das nervende Geräusch verklungen ist. Bei der nächsten Ambulanz ziehen die ersten die Augenbrauen hoch. Einige kramen ihr Mobiltelefon aus den Taschen und fangen an zu telefonieren. Eine Unruhe entsteht. Die Soldaten fangen plötzlich an zu laufen, drängen die Demonstranten zu gehen, den Platz zu räumen. Es ist etwas passiert, niemand weiß, was. Der Zug der Demonstranten geht die Ben Yehuda Street hinauf zur King George Street. Von Bürgersteigen und Balkonen aus rufen Passanten herüber, schimpfen, ballen die Faust, drohen: »Ihr seid die Kriegsverbrecher! Ihr verratet unser Land.« Die Demonstranten telefonieren. Erste Nachrichten sickern durch. Eine Bombe in Mea Schearim! Zwei Tote. Vermutlich Kinder. Mea Schearim, das Viertel der orthodoxen Juden, liegt nur ein paar hundert Meter entfernt.

Die Demonstration erreicht am Beginn der Aza Road den Amtssitz des israelischen Ministerpräsidenten. Eine provisorische Bühne ist für die Redner aufgebaut, Politiker und Friedensaktivisten bekräftigen die Forderung: Schluß mit der Okkupation! Die Aufmerksamkeit der Demonstranten ist geteilt. Man spendet den Rednern Beifall, man drückt Knöpfchen auf dem Mobilphon. Überall um mich herum gehen die Klingelmelodien von »Pour Elise« über die ersten Takte von Beethovens Fünfter zu einem mir unbekannten Popsong. Ein Telefon intoniert die französische Nationalhymne »Allons enfants de la patrie … Aux armes, citoyens!« Zu den Waffen, Bürger, erscheint für den Anlaß ziemlich unpassend. »L'étandard sanglant est levé.« Die blutige Standarte ist aufgepflanzt?

Sarah und ich gehen in ihre nahegelegene Wohnung und schalten das Fernsehen ein. Das zweite israelische Fernsehen hat den Bildschirm geteilt, auf der linken Seite läuft die Berichterstattung vom Attentat in Mea Schearim, auf der rechten die Reportage eines Fußballspiels. Wir schalten um auf CNN und sehen die sich immer wiederholenden Bilder nach Terrorakten. Verzweifelte Gesichter in Großaufnahme. Verletzte, die auf Tragen in Ambulanzen gebracht werden. Blick hinein in die Ambulanzen: Verwundete, in deren Gesichtern medizinische Schläuche stecken, Kopfverbände, durch die das Blut sickert. Verstörte Kinder in den Armen ihrer Mütter. Blutbespritzte Bürgersteige. Fromme Haredi, die alle abgesprengten Teile der Körper aufsammeln, damit die Toten vollständig begraben werden können, weil das der rituellen Vorschrift entspricht.

All die schamlosen Aufnahmen, die die intimsten menschlichen Erfahrungen, Schock, Entsetzen, Schmerz, Tod, Hilflosigkeit in das Auge der Öffentlichkeit zerren. Wir schalten wieder ab.

Ich gehe zu Fuß nach Hause. Es ist ein milder Abend. Die Straßen sind leer. Der Himmel schwarz und sternenlos wie oft in Jerusalem. Meine Schritte kommen mir unangemessen laut vor, als zerstörten sie die Ruhe einer friedlichen Welt.

Am nächsten Morgen lese ich in der Zeitung vom Ausmaß des Attentates: Neun Menschen sind getötet worden, die Zahl erhöht sich später auf zehn; eine junge Familie, Vater, Mutter und zwei kleine Kinder, ist ausgelöscht worden, als hätte es sie nie gegeben, über 50 Menschen sind verletzt, manche schwer. Die Opfer waren keine Jerusalemiten, sondern Besucher aus anderen israelischen Städten, die im frommen Umfeld der heiligen Stadt Yerushalaim die Bar Mitzva ihrer Söhne feiern wollten, eine Art jüdischer Konfirmation.

In Ramallah sollen die Menschen am Abend bei Bekanntwerden der Nachricht auf der Straße gefeiert haben.

An diesem Wochenende werden weitere zehn Israelis, die meisten davon Soldaten, an einem Checkpoint nahe Ramallah von einem palästinensischen Heckenschützen erschossen. Und zwölf Palästinenser sterben in der Operation der Israelis gegen die Flüchtlingslager in Balata und Jenin.

Wie wäre es jetzt, an einem strahlenden Frühlingsmorgen, in Tübingen vom Schloßberg zur Wurmlinger Kapelle zu wandern? Ich kann es mir nicht mehr vorstellen.

Rüstung ohne Ritter

Ami Ayalon, früherer Chef des israelischen Geheimdienstes Shin Bet, ein Zionist und Patriot, sagte in einer Rede im Februar 2002: »Wir gewinnen einen Krieg, aber wir verlieren uns. Ich interessiere mich nicht für Palästina, aber ich interessiere mich für Israel. Und da muß ich sagen: Wir fügen uns Schaden zu.«

»Peace Now« argumentiert auf der gleichen Ebene: Die Okkupation zerstört UNS.

Einige Israelis sehen mit dem Fortschreiten der Intifada, daß Israel nicht nur einen materiellen Preis für diesen Krieg zahlt, der sich am Haushaltsdefizit, am sinkenden Bruttosozialprodukt, an der Krise im Tourismus und der Schwäche des Schekels festmachen läßt. Der bittere Preis besteht in den Opfern an Menschenleben. 500 Israelis, darunter sehr viele junge Menschen, sind in den blutigen Auseinandersetzungen oder durch Heckenschützen und Selbstmordattentäter umgekommen, mehr als 4000 sind verletzt, einige so schwer, daß sie ihr Leben lang behindert sein werden.

Daß die Zahl der Opfer auf palästinensischer Seite ungleich höher ist, wird von israelischer Seite kaum wahrgenommen.

Daneben fordert die Intifada den Preis zunehmender moralischer Verelendung. David Grossman gebraucht ein Bild, um die Brutalisierung der gegenwärtigen israelischen Gesellschaft zu beschreiben: Wir sind wie eine Rüstung, in der kein Ritter mehr steckt, keine Person mehr, kein Mensch. Und er schreibt weiter:

»Die Wahrheit ist, daß wir jetzt schon einen schrecklichen Preis für diese Situation zahlen. Wir sind wahrlich die wandelnden Toten, und das ist etwas, was ich in den letzten zwei Jahren am schärfsten empfunden habe. Der Punkt ist, daß eine Rüstung die Person im Innern schützen sollte, so daß die Menschen das volle Leben mit all seinen Nuancen leben und nicht nur von einem Unglück zum nächsten irgendwie überleben können.«

Zu den »wandelnden Toten«, deren Seelen absterben oder schon abgestorben sind, gehört vielleicht der 20jährige Soldat, der den Auftrag hat, Wohnhäuser in Rafah dem Erdboden gleichzumachen, ohne sicher zu sein, ob diese Häuser leer stehen oder sich Menschen darin befinden. Oder der Soldat, der aus dem Helikopter eine Bombe auf einen gesuchten palästinensischen Terroristen wirft und dabei billigend in Kauf nimmt, daß zufällig herumstehende Kinder mit in den Tod geschickt werden. Und was geht in einem jungen Mann vor, der Obsthaine und Olivenplantagen abholzt und Maisfelder niederwalzt, weil diese Felder einem neuen Sicherheitsareal weichen sollen?

Eine Kollegin erzählt mir von einem Verwandten, einem arabischen Ölbauern, der zur Zeit der Olivenernte mit frisch gepreßtem Olivenöl auf den Markt nach Hebron fährt. Er hat 30 Kanister auf seinem Eselskarren, von dem

Erlös kann er zwei Monate lang seine Familie ernähren. Er kommt an eine Straßensperre, an der israelische Soldaten Wache schieben. Die Soldaten halten ihn an. Einer sagt: »Sag, daß Mohammed, der Prophet, ein Esel ist.« Der Ölbauer weigert sich. Daraufhin leeren die Soldaten die 30 Kanister Öl in den Straßengraben.

Die Weigerung einiger israelischer Offizier-Reservisten Ende Januar 2002, in den Territories Dienst zu tun, ist ein verzweifelter Versuch, die eigene Integrität zu wahren und sich vor Kriegsverbrechen zu schützen. Diese Soldaten setzen ein Zeichen. Sie finden in der israelischen Gesellschaft mehr Kritiker als Befürworter. Denn Kriegsdienstverweigerung ist in einem Land, wo der gesellschaftliche Status eines Mannes von seinen militärischen Rangabzeichen abhängt, verboten. Allein der Gedanke daran ist tabuisiert. Ähnlich wie im alten Preußen muß ein junger Mann bei einem Bewerbungsgespräch als erstes mit der Frage rechnen: »Wo haben Sie gedient?« Von der Antwort leiten sich mehr Chancen ab als von den Fragen nach Studium oder beruflicher Qualifikation. Die letzten Ministerpräsidenten Israels waren mit Ausnahme Netanjahus alle hohe Militärs: Yitzhak Rabin, Ehud Barak, Ariel Scharon. Es gibt nur zwei Gruppen, die in Israel vom Wehrdienst befreit sind, das sind die Haredi, die ultraorthodoxen Juden, die statt zur Armee in die Yeshiva gehen, um die Thora zu studieren, und die israelischen Araber, die im Fall einer bewaffneten Auseinandersetzung auf ihre Landsleute schießen müßten. Sonst steht auf Wehrdienstverweigerung Gefängnis.

Die »Refuseniks«, wie die Reservisten jetzt in der Öffentlichkeit heißen, sind keine Kriegsdienstverweigerer, sie haben ihren dreijährigen Militärdienst absolviert, und sie sind bereit, weiterhin als Reservisten ihren Dienst zu tun

– nur eben nicht in den Territories. Das ist in Israel eine Provokation – und ein Partythema, das leidenschaftlich diskutiert wird. Die Refuseniks haben nur wenige Verteidiger, aber einige sehr namhafte. Einer von ihnen ist Professor Ilya Leibowitz, renommierter Astrophysiker, Leiter des Astronomie-Departments der Universität Tel Aviv. Er bewundert die moralische Stärke dieser Soldaten und glaubt, daß ein sich ausbreitender Prozeß der Verweigerung viele tausend Menschenleben retten und nicht nur Palästina, sondern auch Israel vor einem Desaster bewahren kann. »Man rettet keine Israelis, indem man Araber tötet. Die Soldaten in den Territories tun Böses, ohne irgend etwas Gutes im Ausgleich dazu zu vollbringen, nichts, was wenigstens im egoistischen Sinn gut für Israel wäre. Diese Soldaten opfern ihre Seelen.« Es sei die Stärke der Refuseniks, das erkannt zu haben und lieber degradiert, schikaniert, mißachtet, verhöhnt zu werden oder ins Gefängnis zu gehen, als ihre Seele zu verlieren.

Ilya Leibowitz ist der Sohn des berühmten Judaisten Yehoschua Leibowitz. Dieser hat sehr hellsichtig unmittelbar nach dem Sechstagekrieg 1967 Israel davor gewarnt, eine Kolonialmacht zu werden. »Es ist unmöglich, Besatzer zu sein und gleichzeitig moralisch zu bleiben. Auch Menschen mit moralischen Absichten werden langsam in unmoralische Handlungen hineingezogen. Die Situation wird zu einer Art Monster mit Eigenleben, das nicht länger kontrolliert werden kann.«

Leibowitz der Jüngere plädiert für einen einseitigen Rückzug aus den 1967 okkupierten Gebieten und einer Auflösung der Settlements. »Die Idee eines einseitigen Rückzugs ist richtig. Das Problem ist nur, daß das erst geschehen wird, nachdem genügend Israelis getötet worden sind. Erst dann werden wir verstehen, daß wir nicht die Macht haben, in den Territories zu bleiben.«

Die Mehrheit der israelischen Bevölkerung läßt sich aber kaum von den Refuseniks beeindrucken, sondern steht nach einem Jahr desaströser Politik noch immer hinter Scharon und befürwortet seine Politik. Diese Mehrheit hält die Behauptung der Refuseniks, daß Israelis Kriegsverbrechen begehen, für eine verabscheuungswürdige Unterstellung. Oder sie billigt die verbrecherischen Handlungen mit der Begründung, Israel sei berechtigt, sich mit allen Mitteln zu verteidigen. Die Palästinenser dürfe man nicht mit Samthandschuhen anfassen. Einem Volk, das keinerlei Moral, sondern nur brutalen Vernichtungswillen habe, komme man nicht mit Thora-Sprüchen und Hinweisen auf die Genfer Konvention bei. Das Geschäft des Krieges sei eben ein schmutziges.

Wenn es dann wirklich einmal einen Anflug von schlechtem Gewissen geben sollte, kann man es besänftigen. Der Bataillonskommandant Tal Hermoni empfahl seinen Soldaten nach einer »Operation« im palästinensischen Beit Hanun, in der Menschen getötet und verhaftet und Häuser zerstört wurden: »Schenkt den Kindern Süßigkeiten!« Es ist anzunehmen, daß er das nicht einmal zynisch meinte, sondern sich als guter Onkel verstand, der den lieben Kleinen etwas Gutes tut, als wolle er sie darüber hinwegtrösten, daß sie dummerweise vom Fahrrad gefallen sind oder mit einer Grippe im Bett liegen.

Das muß jetzt ein Ende haben

Seit Ende Februar 2002 hat sich der Konflikt zu einem Krieg ausgewachsen. Jeden Tag sterben durchschnittlich zehn Israelis und zwanzig Palästinenser. Die Zahl der Verwundeten ist um ein Vielfaches höher. Viele Opfer sind Kinder und Jugendliche. Eine Gewaltaktion ruft die nächste hervor, die Gegenattacke provoziert die Gegen-Gegenattacke – eine Endlosschleife. Ich denke an eine Geschichte von Gerhard Zwerenz, die ich manchmal mit meinen deutschen Schülern lese: »Nicht alles gefallen lassen«. Aus einem nichtigen Anlaß, einer entliehenen und nicht zurückgebrachten Bratpfanne, eskaliert ein Streit zwischen Nachbarn bis zum finalen atomaren Schlag. Die Schüler finden die Geschichte »lustig«, weil sie kaltblütig im Stil von »Pulp Fiction« die aberwitzige Eskalation von Gewalt beschreibt. Der stumpfsinnige Mechanismus von Schlag und Gegenschlag läßt sich literarisch durchhalten, weil die Strafmaßnahmen immer unangemessener und damit immer komischer werden: einem Schlag ins Gesicht folgt ein Blumentopf, der vom Balkon geworfen wird, daraufhin fliegt ein Volkswagen in die Luft, was mit einer Fallgrube gerächt wird, in die der Nachbar stürzt. Die Reaktionen steigern sich von einer Plastikbombe über Flakgeschütze und Granaten bis zur Zündung einer Atomkanone. Der Kommentar am Ende ist schlüssig: »Natürlich sind wir nun alle tot, die Straße ist hin, und wo unsre Stadt früher stand, breitet sich jetzt ein graubrauner Fleck aus. Aber eins muß man sagen, wir haben das Unsre getan, schließlich kann man sich nicht alles gefallen lassen. Die Nachbarn tanzen einem sonst auf der Nase herum.«

Wenn ich in diesen Tagen die Politik der israelischen Regierung betrachte, finde ich genau dieses stumpfsinnige Reagieren auf die palästinensische Aggression, auch wenn der Anlaß wahrlich nicht »nichtig« ist. Am 4. März sagt Scharon in einer Rede in der Knesset: »Wir sind im Krieg mit einem blutdürstigen Gegner. Die Palästinenser müssen hart geschlagen werden. Wir werden sie schlagen, bis sie um Gnade bitten.«

Und die Palästinenser werden geschlagen. Israel beweist seine militärische Überlegenheit und marschiert in Flüchtlingslager und Städte ein, im Gaza-Streifen und in Jenin, in Bethlehem und in Beit Jala, in Tul Karem und in Ramallah. Es werden Bomben geworfen, Frauen mit Kindern erschossen. Ambulanzen, die Verwundete in Krankenhäuser bringen wollen, erhalten keine Durchfahrt. Verwundete verbluten. Ein Arzt, der zu Hilfe eilen will, wird in den Kopf geschossen und stirbt.

Die Palästinenser schlagen mit ihren Waffen zurück, mit Drive-by-Shootings und Selbstmordattentaten. Nachdem die Cafés in der Innenstadt verwaist sind, dringen die Attentäter jetzt in die beschaulichen und bürgerlichen Wohnviertel von Jerusalem vor, wo sich die Menschen bisher noch sicher gefühlt haben.

Das Moment-Café liegt praktisch vor meiner Haustür, in meiner »neighbourhood«, meinem Kiez. Jeden Tag gehe ich an ihm vorbei. Hier trifft man sich mit Freunden auf einen Kaffee und bespricht die politische Lage oder die privaten Affären. Das Café ist nicht schön, schmucklos wie alle israelischen Gaststätten, die den Charme einer Werkskantine haben. Auch die Lage ist nicht reizvoll. Am Ende der vielbefahrenen Aza Road ist es immer laut. Aber Lärm stört die meisten Israelis wenig. Und Verkehrsabgase wohl auch nicht, sonst würde man im Sommer nicht auf der Terrasse des Moment sitzen. Hier gibt es eine gute Pizza, einen ordentlichen Espresso, vor allem gibt es hier Menschen, die offen und tolerant sind. Besonders am Donnerstagabend, dem Abend vor Schabbat, und am Samstagabend nach Schabbatende ist das Café gedrängt voll. Im Vorraum stehen Menschen an, die auf einen freien Tisch warten.

Es gab einen Türsteher, der am 9. März 2002 den palästinensischen Attentäter aufgefordert hat, sich auszuweisen.

Aber im gleichen Augenblick hatte der Terrorist den Sprengstoff schon gezündet. Elf Menschen waren sofort tot, über 50 sind verwundet, einige ringen mit dem Tod.

Dieses Attentat hat einiges in mir verändert. Bis jetzt hatte ich gedacht, mich durch Vorsicht und Umsicht schützen zu können. Bis jetzt fühlte ich mich wenigstens in meinem Viertel sicher und geborgen. Bis jetzt gab es immer noch einige Bewegungsfreiheit. Bis jetzt war mir die Gefahr nicht auf den Leib gerückt. Seit an diesem Abend die Ambulanzen durch meine Straße heulten und sich das Sirenengeheul nicht in der Ferne verlor, sondern in unmittelbarer Nähe blieb, ist meine Seelenruhe dahin. Ich spüre meine Verwundbarkeit.

Und frage: Wer verteilt eigentlich die Schutzengel?

Am Tag nach dem Attentat, einem für mich schulfreien Sonntag, der im israelischen Jerusalem ein normaler Arbeitstag ist, gehe ich die Aza Road hoch zum Bäcker und Gemüsehändler. Auf dem Weg treffe ich Avigdor, der sofort auf mich einredet. Avigdor ist dem Attentat entkommen, weil er es vorhergesehen hat. Sagt er. Das Moment-Café ist nämlich sein Lieblingscafé, und er ist jeden Abend dort Gast, nur eben nie am Samstagabend. Er hat gewußt, daß die Katastrophe kommen wird. Und es wird andere Katastrophen geben. Während wir reden, ist um uns »business as usual«. Die Menschen warten an der Bushaltestelle, sie stehen am Bürgersteig und hoffen, ein Taxi heranwinken zu können, sie sitzen im Auto und hupen, weil die Schlange, die sich die Straße hochbewegt, nicht vorankommt. Avigdor ist eine stadtbekannte Person, viele Menschen grüßen ihn und verstecken Emotionen hinter der beliebten israelischen Kaltschnäuzigkeit. »Na, altes Haus, davongekommen? Wo warst du denn gestern abend? Wie kommt es, daß du noch lebst?« Avigdor genießt seinen Auftritt, sein rundes Gesicht unter dem Strohhut wird noch ein bißchen runder. »Ja, jetzt wird dann doch noch mein Buch erscheinen. Wahrscheinlich, wenigstens«, grinst er. Avigdor schreibt seit etwa zwölf Jahren an seiner Dissertation über die jüdische Gemeinde in Shanghai während des Zweiten Weltkriegs. Er hat nicht nur Deutsch gelernt und in Freiburg Philosophie studiert, er hat sich auch in die chinesische Sprache vertieft, um Quellen für seine Arbeit lesen zu können. Seine Dissertation ist sein Lebenswerk. Sie wird ihn noch viele weitere Jahre beschäftigen. Manche Menschen rufen Avigdor aus dem im Schrittempo fahrenden Auto zu. Die Zurufe haben die Qualität von »Unkraut vergeht nicht«. So verdrängt man das Entsetzen darüber, daß der Terror ins ruhige Rehavia eingedrungen ist.

Das, was einmal das Moment-Café war, bietet ein Bild der totalen Zerstörung. Von der gläsernen Vorhalle ist nichts übriggeblieben als ein paar eiserne Dachstangen. Alle Fenster sind zerborsten, das Mobiliar ist bis zur Unkenntlichkeit zerfetzt. Kamerateams drehen Filme. Menschen bringen Blumen und lehnen sie an die Mauer. Kerzen brennen auf dem Boden wie bei uns an Allerheiligen auf den Gräbern. Jemand hat ein Transparent aufgehängt, auf dem steht: »Wir weinen, weinen, weinen ...«

Unter den Todesopfern war ein junges Liebespaar, dessen Hochzeit für den 15. Mai bestellt war, Danit Dagan und Uri Felix. Die Familien begraben das junge Paar in einer gemeinsamen Grabstelle. Die Mutter legt ihrer Tochter das traditionelle Brautbukett aus roten Rosen auf das Grab. Nach der Erfahrung des Todes sind das verzweifelte Versuche der Angehörigen, Zeichen zu setzen, um dem Unmenschlichen etwas Menschliches abzutrotzen. Aber eine Hochzeit »post mortem« ist eine traurige Stellvertretung für das Leben, das gelebt werden wollte.

Ein Autofahrer steht im Stau auf der Höhe des Cafés mit geöffneten Fenstern, und ich sehe, wie er mit beiden Händen rhythmisch auf das Lenkrad schlägt und wütend einen Satz skandiert: »Das muß jetzt ein Ende haben. Das muß jetzt ein Ende haben.«

Qalandijah Checkpoint

Nicht Jerusalem ist die eigentliche Hauptstadt Palästinas, sondern Ramallah. Das liegt nicht daran, daß Arafat seit Dezember 2001 als Gefangener der israelischen Regierung in seinem von Panzern eingekreisten Hauptquartier sitzt und hier ausländische Besucher empfängt und seine Reden an das Volk richtet. In Ramallah sitzen Verwaltungsinstitutionen, der palästinensische Rundfunk und das Fernsehen, Handelsfirmen und Banken. In Ramallah ist aber auch »das Leben los«: Hier gibt es Restaurants und zwei Kinos, Straßencafés und Diskotheken, Bistros und Boutiquen, Schallplattenläden und Modeshops, alles, was in Ostjerusalem entweder gar nicht oder nur sehr beschränkt zu finden ist. Jerusalem ist »boring«, aber Ramallah ist »hip«, das wissen auch meine Schülerinnen. In einem Café wird nicht nur Espresso und Cappuccino statt des traditionellen arabischen Mokkas ausgeschenkt, sondern Baguette mit Parmaschinken offeriert, eine provokative Sensation in einem muslimischen Umfeld, in dem Schweinefleisch tabu ist. Aber der Besitzer, ein christlicher Araber, hat die Zeichen der Zeit richtig gedeutet: in Ramallah gibt es eine Yuppie-Kundschaft, die seine Snacks schätzt. Und es sind nicht nur die ausländischen Journalisten und Botschaftsangehörigen, die sein Café frequentieren.

Ramallah ist 13 Kilometer von Jerusalem entfernt. Mit dem Auto braucht man zehn Minuten, mit dem »Service« muß man zwanzig Minuten veranschlagen. Mußte. Denn seit die Intifada ausgebrochen ist, liegt Ramallah in einer anderen Gegend der Welt. Um in diese Stratosphäre zu gelangen, muß man eine Barriere passieren, den Qalandijah Checkpoint. Das kostet Zeit. Die Fußgänger sind der brennenden Hitze oder dem Wüstensturm oder dem wolkenbruchartigen Regen ausgesetzt. Es kann sein, daß die Soldaten währenddessen in ihre bedachten Unterstellplätze gehen, sich demonstrativ unterhalten, Kaffee trinken und die Wartenden warten lassen.

An den Straßenseiten haben fliegende Händler ihre Stände aufgeschlagen, um den Passanten die Zeit zu verkürzen, schließlich gibt es in Arabien keinen Ort und keine Zeit, die zu schlecht wären, um ein Geschäft zu machen. Eis für die Kinder, Kaffee für die Männer, Cola für die jungen Leute. Und die unvermeidliche Falafel für alle. Man kann aber auch Obst und Haushaltswaren einkaufen, Pittabrot und Nüsse. Kleine Jungen flitzen zwischen den Autos herum und bieten ihre Waren feil.

Die meisten Menschen warten in stoischer Ruhe. Die Männer schauen den Soldaten nie ins Gesicht, wenn sie ihre Ausweise vorzeigen, sie wenden den Kopf ab. Es ist ein Versuch, die Würde zu bewahren. Nur die Frauen verlegen sich aufs Betteln, schreien oder weinen, wenn sie nicht durchgelassen werden.

Im März 2002 wird es immer unmöglicher, nach Ramallah zu kommen oder von Ramallah wieder zurück nach Jerusalem. Michael erzählt, daß auch während der Seminare alle Studenten ständig Nachrichten hören oder telefonieren. Wenn etwas passiert ist, eine Schießerei, ein Bombenattentat, stürzen sie sofort los, in der Hoffnung, noch durch den Checkpoint nach Jerusalem zu kommen.

Man steht in einer langen Reihe, die durch Bauelemente aus Kunststoff markiert ist, Person hinter Person in Gänsemarschordnung. Auf ein Kopfnicken der etwa 30 Meter entfernten Soldaten geht man vorsichtig an den Checkpoint heran, die Arme hoch über den Kopf erhoben, in einer Hand den Ausweis haltend. Während ein Soldat den Ausweis kontrolliert, wird der zu Kontrollierende von drei anderen Soldaten in die Mitte genommen, die alle ihr Gewehr auf seinen Kopf richten. »Am Anfang war mir da schon mulmig«, sagt Michael lakonisch, »aber mit der Zeit gewöhnt man sich auch daran.«

An einem Nachmittag seien alle Versuche, den Checkpoint zu passieren, vergebens gewesen, berichtet Michael. »Lo« heißt das, oder »No« oder, da sehr viele israelische Soldaten russischstämmige Einwanderer sind, »Njet«.

Mit einem Pulk von Palästinensern habe er an der Straßensperre gestanden, ohne jede Chance durchzukommen. Auch das Schwenken seines offiziellen Dienstpasses der Bundesrepublik Deutschland habe nichts mehr geholfen.

In dieser Situation gibt es nur noch eine Fluchtmöglichkeit: den Roadblock weiträumig zu umgehen, durch Matsch und Moder in das Geröll eines Steinbruchs hinabzusteigen und am anderen Ende der Straße, jenseits der Grenze, wieder aufzutauchen. Ein solches Unternehmen ist nicht nur mühselig, es ist auch hochgefährlich, weil man damit rechnen muß, daß die israelischen Soldaten schießen. Irgendwann aber hätten sich zwei Palästinenser ein Herz gefaßt und seien losgelaufen. Sie hätten dabei lauthals gebrüllt wie Kinder, die sich im Dunkeln ein Ventil für ihre Angst schaffen, indem sie schreien. Als keine Schüsse folgten, seien immer mehr Palästinenser, schließlich auch er, auf diese Weise geflohen. »Es war wie eine Hasenjagd.«

Michael ist ein sehr nüchterner Beobachter und ein Hermeneutiker. Er versucht immer, sich in die Menschen auf beiden Seiten hineinzuversetzen, gesteht auch zu, daß die israelischen Soldaten nach zwei schlimmen Attentaten auf

Checkpoints extrem sensibel, ängstlich, wenn nicht hysterisch reagieren, behält aber den Blick der Unterscheidung: wo Verhalten zu rechtfertigen oder noch eben verständlich ist, oder wo Schikane und gewollte Demütigung anfangen.

Hassan, unser Physiklehrer, ein außerordentlich zurückhaltender und pflichtbewußter Mann Mitte 50, versucht sich, wenn der Checkpoint undurchlässig ist, auf Schleichwegen nach Jerusalem durchzuschlagen. Zweimal wurde er dabei von israelischen Soldaten entdeckt und gestellt. Es wurde ein Protokoll aufgenommen. Jetzt stecken Hassans Daten und »Verbrechen« im Computer. »Wenn wir dich noch einmal erwischen, mußt du 3000 Schekel bezahlen und kommst für drei Monate ins Gefängnis«, haben ihn die Soldaten gewarnt. »Aber ich will doch nur zu meinen Schülerinnen nach Jerusalem.«

Wie sehr ein Gefängnisaufenthalt zur Normalbiographie eines palästinensischen Mannes gehört, wurde mir klar, als Haya in einem Briefentwurf an eine deutsche Gastfamilie schrieb, daß ihr Vater jahrelang in einem israelischen Gefängnis gesessen habe. »Die Deutschen werden glauben, daß dein Vater ein Krimineller ist«, sage ich ihr. Haya ist bestürzt. Natürlich ist ihr Vater ein Mann von Ehre. In Palästina ist eine israelische Gefängnisstrafe ein Ausweis dafür, kein Kollaborateur zu sein, den Ungehorsam geprobt zu haben gegenüber dem Feind. Jeder Mann hat Angst vor dem Gefängnis. Jeder leidet im Gefängnis. Aber jeder Palästinenser trägt eine israelische Verurteilung wie einen Orden.

In den letzten Märztagen 2002, mit dem Beginn der Operation »Verteidigungsschild«, führt kein Weg mehr nach Ramallah und zurück. Ramallah ist eine besetzte Stadt im Ausnahmezustand. Es gibt Ausgehverbot, Elektrizität und

Gas sind abgedreht, Lebensmittel kann man nur noch in wenigen Stunden am Tag einkaufen, der Kontakt zur Außenwelt reißt für die Bewohner von Ramallah ab, sobald die Batterien ihrer Mobiltelefone leer sind.

Angst essen Seele auf

Mitte März 2002, auf dem Höhepunkt der Attentatswelle, erscheint in der israelischen Tageszeitung »Ha'aretz« eine Karikatur, auf der zwei kleine Kinder in ihrem Kinderzimmer auf den Betten sitzen und ins Leere starren. Vor ihnen steht die Mutter, ausgerüstet wie eine Pfadfinderführerin, die mit ihren Wölflingen in ein großes Ferienlager aufbricht. Auf dem Rücken bläht sich der gerollte Schlafsack, vor der Brust baumelt der Feldstecher, die Füße stecken in derben Wanderschuhen. Unternehmungsgeist strahlt aus Gestik und Ausdruck. In der Sprechblase steht: »Today, kids, we go out to the porch! Heute, Kinder, machen wir einen Ausflug auf die Veranda!«

Nicht nur palästinensische Kinder leben eingeschlossen in ihren Häusern und haben kaum noch Bewegungsspielraum. Auch die israelischen Kinder sind in diesen Wochen eingesperrt, vor allem wenn sie in attentatsgefährdeten Städten wie Jerusalem, Netanya, Hadera, Afula leben. Da jeder Spaziergang im Park, jeder Bummel durch die Stadt, jeder Aufenthalt auf dem Kinderspielplatz ein lebensbedrohlicher Ausflug sein kann, bleiben nur noch die schützenden vier Wände – und eben die Ferienexpedition auf die Terrasse ...

Angst ist der große Gleichmacher zwischen Israel und Palästina. Auf beiden Seiten werden Kinder mehr und mehr dem Leben entzogen. Die besorgten Eltern holen sie vom Kindergarten oder von der Schule ab, damit sie nicht mehr mit dem Bus fahren müssen. Den Rest des Tages verbringen die Kinder in ihren Zimmern. Stundenlang sitzen sie vor dem Fernseher oder dem Computer, leben also in einer doppelten Gefangenschaft, der räumlichen und der visuellen. Bilder des Schreckens dringen ungefiltert in ihr Bewußtsein und ihr Unterbewußtsein.

Zwar haben israelische Familien immer noch mehr Fluchtmöglichkeiten als die palästinensischen. Sie können unbesorgt in den Negev fahren und im Krater von Marktesh Ramon wandern, sie können auf dem See Genezareth Bötchen fahren oder in Eilath im Roten Meer schnorcheln. Und sie können sich immer in Tel Aviv in ein Flugzeug setzen und in ein Land ihrer Wahl fliegen – Privilegien, die eine Familie in Bethlehem oder Ramallah nicht hat.

Trotzdem leiden auch israelische Kinder unter Klaustrophobie und unter Angstsyndromen. Familienpsychologen haben Hochkonjunktur. In »Angst-Workshops« werden Kinder motiviert, ihre Alpträume zu verarbeiten, Bilder zu malen, sich bei Discomusik abzutanzen, über ihre Gefühle, ihre Angstbilder zu sprechen. Skeptiker mahnen an, daß in diesen Workshops die Angst zelebriert und damit erst erzeugt wird. Ein politischer Kopf wie der Journalist Benny Ziffer drückt seinen Unmut über die therapeutischen Hilfsmaßnahmen aus, weil sie die politischen Hintergründe ausklammern.

»Die Kinder lernen, daß ihre Angst etwas ist, das vom Himmel kommt wie der Blitz, und daß sie nichts zu tun hat mit der Tatsache, daß, während sie mit ihren Lehrern in ihrem Angst-Workshop herumsitzen, vielleicht ihr netter Vater eine Wand in Ramallah einreißt und dort – welch eine Überraschung! – eine Mutter, einen Vater und einen kleinen Jungen vorfindet, die vor Furcht zittern. Und für diese

Familie ist der einzig verfügbare Workshop, der ihre Angst lindert, einer dieser Videoclips, die einen jungen Mann zeigen, der einen Koran und ein Gewehr hält und schwört, als Märtyrer zu sterben.«

Sosehr man über präventive oder reaktive Therapien, über kontextbezogene oder kontextfreie Modelle streiten mag, in einem Punkt sind sich alle Menschen in dieser Region einig: Es ist eines der größten Kriegsverbrechen, Kinder der Angst vor Terror und Gewalt auszuliefern. Die Spätfolgen sind unabsehbar.

Maha, meine Kollegin, erzählt mir von ihrer dreijährigen Nichte, die in Bethlehem wohnt und die Besetzung der Stadt im März 2002 miterlebt hat. Sie sei so verängstigt und verstört gewesen von dem Lärm der Maschinengewehre, den einschlagenden Kugeln und dem Rollen der Panzer, daß sich die Eltern genötigt sahen, ihrem kleinen Mädchen zu erzählen, das alles sei nur ein Spiel zwischen zwei Mannschaften, ein Wettkampf. Seitdem gehe es dem Mädchen besser. Ich erzähle Maha, daß es einen Film gebe, in dem ein Vater versucht, seinen Sohn vor den Schrecken des Konzentrationslagers zu retten, indem er die Inhaftierung zu einem Spiel erklärt. Aber sie hat nie etwas von Roberto Benignis »La vita è bella« gehört.

Die Eltern einer Schülerin aus der zweiten Klasse meiner Schule erwägen ihre Auswanderung in die USA, weil sie es nicht mehr ertragen können, mit anzusehen, wie die kleine Tochter jeden Morgen vor dem Frühstück erbricht, weil sie Angst hat, mit dem Vater über den Checkpoint nach Jerusalem zu fahren.

Auch meine älteren Schülerinnen bleiben nicht unbeschädigt von der Gewalt der Tage und zeigen Wirkung. Oft sind sie hyperaktiv, überdreht, »aus der Fasson geraten«. Da benehmen sich 15jährige so irrational, daß ich ratlos danebenstehe und nicht weiß, was ich mit diesen überhitzten Temperamentsausbrüchen anfangen soll. Sie singen nicht, sie grölen, sie sprechen nicht, sie brüllen, sie gehen nicht, sie rennen, sie lachen nicht, sie schütten sich aus vor Lachen, sie ärgern sich nicht, sondern überlassen sich heftigen Wutanfällen. Robert Musil hat in »Der Mann ohne Eigenschaften« diesen Typus des leidenschaftlichen Menschen beschrieben: »Entweder man heult vor Wut oder Unglück oder Begeisterung jedesmal los wie ein Kind und entledigt sich seines Gefühls in einen kurzen, nichtigen Wirbel. In diesem Fall, und er ist der gewöhnliche, ist das Gefühl am Ende der alltägliche Vermittler des alltäglichen Lebens; und je heftiger und leicht erregbar es ist, um so mehr erinnert dieses an die Unruhe in einem Raubtierkäfig zur Fütterungsstunde, wenn das Fleisch an den Gittern vorbeigetragen wird, und bald nachher an die satte Ermüdung.«

Die leidenschaftlichen Lebensäußerungen meiner Schülerinnen entspringen nicht nur ihrem Temperament, sie sind auch der Situation geschuldet. Die Mädchen leben, je länger die Intifada dauert, ja eingesperrt in einem wirklichen Käfig, haben als einzige Gegenwelt nur noch die Schule, müssen hier alles loswerden, was an angestauten Emotionen und Frustrationen in ihnen steckt.

Das Manische hat als Gegenpol das Depressive. Die erwachsenen Schülerinnen zeigen sich manchmal sehr verschattet. Da sie gewohnt sind, alle Gefühle vor sich herzutragen, sprechen sie über ihre Stimmungen. »I'm depressed, teacher«, begrüßt mich morgens Tamara in einem Tonfall, in dem man bei uns »Guten Morgen« sagen würde. Die Offenheit wertet nicht die Authentizität ihres Gefühls ab:

sie ist wirklich deprimiert. Zu Beginn der Intifada habe ich Tamara noch als ungemein ehrgeizig erlebt, übertrieben fleißig, erpicht darauf, gute Noten zu schreiben. Diese Haltung hat sich stark gewandelt. Das Depressive äußert sich bei ihr in einer großen Apathie. Sie sieht keinen Sinn mehr in dem, was sie tut. Sie wird immer unzugänglicher. Und war einmal ein dem Leben zugewandtes Mädchen, das an seine Zukunft glaubte.

Victoria erzählt mir von einem Alptraum, der sie ständig quält: sie erwacht aus einer Ohnmacht, und eines ihrer Beine liegt abgetrennt neben ihr, so weit entfernt, daß sie es mit der Hand nicht mehr erreichen kann. Am Fuß des Beines steckt ein roter Socken.

Viele Palästinenser würden ihren Patriotismus gern hintanstellen, wenn es darum geht, die Familie in Sicherheit zu bringen und die Kinder vor den Erfahrungen des Krieges zu schützen. Sie möchten Palästina verlassen. »Nur für eine Weile, bis sich die Lage beruhigt hat«, sagen sie entschuldigend. Denn in diesen Zeiten, in denen nationaler Überschwang die Straßen regiert, steht »Fahnenflucht« nicht hoch im Kurs. Aber den meisten ist es ohnehin kaum möglich, ein Land zu finden, das arabischen Muslimen nach den Erfahrungen des 11. September Aufenthaltsgenehmigung erteilt. Geld hilft da wenig. Man muß schon exzellente Beziehungen haben. Etwas einfacher haben es die christlichen Araber, deren Landflucht anhält. Beit Jala war einmal ein rein christliches Dorf. Inzwischen sind mehr als 40 Prozent der Bewohner Beit Jalas außer Landes gegangen.

Die Palästinenser leiden unter ihrem Eingesperrtsein. Die Israelis leiden unter ihrem Eingesperrtsein.

Aber solange jede Seite die andere für die psychischen

Kollateralschäden des Krieges verantwortlich macht, wird sich daran nichts ändern.

So eine sanfte Person

»So hübsch war sie. So eine sanfte Person. 18 Jahre, man stelle es sich vor. Kein Mannweib. Und diese zarte Stimme. In zwei Monaten wollte sie heiraten. Es hat mir das Herz gebrochen. Ich habe geweint. Wie verzweifelt muß sie gewesen sein.«

Nachruf auf eine Selbstmörderin. Miss Amanda hat Tränen in den Augen, als sie in der Pause im Lehrerzimmer von Ayat Akhras erzählt. Nur ist Ayat kein junges Mädchen, das sich aus Liebeskummer umgebracht hat, sondern eine Selbstmordbomberin, die sich in einem Jerusalemer Supermarkt in die Luft gesprengt hat. Sie hat den Sicherheitsmann mit in den Tod gerissen und ein junges Mädchen getötet, Rachel Levy, die 17 Jahre alt war. Ich habe nicht die sanfte Bomberin im arabischen Fernsehen gesehen, wohl aber ein Foto von Rachel in einer israelischen Tageszeitung betrachtet. Ein schönes Mädchen, sehr weiblich, mit schwarzen langen Haaren und einem sensiblen Blick. Es war zum Herzzerbrechen. Wie verzweifelt mögen ihr Freund, ihre Eltern, ihre Geschwister sein.

»Daß die Juden uns zwingen, die Blüte unserer Jugend zu opfern«, jammert Miss Amanda weiter. Ich drehe mich weg und starre in mein Heft mit Unterrichtsvorbereitungen. Miss Amanda hört auf zu reden. Sie hat mich verstanden, ohne daß ich ein Wort gesagt habe.

Schabbat Schalom

»Schabbat Schalom«, so grüßt man sich, wenn man am Freitagmorgen seine Einkäufe für das Wochenende erledigt: einen friedlichen Schabbat. Manchmal hört man es in Jerusalem auch noch auf Jiddisch: Gut Schabbes!

Freitag morgens ist große Geschäftigkeit in allen Supermärkten, Blumenläden, Weinhandlungen, auf den Obst- und Gemüsemärkten. Denn in einer frommen Stadt wie Jerusalem wird der Schabbat noch gehalten, findet am Abend das traditionelle Schabbatessen statt, wird Wein aus dem Kidduschbecher getrunken und das besondere Schabbatbrot, die Challot, gegessen. Der Vater liest den Text von der Erschaffung der Welt aus dem ersten Buch Mose vor: »Und Gott segnete den siebenten Tag und heiligte ihn, weil er an ihm ruhte von allen seinen Werken.«

Vom Sonnenuntergang am Freitagabend bis zum Sonnenuntergang am Samstag senkt sich eine Ruhe über die Stadt, die für einen Außenstehenden eine merkwürdige Erfahrung ist. Es ist, als drehe sich die Welt langsamer, tauche in einen anderen Aggregatzustand. Das elektrische Licht bleibt ausgeschaltet, Fernseher und Radios verstummen, das Telefon klingelt nicht mehr, der Aufzug bleibt unbenutzt, die Computer schlafen. In meiner Straße fährt kein Auto mehr, die Menschen eilen in die Synagoge oder besuchen im feinen Sonntagsstaat die Verwandten. Was in Europa nur noch höchst selten erfahrbar ist, nämlich einen wirklichen Ruhetag in der Woche zu haben, wird einem in Jerusalem geboten als Chance, sich auf diese Ruhe einzulassen, oder als Irritation, für 24 Stunden in seinen Aktivitäten gelähmt zu sein.

Dieser letzte Schabbat war ein schwarzer Schabbat in Jerusalem. Auf dem Mahane-Yehuda-Markt, wo am Freitagnachmittag ein großes Einkaufsgedränge herrschte, sprengte sich eine palästinensische Selbstmordbomberin in die Luft, tötete sechs Menschen und verletzte viele andere.

Ich war an diesem Abend bei Sarah eingeladen, bei der es kein traditionelles Schabbatessen gab, da sie eine säkulare Jüdin ist, aber Wein und Humus, Pittabrot und gefüllte Weinblätter. Wir wollten in einem Kreis von Freunden einen palästinensischen Film ansehen, den Sarah aus der Videothek ausgeliehen hatte. Heimkino tritt anstelle eines normalen Kinobesuchs, den wir uns alle aus Angst seit Wochen verbieten.

Der Film »Wedding in Galil« zeigt eine traditionelle arabische Welt, in der die Frauen Opfer einer patriarchalischen Herrschaft sind. Die Hochzeitsnacht mit der quälenden Verpflichtung zum »Vollzug«, ohne dessen vorgezeigten Beweis das Fest nicht beendet ist und die Gäste nicht nach Hause gehen können, wird in aller Breite ausgewalzt. Verständlicherweise wird der Bräutigam ob des Erwartungsdrucks impotent, die Braut quält sich ab und zerstört schließlich, als alle ihre erotischen Bemühungen nichts fruchten, gewaltsam ihre Virginität. Diese Geschichten vom blutigen Leinentuch kennt man aus Sizilien und Süditalien und aus der Türkei. Hark Bohm spielt in dem Film »Yasemin« die perfide Variante durch, daß der Bräutigam seine Impotenz der fehlenden Virginität der Braut anlastet. Samar erklärt uns, daß es diese »Blutprobe« in der Hochzeitsnacht in den arabischen Familien nicht mehr gebe, auch nicht mehr in den traditionellen Familien, daß aber in ihrem arabischen Kulturkreis die Ehre der Frau noch immer darin bestünde, als »virgo intacta« in die Ehe zu gehen. Es sei auch noch immer verbreitet, sogenannte »Ehrenmorde« zu begehen. Wenn sie zum Beispiel ihre Unschuld vor der Ehe verlieren würde, hätten ihr Vater oder ihre Brüder nach arabischem Codex das Recht, sie zu töten.

»Aber das würden sie doch nicht tun«, entrüstet sich

Sarah. »Wer weiß«, sagt Samar, »meine Brüder wohl nicht, sie sind moderner, aber für meinen Vater könnte ich nicht garantieren. Für den wäre es schon ein Verbrechen, wenn ich allein mit einem Mann in ein Café gehen würde.« Das deprimiert Michael, der mit in unserer Runde sitzt. Er würde sehr gern mit der schönen Samar allein einen Kaffee trinken.

Nach dem palästinensischen Film schalten wir BBC ein, sehen dort die Bilder nach dem Attentat auf dem Markt. Die Bilder bekommen durch ihre Häufigkeit etwas Anonymes. Aber die Tatsache, daß der Markt 500 Meter von unseren Wohnungen entfernt ist, daß wir in besseren Zeiten hier allwöchentlich Fisch, Gemüse, Obst und Gewürze eingekauft haben, gibt dem Ereignis eine bedrängende Nähe.

BBC bringt weiter Berichte zu Jenin, den Kämpfen von Haus zu Haus, dem Ausmaß der Zerstörung, das die israelischen Truppen im Flüchtlingslager angerichtet haben. Sarah verliert die Fassung, fängt an zu weinen, möchte nicht wahrhaben, daß Israelis zu solcher Destruktion fähig sind. »Dies ist mein Land. Ich bin in dieses Land gekommen und habe es gewählt, wie man einen lebenslangen Geliebten wählt. Und jetzt entpuppt sich der Geliebte als Mörder.«

Neben der tiefen Bestürzung über die Art der israelischen Kriegsführung fürchtet Sarah zu Recht, daß diese in Europa und den USA einem Aufflammen des Antisemitismus Vorschub leistet. Sie glaubt, daß viele Menschen unter dem Deckmantel der gerechten Empörung über das israelische Vorgehen in der Westbank ihre Holocaust-Rücksichten entsorgen und ihren Ressentiments gegenüber Juden freien Lauf lassen. Und sich dabei auf der Seite der Menschen fühlen, die guten Gewissens und mitfühlenden Herzens sind.

Sarah ist an diesem Abend in ihrem Gefühl der Heimatlosigkeit nicht zu trösten. In meiner palästinensischen Schule, so weiß ich, werde ich übermorgen wieder Menschen begegnen, denen in viel weniger metaphorischem Sinn ihre Heimat, ihre Lebensgrundlagen, ihre Hoffnungen genommen werden. Auch sie sind nicht zu trösten.

Hag sameach – schöne Feiertage!

»Hag sameach, schöne Feiertage«, wünschen uns die Freunde vor Pessach, Yaakov aus Beer Sheva und seine Frau, mit denen wir im vergangenen Jahr so eindrucksvoll den Seder-Abend, den Abend vor Pessach, begangen haben. Aber mein Mann und ich wollen in diesem Jahr für drei Tage dem Land und dem israelisch-palästinensischen Krieg entfliehen, der ein immer unerträglicheres Ausmaß an Gewalt angenommen hat. Wir fliegen nach Zypern. Viele Israelis tun es uns gleich. Wo immer wir wandern oder römische Kulturdenkmäler besichtigen, wird um uns herum hebräisch gesprochen. Abends im Hotelzimmer sehen wir im Fernsehen die Bilder vom Selbstmordattentat am Seder-Abend im Parkhotel in Netanya, sehen, wie Ramallah von den Israelis eingenommen wird, wie Bulldozer die Wand zu Arafats Hauptquartier einbrechen. Wir sind für eine kurze Zeit weg von alledem, nur 50 Flugminuten entfernt, aber doch in einer anderen Welt, suchen in den frühlingsgrünen Bergen Zyperns Atem zu schöpfen, Entspannung zu finden. Aber es läßt uns nicht los, was »zu Hause« geschieht, es verfolgt uns, es beherrscht unsere Gespräche.

Auf dem Rückflug nach Tel Aviv sitzt ein Israeli neben uns, der mit seiner Familie die Pessachferien ebenfalls zu einem Kurztrip genutzt hat. Sofort eröffnet er das Gespräch, er weiß schon von den zwei neuesten Attentaten in Haifa und Efrat. Und dann läßt er seiner Erregung freien Lauf, er sei

Offizier der Armee, er wisse, dieser Krieg sei nur durch einen »militärischen Vernichtungsschlag« zu gewinnen. Nur so könne man mit diesen Arabern fertig werden. Das israelische Militär sei dazu fähig, sei dazu willens, aber die Amerikaner mit ihrer Humanitätsduselei würden das verhindern. Auf einen Schlag ein paar tausend Palästinenser töten, dann hätte man Ruhe, wenigstens für die nächsten zehn Jahre. Er lebe in einem Settlement, in der Westbank, er habe keine Angst, die Siedlung sei durch einen elektronischen Zaun geschützt, das Militär würde Tag und Nacht den Eingang bewachen und am Zaun entlangpatrouillieren. Aber es müsse jetzt endlich Schluß sein mit dieser wachsweichen Politik. Verhandeln mit den Arabern? Daß er nicht lache! Sie hätten nur eine Sprache, die sie verstünden, das Maschinengewehrfeuer!

Die Frau des Siedlers und seine beiden Kinder sitzen in der Vorderreihe. Die hübsche, etwa 8jährige Tochter beugt sich über ihren Sitz zum Papa hinüber und wuschelt ihm mit einem Plüschtier – einem Pessachgeschenk vermutlich – im Gesicht herum. Der Mann lacht. Er ist stolz auf seine Tochter. Das Flugzeug landet heil in Tel Aviv.

Oster-Passionen

»Ich sitze seit Tagen mit meinen Eltern und Geschwistern in unserem Haus in Bethlehem fest. Manchmal schiebe ich die Lamellen am Rollo des Wohnzimmerfensters auseinander, um einen Blick auf die Straße zu werfen. Mein Vater darf das nicht sehen, sonst wird er wütend. Denn in dem Fenster gibt es unzählige Einschläge von Kugeln, und er hat Angst, daß mich eine Kugel trifft. Alle unsere Fenster sind zerschossen oder zerborsten. Der Balkon unseres Hauses ist herabgestürzt. Auf der Straße sehe ich demolierte Autos, abgeknickte Telefonmasten, abgesäbelte Straßenschilder, Berge von Müll. Die israelischen Panzer haben Bethlehem zu einem Schutthaufen gemacht. Könnte ich doch nur zur Schule nach Jerusalem kommen! Ich sitze den ganzen Tag zu Hause und streite mit meinen Brüdern, welches Fernsehprogramm wir ansehen.«

Das erzählt mir Dana, eine meiner Schülerinnen, am Telefon. Bethlehem liegt in diesen Apriltagen 2002 auf einem anderen Stern. Einem Stern, der nicht leuchtet und weder Weise aus dem Morgenland noch Pilger aus aller Welt anzieht. Bethlehem ist eine Geisterstadt geworden, in der sich, sagt Dana, nicht einmal mehr die Katzen auf die Straße trauen, als witterten sie, daß alles, was sich bewegt, Gefahr läuft, erschossen zu werden.

Die Osterferien an meiner Schule sind wegen der Kriegssituation verlängert worden. Nach einer Woche öffnen wir wieder, versuchen unter schwierigen Bedingungen, Schule zu ermöglichen, Normalität und Struktur aufrechtzuerhalten in einem Umfeld, das immer mehr im Chaos versinkt.

Aber meine Schülerinnen haben keine Lust zu lernen, sie wollen ihren Zorn und ihre Ohnmacht artikulieren und wollen, daß man ihnen zuhört.

Auch meine Kolleginnen haben keine Lust zu unterrichten, sie wollen ihren Zorn und ihre Ohnmacht artikulieren und wollen, daß man ihnen zuhört.

So höre ich viele Geschichten vom Kriege.

Nadia, eine Kollegin aus Ramallah, ist hochschwanger. Ihr Mann bestand darauf, vorübergehend bei Verwandten in Jerusalem zu leben, damit sie bis zum Beginn des Mutterschaftsurlaubs vom Streß des schwierigen Schulwegs befreit sei. In ihrer Abwesenheit wurde Ramallah von der israelischen Armee besetzt. Die Soldaten untersuchten Haus für Haus nach Terroristen und Waffen. Häuser, die verschlossen waren, wurden mit Bomben aufgesprengt, so auch Nadias Haus. Die Nachbarin hat ihr am Telefon berichtet, daß die Zimmer ohne Wände zur Straße hin offenstehen und zur Plünderung einladen. Die Kolleginnen trösten Nadia und streicheln ihren Bauch: Du hast ja das Kind. Paß auf dein Kind auf! Nadia weint – und geht in den Unterricht.

Nadia und alle anderen Palästinenser, die Schaden an Leib oder Eigentum erleiden, können nicht auf eine Entschädigung hoffen, da die Israelis ein Gesetz erlassen haben, daß die Schäden, die die Armee anrichtet, unter »Kriegsaktivitäten« fallen, also nicht kompensiert werden müssen.

Hassan, unser Physiklehrer aus Bethlehem, ruft jede Stunde in der Schule an und sagt: »Ich habe nichts zu essen, ich verhungere, ich habe nichts zu essen, ich brauche Kopfwehtabletten.« Seine Cousine ist vor zwei Tagen in den Kopf geschossen worden, als sie sich auf die Straße wagte, um während der Ausgangssperre Brot zu kaufen.

Eine Schülerin erzählt mir, daß ihre kleine Cousine nachts 40 Grad Fieber bekam, aber wegen der Ausgangssperre kein Arzt, keine Medikamente geholt werden konnten, daß die Mutter und die Geschwister den Vater festhielten, um zu verhindern, daß dieser doch aus dem Haus ging, um Hilfe zu holen. Der jüngste Bruder habe immer geschrieen: Laß sie doch sterben, laß sie doch sterben!

Eine andere Schülerin erzählt von dem Baby ihrer Tante in Ramallah, das acht Wochen zu früh geboren wurde und an einem Sauerstoffapparat hängt, bis seine Lungen kräftig genug sind, daß es selbst atmen kann. Es wird sterben, weil der Sauerstoffvorrat des Krankenhauses zu Ende geht und kein Nachschub angeliefert werden darf.

Manchmal wird in den Städten der Westbank für zwei Stunden am Nachmittag die Ausgangssperre aufgehoben. Sobald der Lautsprecher das ankündigt, stürmen die Menschen aus ihren Häusern auf der Jagd nach Reis und Öl. Sie laufen in die Apotheken, in die Arztpraxen, rennen um Wasserflaschen, Gasflaschen, Kerzen, Batterien und haben in der kurzen Zeit keine Chance, das Notwendigste zu besorgen. Unwürdige Szenen spielen sich ab, weil Menschen gezwungen werden, andere niederzukämpfen, um überleben zu können.

Die israelischen Truppen erlauben nicht, daß die Verwundeten, die in Bethlehem auf der Straße liegen, von Ambulanzen, Sanitätern, Ärzten versorgt werden. Sie argumentieren, daß mit einer Ambulanz des Roten Halbmonds einmal eine Bombe aus einem Flüchtlingslager geschmuggelt worden sei. Selbst wenn das stimmen würde: ist das Rechtfertigung genug, in einer Art Kollektivstrafe Menschen auf der Straße verbluten zu lassen? Und warum dürfen nicht einmal die Ambulanzen des Internationalen Roten Kreuzes ausfahren, die über jeden Verdacht erhaben sind, Bomben oder Bombenleger zu schmuggeln? Tote liegen neben den Verwundeten, ihre Angehörigen dürfen sie nicht von der Straße holen, nicht begraben. Elementare Grundrechte menschlichen Zusammenlebens, die seit der Antike als humane Forderungen gelten, werden außer Kraft gesetzt. Auch hier durfte Antigone den Bruder nicht bestatten.

Am Nachmittag des 4. April wurde nach langer Verhandlung mit dem Roten Kreuz einer einzigen palästinensischen Ambulanz erlaubt, in Bethlehem auszufahren und ihre traurige Fracht zu bergen. Auf der Straße fanden sich drei Leichen und zwei Verwundete. Da der Krankenwagen zu klein war für fünf menschliche Leiber, stapelten die Sanitäter die Toten zuunterst und legten die Verwundeten auf die Toten. Darüber hätten sie noch ein Symbol für das Ableben der Achtung vor der menschlichen Würde legen können.

Azoun, eine Kleinstadt mit 9000 Einwohnern in der Westbank, ist eingeschlossen. Der einzige Zugang führt durch ein eisernes Tor, das von israelischen Soldaten kontrolliert wird. Keine Ambulanz kann in den Ort hinein, kein Schulbus kann hinausfahren. Alles hängt an der Schlüsselgewalt eines israelischen Offiziers. Dieser Zustand ist wohl das, was einer der »Refuseniks«, Yishai Rosen-Zvi, die »Brutstätten des Terrors« genannt hat. Wer die Stadt verlassen will, muß im Straßengraben niederknien und auf die Befehle der Soldaten warten. Auch Schulkinder müssen ihre Jacken öffnen, Männer müssen ihre T-Shirts ausziehen und halbnackt auf die Leibesvisitation warten. Eine Frau, Sami Radi, die einen Herzanfall und schwere Lähmungserscheinungen hatte, wurde von ihren Söhnen auf den Ladewagen eines Viehtransporters verfrachtet, weil kein Taxi ins Dorf gelassen wurde. Auf diese Weise wurde sie durch das eiserne Tor transportiert, erst jenseits des Tores durfte eine Ambulanz sie aufnehmen.

In Jenin wird eine 50jährige Frau erschossen, als sie israelischen Soldaten die Tür öffnete, die in ihr Haus wollten. 90 Prozent der Haushalte in Nablus haben kein Wasser und keine Elektrizität. Rote-Halbmond-Wagen werden in allen Städten der Westbank beschossen, drei Sanitäter sind bisher schwer verwundet worden. Journalisten dürfen nicht mehr filmen. Versuchen sie, Aufnahmen zu machen, wird auf sie geschossen. Die Ausgangssperren bedrohen mehr und mehr die öffentliche Gesundheit, da viele Städte in der Westbank nicht an das öffentliche Abwassersystem angeschlossen sind und Abwasser und Müll nicht mehr abtransportiert werden können.

Eine neue Militärorder (Nummer 1500) gibt jedem israelischen Armee- oder Polizeioffizier das Recht, einen Palästinenser für 18 Tage zu verhaften und ihm ein Treffen mit einem Rechtsanwalt zu untersagen. Auch nach Ablauf dieser 18 Tage kann ihm der Kontakt mit einem Anwalt verwehrt werden. Das normale Gesetz besagt, daß auf Anordnung eines Richters ein Verdächtiger höchstens acht Tage inhaftiert werden darf und er ein Recht auf anwaltlichen Beistand hat. Israelische Menschenrechtsorganisationen haben den obersten Gerichtshof angerufen, über die Rechtmäßigkeit dieses »Notstandsgesetzes« zu entscheiden.

In der Geburtskirche in Bethlehem haben sich über 200 Palästinenser verschanzt, bewaffnete Milizen, aber auch Zivilisten. Unter ihnen ist ein Toter, sind Verwundete. Das israelische Militär hat dem päpstlichen Nuntius versprochen, nicht auf die Geburtskirche zu schießen. Die Panzer stehen um die Kirche herumpostiert und warten, bis die Menschen aus ihrem Schutzraum herauskommen. Und sie werden kommen: die weiße Flagge der Kapitulation wird irgendwann gehißt werden müssen. Was dann mit den Menschen geschieht, weiß zu diesem Zeitpunkt noch niemand. Aber die Israelis werden dem Papst vermelden, daß sie der Heiligkeit des Ortes Respekt gezollt haben.

In der Knesset gibt es am 4. April 2002 eine außerordentliche Debatte über die Offensive der israelischen Armee in der Westbank. Der Führer der Opposition, Yossi Sarid von der Meretz-Partei, nennt die Invasion »einen Krieg ohne Zukunft, ohne wirkliches Ziel«. »Wir mögen den Palästinensern Waffen gegeben haben, aber ihr habt ihnen eine Motivation gegeben, die Waffen zu gebrauchen«, sagt er an die Adresse der Regierungsparteien. Wütende rhetorische Attacken folgen auf Sarids Worte: Reuven Rivlin, der Kommunikationsminister, ruft: »Ihr rechtfertigt das Massaker von Haifa. Die Nation verachtet euch.« Jigal Bibi geht noch weiter: »Verräter, verzieht euch doch nach Gaza!« Als ein Vertreter der israelischen Araber, Mohammed Barakeh, sagt: »Eine Armee kann einen Sieg erzielen, aber nicht ein Volk vernichten«, retourniert Benny Alon von der Nationalen Front auf arabisch: »Yallah, yallah, halt den Mund und hau ab!« Sarid richtet seine weiteren Vorwürfe gegen Peres, der immer noch nicht Anlaß gefunden habe, aus dieser Regierung auszutreten: »Wo steht eigentlich dieser Mann?«

Ich sitze ohnmächtig in meiner Wohnung in diesen ersten Apriltagen, kann nicht zur Schule gehen, sehe, höre, lese, was in meiner unmittelbaren Umgebung passiert, halte Kontakt zu meinen Schülerinnen und Kolleginnen, die in der Westbank leben. Was da noch leben heißt.

Im »Herald Tribune« sehe ich ein Foto von Scharon, aufgenommen bei einem Besuch einer Truppeneinheit vor ihrer Abfahrt in die Westbank. Er lacht übers ganze Gesicht. Er lacht das Lachen eines Siegers. Eine Umfrage hat ergeben, daß seine Popularitätskurve nach Beginn der Militäraktion »Verteidigungsschild« von 45 auf 80 Prozent gestiegen ist. »Nie war die Lage in Israel so schlimm wie jetzt«, sagt eine Freundin. »Und nie waren die Israelis so schlimm wie jetzt.«

Sicher ist, daß diese militärische Wiedereroberung der Westbank kein Privatkrieg des alten Militärhaudegens Scharon ist, sondern daß die Mehrheit der Israelis hinter ihm steht.

Diese Mehrheit übt sich in einer Stimmlage: Wir stehen zusammen, Einigkeit macht stark, Kampf der »Achse des Bösen«.

Ich habe in den letzten Monaten viel von meinen israelischen Freunden erfahren über ihr Schutzbedürfnis, ihre Sehnsucht nach Sicherheit, ihr Trauma, wieder mit dem Rücken zur Wand zu stehen. Aber ich kann diesen Krieg nicht in Einklang bringen mit dem gerechtfertigten Bedürfnis der Israelis, sich zu verteidigen.

Grund zum Feiern?

Am Vorabend des israelischen »Independence Day«, an dem die Unabhängigkeit Israels im Jahr 1948 gefeiert wird, bin ich zufällig in einem Fernsehstudio. Dort laufen parallel zwei Fernseher. Auf einem wird ein arabisches, auf dem anderen ein israelisches Programm ausgestrahlt, beide ohne Ton. Auf dem palästinensischen Kanal gibt es eine Sendung zur »Nakba«, der »Katastrophe«. So wird hier die israelische Staatsgründung benannt, die für das palästinensische Volk den Weg in die Abhängigkeit bedeutet, den Verlust der Selbstbestimmung, das nationale Desaster. Der jüdische Staat wurde auf 77 Prozent palästinensischen Grund und Bodens erbaut, also Land, das nicht von den Juden angekauft war. 87 Prozent der palästinensischen Bevölkerung verloren 1948 ihre Heimat.

Eine Bilderflut ergießt sich über den Zuschauer, eine geballte Szenenfolge vom Leiden des palästinensischen Volkes: schwarzweißes Archivmaterial aus dem Unabhängigkeitskrieg 1948 wird mit allerjüngsten Bildern von den Zerstörungen in Bethlehem und Jenin verschnitten. Dazwischen immer wieder steinewerfende Jungen und brutal agierende israelische Soldaten. Und viele Bilder von hohläugigen Kindern, Verletzten, Verstümmelten. Als Flash, der im Hintergrund als Prinzip Hoffnung in all der Düsternis auftaucht, leuchtet die goldene Kuppel des Felsendoms auf.

Das Programm ist im wörtlichsten Sinne pathetisch, indem es das Leiden des palästinensischen Volkes in Szene setzt.

Was der israelische Kanal zeigt, grenzt eher ans Pathologische. Ausgelassene Menschenmengen tanzen auf dem Safra Square in Jerusalem, auf dem Rabin Square in Tel Aviv, auf vielen Plätzen in vielen israelischen Städten. Sie schwingen heftig und in kreisförmigen Wirbeln israelische Fähnchen in der Luft. Das Tanzen hat etwas einstudiert Fröhliches, als hätten Choreographen wochenlang daran gearbeitet, die einzigartige Mischung aus konventioneller Bewegung, aufgesetzter Lustigkeit und indifferenter Folkloremusik zusammenzubringen. Mir kommt sie vor wie eine Mixtur aus Kölschem Karneval und DDR-Feiern zum internationalen Tag der Arbeit.

Dann erscheint Scharon unter den Tanzenden, lacht, strahlt, nimmt in seiner physischen Präsenz die Bildfläche ein. Das feiernde Volk huldigt ihm, er nimmt den Kotau mit dem generösen Gestus eines Monarchen entgegen, der seine Untertanen mit einer Erklärung zum hundertjährigen Frieden beglückt.

In Ostjerusalem hört man das Feiern auf dem Safra Square. Denn die Grenze zwischen dem israelischen und palästinensischen Teil der Stadt verläuft hier nur wenige Meter entfernt. In Bethlehem und Beit Jala können die Menschen, die seit zwei Wochen unter dem Ausgangsverbot leiden, auch das Feuerwerk über Jerusalem sehen, das nicht weniger üppig ist als in den Jahren zuvor. Falls sich die Menschen dort an die Fenster ihrer Wohnung trauen. Und falls diese Fenster nicht völlig blind geworden sind von den vielen Einschüssen der vergangenen Tage. Das Feuerwerk klingt wie Geschützdonner, vielleicht erschrecken die Kinder in Bethlehem im Schlaf, weil sich ihnen dieses Geräusch in ihr Gedächtnis eingebrannt hat.

Der Lärm des Festes verfolgt auch mich in den Schlaf hinein. Am nächsten Morgen weht mir der Wind die traurige Hinterlassenschaft der Festivität auf den Schulweg: Hunderte von Plastikbechern, Falafel-Tüten, ausgediente Fähnchen mit dem Davidstern. Die Stadt ruht sich noch aus und scheint erst wieder erwacht, als ich nach der Schule den Heimweg antrete. Jetzt sieht man israelische Familien, reichlich mit Barbecue-Ausrüstung versehen, in die Parks und öffentlichen Anlagen ziehen, um den arbeitsfreien Tag im Grünen zu verbringen. Als ich am Inbal Hotel vorbeigehe, das mit seinen unzähligen Israel-Fahnen wie eine beflaggte Korvette aussieht, erhebt sich unvorhergesehener Lärm am Himmel: die Israelis krönen den Tag mit einer Luftshow. Helikopter ziehen in symmetrischen Formationen ihre Kreise, als wollten sie demonstrieren, wie hübsch und harmlos sich die kleinen »Apachen« gegen die Bläue des Himmels ausnehmen. Aber auch Kampfflugzeuge schwereren Kalibers ziehen in geordneter Reihung Richtung Ramallah. Die picknickenden Ausflügler halten die Köpfe ihrer Kinder in die Luft, damit diesen nicht entgeht, in welch einem schönen und starken Land sie leben.

Ramallah ist nicht Auschwitz

Falsche Vergleiche haben Konjunktur. An meinem ersten Schultag begrüßten mich Schülerinnen der elften Klasse mit einem Bild, das sie an die Korkwand im Schulflur gepinnt hatten. Es zeigte einen Davidstern und ein Hakenkreuz, verbunden mit einem Gleichheitszeichen, potenziert durch ein hoch zwei hinter dem Hakenkreuz. Nein, sagte ich, die Israelis sind keine Nazis. Natürlich erntete ich heftigen Widerspruch. Als ich geduldig herauszuarbeiten versuchte, was ein Genozid ist, waren meine Schülerinnen nicht mehr interessiert. Sie reklamierten leidenschaftlich die Rolle der Opfer für die Palästinenser und wollten nicht wissen, daß und wie Juden einmal gelitten haben.

Im Frühjahr 2002 macht der portugiesische Schriftsteller José Saramago Arafat in Ramallah seine Aufwartung und erklärt anschließend, Ramallah sei Auschwitz. Saramago ist der meistgelesene ausländische Autor in Israel, sein ins Hebräische übersetzter Roman »Die Stadt der Blinden« hat allein eine Auflage von über 60000 Exemplaren, bei einer hebräischsprechenden Bevölkerung von unter fünf Millionen Menschen ist das ein sensationeller Bestseller. Jetzt werden seine Bücher in den Buchhandlungen nicht mehr angeboten. Sein Verleger versuchte halbherzig und wenig überzeugend, seinen Autor zu entschuldigen: Saramago sei ein grandioser Schriftsteller, leider habe er von Politik keine Ahnung.

Auf einer Pressekonferenz mit Saramago war die Zurückweisung deutlicher. Amira Hass, eine in Ramallah lebende israelische Journalistin, die unnachsichtig die Okkupationspolitik und das Vorgehen der israelischen Armee in der Westbank geißelt und damit zu einer moralischen Instanz in Israel geworden ist, erregte sich: »Ramallah hat keine Gaskammern!« Ein anderer israelischer Journalist wurde noch drastischer und sagte an die Adresse der Palästinenser gerichtet: »Wenn wir Nazis wären, säßet ihr nicht mehr hier, sondern wärt auf dem Weg in die Seifenfabrik.«

Es geht nicht darum, die Politik Israels zu rechtfertigen. Aber die Vernichtung der Juden und das Leiden des jüdischen Volkes in der Zeit des Nationalsozialismus haben Dimensionen, die unvergleichbar sind und unzulässig verkleinert werden, wenn man sie auf anderes anwendet. Die Nazi-Vergleiche, die jetzt sogar in Deutschland Mode werden, sind in der Sache falsch und in der Wirkung gefährlich. Ich las, daß bei einer Demonstration in Berlin nicht nur Palästinenser, sondern auch Deutsche Israel-Fahnen mit eingedrucktem Hakenkreuz verbrannt haben. Die Botschaft ist deutlich: Israelis sind Tyrannen und Massenmörder. Sich von ihnen zu befreien wäre durch ein Widerstandsrecht legitimiert.

Israel nimmt die deutschen Reaktionen auf die Scharon-Politik und die militärischen Operationen genau unter die Lupe. Nicht, daß man hier nicht sähe, daß antisemitische Ausschreitungen in Belgien oder Frankreich ein wesentlich schlimmeres Ausmaß angenommen haben. Aber Deutschland, das für manche Israelis zu einem beliebigen Land in Europa zu werden schien, erscheint wieder auf der Landkarte der nationalen Idiosynkrasien. Das Trauma meldet sich zurück, die bei einigen Juden längst verschütteten Erfahrungen kommen wieder hoch, die Verletzbarkeit findet das alte Objekt. Man mißt die europäischen Länder von neuem mit zweierlei Maß – und bekennt sich dazu.

Nicht, daß man als Deutscher nicht die Politik Israels kritisieren dürfte. Aber auch die Israelis, die selbst nicht eben zimperlich mit ihrer Regierung umspringen und Scharon als monströs apostrophieren, reagieren allergisch, wenn sie hinter der Kritik der Deutschen den alten Antisemitismus aufzuspüren meinen. Sie fürchten, daß unter dem Deckmantel der Empörung über israelische »Kriegsverbrechen« der Holocaust entsorgt werden soll, daß sich Deutschland aus der Schuld verabschieden will.

In »Ha'aretz«, stand Anfang Juni ein großer Artikel über den neuen Nationalstolz der Deutschen, der das Schuldbewußtsein ablöse und den Weg für einen neuen Antisemitismus ebne. Der Beitrag war groß illustriert mit einer Karikatur, die den deutschen Adler braun auf brauner Wand zeigt. Am rechten Flügel steht auf einer Leiter ein Mann, der mit einer Spritzpistole den Adler mit reiner weißer Farbe besprüht. Die Botschaft ist deutlich. Der Kommentator bezieht sich auf den Skandal um den Grünen-Abgeordneten Karsli, der das Vorgehen der israelischen Armee als »Nazi-Methoden gegen ein unschuldiges Volk« etikettierte, der daraufhin aus der Partei der Grünen ausgeschlossen und von der FDP willkommen geheißen wurde, ausdrücklich begrüßt von Jürgen Möllemann, der auch noch Verständnis für palästinensische Selbstmordbomber äußerte. Diese Erscheinungen seien die Spitze eines Eisbergs im fortschreitenden Prozeß der Selbstrechtfertigung und »Selbstheilung« der Deutschen, schreibt der Autor des Artikels. Die Deutschen wollten sich endlich des jahrzehntelang internalisierten Schuldgefühls gegenüber Juden entledigen, sie seien seiner, um mit Martin Walser zu sprechen, »müde«.

Damit aber wird ein Tabu gebrochen, das ein eisernes Gesetz im Nachkriegsdeutschland war: jede Form von Antisemitismus zu ächten und sich der besonderen deutschen Verantwortung gegenüber Israel und den Juden bewußt zu sein.

Michael mußte kürzlich eine Dienstreise nach Hebron machen und mehrere Checkpoints passieren. An einem hielten ihn israelische Soldaten an, studierten lange seinen offiziellen Dienstausweis, ausgestellt vom Auswärtigen Amt der Bundesrepublik Deutschland, und sagten: »Na, du Nazi, was willst du denn in Hebron? Palästinensische Terroristen trainieren?«

»Die Deutschen und die Juden kommen einfach nicht voneinander los«, sagt ein israelischer Freund, ein Jude deutscher Herkunft.

Im Sog des Mit-Leidens

Der Geist der Zwietracht schlich sich fast unmerklich im Frühjahr 2002 auch in unsere vier Wände. Das, was wir am Anfang als »ideale Konstellation«, als »große Bereicherung« gefeiert hatten, nämlich, daß mein Mann in Israel arbeitet – und was kann israelischer sein als die Hebräische Universität in Jerusalem! – und ich in Palästina, wurde mehr und mehr zur Belastung. Die Schärfe der Konfrontation draußen bildete sich innen ab, polarisierte uns immer mehr. Auch als Außenstehender, als Nichtisraeli, Nichtpalästinenser, kann man in dieser Situation nicht kühl und unbeteiligt bleiben, man gerät in ein Mit-Leiden wie in einen Sog.

Plötzlich gab es stundenlange Auseinandersetzungen um ein »falsches Adjektiv« in einem meiner Artikel, um einen verblendeten Blick und einen vermeintlichen oder wirklich parteiischen Zungenschlag.

Die Fallhöhe von unserer Hochgestimmtheit und Begeisterung, mit denen wir in unser gelobtes Land gezogen waren, das uns verheißen schien wie ein Geschenk des Lebens, zu einem Zusammenbruch unserer Verständigungsmöglichkeiten war so groß, daß ich sie kaum verarbeiten konnte. Mein Mann formulierte seine Enttäuschungen, reklamierte meinen Mangel an Solidarität mit Israel. Ich sei dabei, Israel zu »verraten«, das ich doch einmal als meine lebenslange Liebe bezeichnet hätte. Ich monierte sein fehlendes Verständnis für das Leiden der Palästinenser und ihren Kampf für Freiheit von der israelischen Okkupation.

Die Disharmonie fiel auf meine Seele. Ich hatte nicht für möglich gehalten, daß die äußeren Spannungen auf uns abfärben könnten, daß auch wir nicht unbeschadet und unbeschädigt aus diesem Krieg davonkommen sollten.

Schlaflosigkeit wurde zum Dauerzustand, Kopfwehtabletten kaufte ich nur noch im 100er-Pack. Ende April brach ich an einem Morgen in der Schule zusammen. Glücklicherweise ließ mich das orthodoxe Ostern, das mit einigen freien Tagen verbunden war, wieder auf die Beine kommen.

Die Verschärfung der Lage, die Fülle der Selbstmordattentate, die Jerusalem erschütterten und die Stadt zum Gefängnis machten, verstärkten das Gefühl, in einer Falle zu sitzen. Ich überlegte, alleine nach Deutschland abzureisen. Aber wenn ich den Gedanken erwog, hatte ich ihn auch schon verworfen. Konnte ich meine Schülerinnen im Stich lassen? Vielleicht war ja nur einigen von ihnen der Deutschunterricht wichtig. Aber sie sahen in mir einen Menschen, der von außen kam, sich auf sie einließ und ihre schwierige Situation mit ihnen teilte. Würde ich vorzeitig, mitten im Schuljahr, die Segel streichen, wäre das mit Sicherheit eine große Enttäuschung für sie, würde das Ende allen Vertrauens bedeuten.

Also blieb ich. Aber der April war ein dunkler Monat. Draußen blühten die Rosen in üppiger Fülle. Alle Bäume verschwendeten sich in sattem Grün. Wie grandios hätte Jerusalem im Frieden sein können! Statt dessen schrumpfte die Stadt für mich zusammen zu Schule und häuslichem Arbeitszimmer. Ich wurde, wie Thomas Mann das genannt hat, eine »Zimmerlinde«, eine Pflanze, die ihre Blätter hängen läßt, weil sie zu wenig Regen, Sonne, Sauerstoff und Zuspruch bekommt.

Rivka, die mich einmal so mit hängendem Laubwerk erlebte, sagte: »Was denkst du denn! Wir sind alle Opfer der Situation. Wir brüllen unsere Kinder an, wir streiten ständig mit unseren Partnern. Wir essen zuviel, rauchen zuviel, trinken zuviel. Und sehen pausenlos Fernsehen. Und brüllen wieder los. Ihr seid genauso ein Opfer der Lage wie wir alle. Nur, daß wir wenigstens die emotionale Sicherheit haben, wo wir hingehören. Aber du gehst jeden Tag über die Grenze ans Damaskustor und erwartest, daß du die extrem unterschiedlichen Erfahrungen wunderbar fein ausbalancieren kannst. Für dich selbst und für deinen Partner ein Muster an reifer und kluger Ausgewogenheit bist. Brüll doch einfach mal, wie wir Israelis das tun. Du wirst sehen, dann geht es dir gleich besser.«

Ich habe wenig Talent zum Brüllen. Aber im Mai geschah ein kleines Pfingstwunder. Mein Mann und ich redeten zwar immer noch mit verschiedenen Zungen, aber wir konnten die Sprache des anderen wieder entziffern und unsere unterschiedlichen Meinungen besser zulassen und respektieren.

Und die Bougainvilleen begannen zu blühen.

Jenin

»Jenin ist zum palästinensischen Stalingrad geworden«, lese ich in der Zeitung. Arafat liebt es, von »Jeningrad« zu sprechen. Ich stutze über diesen Vergleich. In Stalingrad wurde 1943 die deutsche 6. Armee unter Generalfeldmarschall Paulus fast völlig zerrieben. Es war die größte Niederlage der Deutschen im Zweiten Weltkrieg.

In Jenin hat die israelische Armee über zehn Tage lang gekämpft. 34 israelische Soldaten sind getötet worden. Die

Zahl der palästinensischen Opfer liegt im dunkeln, sie schwankt zwischen 50 und 500. Über 1000 Palästinenser sind verhaftet worden, nach israelischen Angaben sind darunter gesuchte Terroristen. Über 100 Häuser sind dem Erdboden gleichgemacht worden, das sind etwa ein Zehntel aller Häuser, etwa die gleiche Anzahl ist beschädigt worden. In der Mitte des Flüchtlingslagers ist mit Bulldozern das Feld der Zerstörung planiert worden, ein Schutthaufen, der hoch über dem Straßenniveau liegt.

Aber Jenin ist kein palästinensisches Stalingrad, nicht der Ort der größten Niederlage. Da jeder moderne Krieg ein Krieg der Medien ist, kann Jenin eher als der Ort der größten moralischen und politischen Niederlage Israels traurige Berühmtheit erlangen.

Meine Kolleginnen sprechen jeden Tag über Jenin. Aber in die Empörung über das, was geschehen ist, mischt sich auch immer Genugtuung: »Jetzt sieht die Welt einmal, was mit uns geschieht.« Das Fernsehen überträgt die Bilder: ein zerstörtes Haus, in den zur Straße hin offenen Räumen sitzen wie in einem Schockzustand eingefroren Frauen und Kinder. Schulkinder wühlen mit den Händen oder kleinen Gartenschaufeln in dem meterhohen Schutt, um noch Überreste von dem zu finden, was ihnen einmal gehört hat. Ground Zero in der Westbank. Auch wenn kein Massaker stattgefunden hat und es keine Massengräber gibt, von denen die Palästinenser geredet haben, bleiben die nicht bestrittenen Vorwürfe, daß im Flüchtlingslager von Jenin humanitäre Hilfe von den Israelis behindert wurde. Und als die Kämpfe vorüber waren, als es noch Hoffnung gab, daß unter den Trümmern Lebende zu finden wären, versperrte die Armee den humanitären Organisationen den Zutritt.

Die UN-Kommission, die die Vorgänge untersuchen wollte, daran zu hindern, ihre Arbeit aufzunehmen, hat in der Welt

Befremden ausgelöst. Wenn man nichts zu verheimlichen hat, warum läßt man dann nicht eine unabhängige Institution genau das bestätigen? So leistet man der Ansicht Vorschub, daß in Jenin Israels moralische Reputation zu Grabe getragen wurde. Es wird lange dauern, bis Israel sie zurückgewonnen hat.

Michael erzählt mir von Freunden aus Ramallah, deren Büro von israelischen Soldaten »untersucht« wurde. Die Computer und die gesamte technische Büroeinrichtung wurden zerschossen. Das Bargeld wurde gestohlen, nur Schekel, keine Dollar, keine jordanischen Dinare, denn das wäre »heißes Geld«, wenn ein Soldat damit erwischt würde. Das Büro ist eine Privatfirma, unter militärischen Gesichtspunkten völlig unbedeutend, so ist die Zerstörung der reine Vandalismus.

Inzwischen hat die militärische Führung Israels offiziell zugegeben, daß es zu Fällen von Plünderungen und Vandalismus gekommen sei. Man werde die Vorwürfe untersuchen. Auf Entschädigung kann aber nur der hoffen, dessen Fall zu einer gerichtlichen Verurteilung von Soldaten führte. *Führte*: der Irrealis ist hier angebracht.

Bett an Bett

Die Szene könnte von Hanoch Levin, dem großen israelischen Dramatiker sein, der soviel Gespür für die Brutalität des Alltags in seinem Land hatte und einen daraus entspringenden absurden Witz.

Da liegen nach den Kämpfen in Jenin im Haemek-Krankenhaus im israelischen Afula verwundete israelische Soldaten und verwundete Palästinenser Wand an Wand, Bett an Bett. Sie werden behandelt von israelischen Ärzten, aber auch von arabischen Ärzten, die an diesem Krankenhaus arbeiten, das nahe der »Grünen Linie« liegt, der Grenze zwischen Israel und der Westbank. Man muß sich in die Gefühlslage der Betroffenen hineinversetzen. Neben mir liegt vielleicht der Soldat, der auf mich geschossen hat oder meinen Nachbarn getötet hat, sagt sich der Palästinenser. Neben mir liegt vielleicht der Terrorist, der meine Kumpel in einen Hinterhalt gelockt hat und dann den Sprengsatz gezündet hat, sagt sich der israelische Soldat. Jetzt muß ich jemanden operieren, der vielleicht, wenn er wieder gesund ist, nach Jenin zurückgeht und das nächste Bombenattentat auf meine Landsleute plant, dem auch ich zum Opfer fallen kann, sagt sich der israelische Arzt. Jetzt flicke ich einen israelischen Soldaten zusammen, der in ein paar Wochen an einem Checkpoint einer sterbenskranken palästinensischen Frau den Weg ins Krankenhaus versperrt, sagt sich der arabische Arzt, der ein Israeli ist, aber ethnisch gesehen auch ein Palästinenser. Das Haemek Hospital ist in diesen Tagen zu einem beinahe surrealen Platz geworden, wo erbitterte Feinde aufeinandertreffen, Feinde noch immer, aber verwundet, entwaffnet und im gleichen Maße der Hilfe bedürftig oder zur Hilfe verpflichtet.

Das Krankenhaus in Afula wollte einmal ein Symbol sein für die gelingende Nachbarschaft von israelischen Juden und israelischen Arabern. Auf den Krankenhausgängen trafen sich orthodoxe Juden mit Schläfenlocken und schwarzem Hut mit Arabern in der Kefiah. Hebräisch und Arabisch gingen durcheinander, russische Laute von Neueinwanderern waren zu hören, Englisch von den Besuchern aus dem Ausland. Vereinzelt gab es sogar noch Jiddisch. Auf dem exterritorialen Feld eines Krankenhauses, wo das Ansehen der Person immer das Ansehen eines leidenden Menschen ist, unabhängig von seiner ethnischen Herkunft und Sprache, war Zusammenleben möglich. Israelischen Ärzten wurde von den arabischen Patienten, denen sie geholfen hatten, gedankt, und kein Israeli zog die Augenbrauen hoch, wenn er hörte, daß ein arabischer Arzt sein gebrochenes Bein operierte.

Diese selbstverständliche Zusammenarbeit zwischen unterschiedlichen ethnischen Gruppen war ein Zeichen der Hoffnung, daß aus der Zusammenarbeit Zusammenleben erwachsen könnte.

Aber in diesen Tagen wird diese Hoffnung auf eine äußerste Zerreißprobe gestellt. Das ärztliche Ethos verlangt, jeden Menschen bestmöglich zu versorgen, ohne Ansehen der Person. Aber welche menschlichen Belastungen bedeutet eine solche Abstraktion, wenn der Patient, der vor mir liegt, ein Terrorist ist oder ein Feind, der auf meine Vernichtung sinnt.

In Afula liegen Anfang Mai 2002 drei palästinensische Kämpfer, zwei davon sind aktive Hamas-Kämpfer, der dritte hat an einer Attacke auf israelische Soldaten teilgenommen. Die Patienten werden von drei israelischen Soldaten bewacht, weil sie nach ihrer Entlassung aus dem Krankenhaus ins Gefängnis wandern werden. Die Soldaten haben an die Wand des Zimmers eine große israelische Flagge gehängt, der die Palästinenser mit ihren Blicken nicht ausweichen können. Sie sollen ihre Lektion lernen: die Armee, die sie so leidenschaftlich bekämpft haben, zeigt ihnen, wer die Macht in Händen hat.

Die Ärzte aber könnten sie eine andere Lektion gelehrt haben: sie haben ihnen das Leben gerettet oder in stundenlangen Operationen einen Arm erhalten und lassen ihnen alle Behandlung angedeihen, damit sie als gesunde Menschen diese Klinik verlassen können. Auch wenn sie kein anderes Ziel mehr haben als das Gefängnis.

Womit haben wir solch ein Leben verdient?

Rana, eine meiner Abiturientinnen vom vergangenen Jahr, sitzt im April 2002 seit vier Wochen in dem von der israelischen Armee besetzten Bethlehem fest. Sie leidet. Ich animiere sie, über ihre Situation zu schreiben, vielleicht in Form eines Briefes an eine gleichaltrige israelische Studentin. Rana schreibt. Sarah vermittelt mir eine ihrer Studentinnen, die bereit ist, auf Ranas Brief zu antworten. Ranas Brief stammt vom 3. Mai, Ilana antwortete ihr am 5. Mai.

Ranas Brief

Ich sitze auf meinem Bett und starre auf mein Papier und denke: Was kann ich schreiben? Wie kann ich Dich, eine israelische Studentin in meinem Alter und mir sehr ähnlich, dazu bringen, meinen Brief mit Interesse zu lesen und über das, was ich Dir schreibe, nachzudenken und mit mir zu fühlen, selbst wenn es nur für fünf Minuten ist? Ich will Dir schreiben, wie ich die gegenwärtige Situation erleide, möchte, daß Du Dir vorstellen kannst, wie es mir, einer 18jährigen palästinensischen Studentin, in dieser kritischen Lage geht, wie die Belagerung Bethlehems durch israelische Truppen in mein Leben eingreift.

Viele Fragen tauchen in mir auf, am meisten kommt immer wieder diese: Was habe ich getan? Womit habe ich dieses verdient? Warum geschieht das alles hier? Und wie lange soll das so weitergehen?

Ich habe im vergangenen Jahr mit dem Studium an der Universität in Bethlehem begonnen und studiere – wenn die Universität nicht geschlossen ist, und in diesen Zeiten ist sie ständig geschlossen –, Biologie, ein Studium, das ich, nebenbei gesagt, nicht sehr liebe.

Im Augenblick ist es mein Traum und mein einziges Ziel, Sprecherziehung zu studieren. Dieses Fach wird aber an den palästinensischen Universitäten nicht gelehrt. Ironischerweise hat das Fach an der Universität Tel Aviv einen hervorragenden Ruf, und Tel Aviv ist weniger als zwei Stunden von Bethlehem entfernt. Aber natürlich ist es für mich unmöglich, dort zu studieren. Die große Frage ist: Warum nur? Weil der Weg nach Tel Aviv im Augenblick weiter ist als nach China.

Wie auch immer: Ich habe mich bei verschiedenen Universitäten in England beworben. Normalerweise sollte ich um diese Zeit wissen, ob ich dort angenommen worden bin oder nicht. Aber ich weiß es nicht. Warum nicht? Ich sollte vor einem Monat ein Bewerbungsgespräch mit einem Logopäden führen und dazu nach Beit Jala kommen. Beit Jala ist fünf Kilometer von Bethlehem entfernt, aber in diesen Zeiten liegt es für mich auf einem anderen Stern. Eine weitere Voraussetzung für die Bewerbung nach England wäre ein Sprachtest, der in Jerusalem abgelegt werden sollte, 15 Minuten von mir entfernt, aber unerreichbar.

Kannst Du Dir vorstellen, was es heißt, einen ganzen Monat lang zu Hause unter Hausarrest zu sein? Vielleicht sagst Du jetzt: Ach, das ist doch alles nicht so schlimm, betrachte es doch als eine Art Urlaub. Einverstanden, nur, in den Ferien fühlst Du Dich wohl nicht depressiv, bedroht, gedemütigt, voller Angst, und ständig nervös. Schließlich erreichst Du einen Punkt, wo Du anfängst, Dich total nutzlos zu fühlen, unfähig, noch irgend etwas zu tun.

Wenn ich aus dem Fenster schaue, sehe ich die leeren Straßen, übersät mit Müll und Abfall. Alles ist überall von abgrundtiefer Häßlichkeit.

Keine einzige Seele ist zu sehen, nur Panzer und andere Militärfahrzeuge rollen heran und füllen den Platz vor meinem Haus mit Schrecken. Jeder, der hier lebt, ist voll von Entsetzen und Angst. Du kannst sogar spüren, wie seltsam die Vögel fliegen, wenn mit schwerem Maschinengewehrfeuer geschossen wird.

Was habe ich nur getan? Habe ich das verdient? Jeden Tag wache ich auf mit ein bißchen Hoffnung, dem einzigen, was übriggeblieben ist in diesem Augenblick.

Ich schalte das Fernsehen an und hoffe auf einen helleren Tag, aber die Enttäuschung folgt sogleich, die einzigen Schlagworte sind: Terror, Belagerung, Ausgehverbot, Blut, Massaker, Panzer, Märtyrer, Maschinengewehre, ergebnislose Verhandlungen. Leider sind all diese Dinge in unserem Leben normal geworden, Teil unseres Alltags. Das erste Wort eines Babys in diesen Tagen, glaub mir, ich habe das selbst gehört, ist »takh«, was im Arabischen »schießen« bedeutet.

Ich frage mich und ich frage auch Dich: Darf so etwas normal sein? Sollen so Menschen leben? Ist das gerecht?

Immer wieder quält mich die Frage: wie lange noch? Sie blockiert mich 24 Stunden am Tag. Wir haben unser eigenes Leben, unsere Arbeit, unsere Schulen und Universitäten. Aber alles hat aufgehört zu funktionieren. Ich habe den Eindruck, daß die Welt um uns herum sich bewegt wie immer, während wir wie eingefroren sind, unfähig, frei zu leben. Dieses Gefühl, zu leben und doch nicht zu leben, bringt mich um.

Im Augenblick können wir nicht einmal fünf Minuten im voraus planen. Alle drei Tage haben wir vielleicht einmal vier Stunden, in denen die Ausgangssperre aufgehoben ist, in denen wir Lebensmittel einkaufen können. Das ist alles, daraus besteht unser Leben.

Wir haben nichts mehr außer Gott, auf den wir uns verlassen können.

Manchmal, wenn ich so frustriert bin, denke ich, daß Tiere besser leben; dann fühle ich, daß ich egoistisch bin. Ich sollte lieber Gott danken, denn ich leide nur einen Bruchteil dessen, was andere Palästinenser erleiden. Einige haben Hunger, sie haben nichts zu essen, kein Wasser, keinen Strom, rein gar nichts. Viele sterben, andere verlieren ihre Familien, ihre Häuser, ihr Leben ist ruiniert.

So könnte ich immer weitermachen mit Klagen.

Was ich von Dir erwarte, ist dies: Schließ für fünf Minuten Deine Augen, vergiß, daß ich eine Araberin bin, stell Dir vor, daß ich ein Mädchen bin wie Du, in Deinem Alter, mit Deinem Wunsch nach Leben, denk darüber nach, was ich Dir geschrieben habe, und dann beantworte meine Frage: Glaubst Du, daß das alles gerecht ist?

Rana

Ilanas Antwort

Ich verstehe Deine Schmerzen, Rana, und ich weiß, daß Du Dein Leid mit vielen Menschen Deines Volkes teilst. Aber Leid gibt es auch in Israel. Kannst Du Mitleid fühlen auch für die Menschenleben, die hier durch Terror zerstört worden sind?

Vielleicht müssen wir beide, Du und ich, die gegenwärtige Situation ertragen, aber wir müssen sie auch ändern. Wenn wir die Gegenwart nicht ändern können, können wir ganz sicher auch nichts für die Zukunft tun.

Es macht mich traurig zu lesen, was für ein Leben Du in Bethlehem führst, und die Bilder die Du von Deinem täglichen Leben zeichnest, machen mich wütend. Niemand sollte solch ein Leben führen müssen. Vor der Intifada war

Bethlehem so eine schöne und wohlhabende Stadt, nun ist sie zerstört und ruiniert.

Du mußt verstehen, daß das Leben auf der anderen Seite der Grenze nicht viel anders ist. Du hast mir von Deinem Leben geschrieben, laß mich Dir von meinem erzählen.

Ich bin 22 Jahre alt und studiere an einem College in Jerusalem. Jeden Morgen fahre ich mit dem Auto zu meinem College. Ich fahre vorsichtig, passe auf, nicht zu nahe an einen Bus heranzufahren, aus Angst, von einem Selbstmordbomber in die Luft gejagt zu werden. Bei jeder Ampel spähe ich nach verdächtigen Fußgängern aus, prüfe mit meinen Augen andere Autos. Denn nicht wenige unglückliche Menschen sind erschossen worden, während sie im Auto saßen.

Im College führe ich ein normales Leben. Ich studiere Grundschulpädagogik. Ich hoffe, als Lehrerin die nächste Generation zu erziehen und ihr Werte zu vermitteln wie Moral, Liebe, Mitleid und Gerechtigkeit. Ich bin in einem College, in dem auch israelische Araber studieren, einige Araber sind meine Freunde. Aber andere haben Haß auf ihren Gesichtern. Sie halten Schweigeminuten zu Ehren der Selbstmordbomber ab, betrachten Mörder als Helden.

Manchmal frage ich mich, ob diese Studenten dankbar sind, in einem Land zu leben, das ihnen die Freiheit gibt, ihre Meinung zu äußern.

Nach dem College gehe ich auf direktem Weg nach Hause, weil ich Angst habe, in der Stadt herumzubummeln. Das könnte in einer Tragödie enden. Meine Abende verbringe ich zu Hause, arbeite für das College, sehe fern. Ich bin seit Monaten nicht mehr ausgegangen, auch nicht am Wochenende. Ich habe einfach zuviel Angst.

Ich fürchte, die nächste Person zu sein, die am falschen Ort zur falschen Zeit ist. Ich fürchte, mein Name könnte der nächste sein, der in roten großen Buchstaben auf der Titelseite der Zeitungen steht.

Auch wenn es keine Ausgangssperre in Jerusalem gibt, gibt es eine in unseren Köpfen. Denn die Selbstmordbomber, die auf uns lauern, sind fast immer erfolgreich. Wenn die Bombe explodiert, fliegen die kleinen Schrauben und Nägel und Metallkugeln mit einer solchen Sprengkraft durch die Luft, daß sie nicht unterscheiden zwischen Linken und Rechten, Arabern, Israelis, Touristen, Männern, Frauen, Kindern, solchen, die für den Krieg sind, und solchen, die gegen den Krieg sind. Wir können alle in einem winzigen Augenblick zerfetzt sein. Hast Du jemals Angst gehabt, in die Luft gejagt zu werden? Und hast Du jemals Selbstmordattentate verurteilt?

All diese Gewalt erscheint mir sinnlos. All die unschuldigen Menschen, wofür sind sie gestorben? Warum kann es nicht längst Frieden geben? Wieviel Menschen müssen noch sterben, bevor dieses Töten ein Ende hat? Hast Du jemals am Grab Deiner besten Freundin gestanden? Ich habe diese Erfahrung gemacht und konnte nicht begreifen, daß eine unschuldige junge Frau niemals mehr lieben und niemals heiraten wird, daß ihre Stimme für immer verstummt ist. Ich habe einmal so nah an einer Autobombe gestanden, daß ich die Erde unter mir wanken spürte, den Rauch und Gestank von schmelzendem Metall wahrnahm. Ich habe Freundinnen getröstet, die in einem Attentat verletzt wurden. Das sind meine Erfahrungen, Rana. Das ist das Leben, das ich führe. Und ich frage genau wie Du: Womit habe ich solch ein Leben verdient?

Wann, so frage ich Dich, wird all dieser Horror ein Ende haben?

Dann sehe ich im Fernsehen palästinensische Kinder, die als Selbstmordbomber verkleidet sind und mit Spielzeuggewehren durch die Straßen laufen und schreien: »Tod den

Israelis.« Sie wachsen auf mit Haß im Herzen, lernen überhaupt nichts anderes kennen als Haß. Glaubst Du, daß palästinensische Kinder darum als erstes Wort »schießen« lernen, weil die Situation es sie lehrt? Oder liegt es nicht doch an einer Erziehung, die statt Liebe und Achtung vor dem Menschen Haß predigt?

Wir sind alle so verwundet, leiden unter der Aussichtslosigkeit dieses nicht enden wollenden Kampfes. Meine Mutter sagt mir jeden Tag, ich solle mein Vertrauen auf Gott richten.
Aber das ist schwer angesichts all des Schreckens.

Nein, Rana, keiner von uns verdient das Leben, das wir im Augenblick führen.

Ilana

Abschied

Bis zu den Selbstmordattacken in der Osterwoche und der darauffolgenden »Operation Verteidigungsschild« war ich immer noch bereit, meinen Aufenthalt in Israel als »im Grunde positiv« zu bewerten. Auf die hypothetische, aber gern gestellte Frage: »Würdest du noch einmal nach Israel gehen, wenn du vorher gewußt hättest, was dich erwartet« war ich immer geneigt, mit »Ja« zu antworten. Oder ich zitierte den arabischen Geographen Mohammed ibn Ahmad al Muqaddasi, der um 1000 n. Chr. gesagt haben soll: »Jerusalem ist eine goldene Schale, gefüllt mit Skorpionen«, und befand, daß ich trotz der Anhäufung von Gift und Gefahr immer noch den goldenen Grund der Schale sehe.

Aber der April 2002, in dem die Gewalt einen neuen Höhepunkt erreichte, änderte mein Grundgefühl, für ein Leben in Israel, für eine solch einzigartige Erfahrung dankbar sein zu müssen. In Jerusalem war nichts mehr golden, die Skorpione hatten die Macht ergriffen.

Da war das Attentat am Seder-Abend in Netanya. Dieses Attentat forderte mehr Menschenleben als alle vorangegangenen – es gab 29 Tote und mehr als 100 Verletzte. Eine zusätzliche Grausamkeit aber lag in der Wahl der Zeit und des Rahmens, die diesen terroristischen Akt heraushoben und ihm eine symbolische Bedeutung verliehen. Denn am Seder-Abend, am Abend vor Pessach, wird während des Mahls die Haggada gelesen vom Auszug aus Ägypten, erinnern die vielen rituellen Essensvorschriften an dieses Ereignis: Mazot, das ungesäuerte Brot, Maror, die bitteren Kräuter, die Charosset, eine Mischung aus Mandeln, Äpfeln, Rosinen, Zimt, Zucker und Wein, die in der Farbe an den Ton und die Ziegel erinnern sollen, die die Kinder Israels während ihrer Sklaverei in Ägypten bearbeiten mußten, der Wein, der nicht ausgehen darf an diesem Abend. Alles wird zum Verweis auf dieses fundamentale Ereignis in der Geschichte des Volkes Israel: Gott errettet sein Volk aus der Fremdherrschaft, nimmt es als sein Volk an und führt es in das gelobte Land. Das jüdische Volk tritt in die Geschichte ein.

Ein Massenmord an einem solchen Abend während der Feier dieses Ereignisses hat die Botschaft: Ihr sollt nicht sein. Ihr sollt nicht hier sein, nicht in dem Land, das ihr für euer gelobtes Land haltet. Statt Errettung gibt es jetzt Zerstörung, kein Gott wird euch helfen.

Die Reaktion der israelischen Armee hatte eine nicht weniger massive Botschaft an die Palästinenser. Wir marschieren in eure Städte ein, zerstören damit eure Autonomie, verabschieden euch von der Illusion, ein Maß an staatlicher Selbständigkeit erreicht zu haben. Wir zerstören eure politische Infrastruktur, eure Verwaltung, eure Wirtschaft, eure Häuser. Wir drehen euch Wasser, Gas und Strom ab. Wir schneiden eure Kinder von der Bildung ab, wir setzen euch in eine kollektive Gefangenschaft. Wir bestrafen euch für eure bösen Taten, und die Gerechten müssen mit den Ungerechten leiden. Ihr sollt die Verwundeten nicht verbinden, die Toten nicht begraben, die Witwen nicht trösten.

Vorzivilisatorische Archaik auf beiden Seiten, Rache statt Rationalität, Wahn statt Aufklärung, Gewalt statt Humanität. All dies sehr konkret miterleben zu müssen setzte in meinen Gefühlen einen Wandel frei: Nein, eigentlich will ich diese Erfahrungen nicht machen. Nein, wenn ich gewußt hätte, mitten in solch einen Krieg zu geraten, wäre ich lieber zu Hause geblieben.

Als dann im Juni 2002 das Ende meines Aufenthaltes näherrückte, machten sich nicht nur Erleichterung und Vorfreude auf die Rückkehr nach Deutschland breit. Es begann, am Anfang fast unmerklich, das große Abschiednehmen. Bei einem Konzert Mitte Mai in der Mormonen-Universität überfiel es mich plötzlich wie ein Schock, als mir klar wurde, daß ich diesen einzigartigen Blick vom Konzertsaal auf das erleuchtete Jerusalem sehr lange nicht mehr, vielleicht nie mehr in meinem Leben genießen werde. Dunkle Wolken zogen an diesem Abend wie eine Wand am Horizont entlang, in großer Geschwindigkeit, so daß der Himmel vibrierte und diese Spannung auf die Stadt übertrug. Im Konzertsaal erklangen die ersten Takte von Brahms' Sonate Nr. 2 für Klavier und Viola, und ich kämpfte mit einem vorgefühlten Heimweh.

Dieses Gefühl tauchte von da an häufiger auf. Die »letzten Blicke« häuften sich. Das Wort »noch einmal« bekam Konjunktur. Noch einmal in die Anna-Kirche und in die Cinémathèque, auf den Friedhof am Ölberg, wo Else Lasker-Schüler begraben liegt und der Messias am Ende der Tage kommen wird. Noch einen Espresso auf der Maiersdorf-Terrasse und einen Sonnenuntergang vom Dach des Paulus-Hauses. Noch einmal ins YMCA und nach Ein Kerem in den Garten des Zionsklosters. Noch einmal ... Als gäbe es keine Möglichkeit der Wiederkehr. Als sei Israel nicht einfach nur vier Flugstunden von Frankfurt entfernt.

Schlimmer waren die Abschiede von Menschen. Hier fand ich Goethes Wort von dem »Keim von Wahnsinn«, der in jeder großen Trennung liege, bestätigt. Ich gab ein arabisches Frühstück im Lehrerzimmer, es wurde gegessen, gelacht und geweint. Dina, die Musiklehrerin, sang mir mit ihrer großen Stimme ein arabisches Abschiedslied. Die Sammlung von palästinensischen Geschenken, die mir in zwei Jahren verehrt wurden, erweiterte sich gewaltig: wie viele Plastikrosen habe ich jetzt, in deren Blütenblätter-Hohlräumen eine rote Flüssigkeit schwimmt und den Rosen »Leben« einhaucht. Wie viele Devotionalien aus geschnitztem Olivenholz, made in Bethlehem. Und Seifenstücke als lustige Segelboote verkleidet, hellblaue Kerzen mit Plastikschmetterlingen bestückt. Und einen palästinensischen Schal, rote Folklore-Stickerei auf schwarzem Grund.

In Verkehrung der Verhältnisse war nicht ich es, die den Kolleginnen Mut zusprach und Hoffnungen formulierte für eine bessere Zukunft. Bevor ich dazu kam, wurde ich eingedeckt mit Ratschlägen und guten Wünschen, als ginge es in diesen Zeiten um mein Wohlergehen und nicht um ihres: »Erhol dich von Jerusalem! Und sag deiner Tochter, daß sie dich zur Großmutter machen soll. Paß auf, wenn du auf deutschen Autobahnen fährst. Wir haben da Schlimmes gehört. Und hab ein bißchen Heimweh nach uns!«

Von den israelischen Freunden war der Abschied Ende Juni 2002 nicht weniger bewegend. Das Rosenzweig-Zentrum gab einen Abschiedsempfang für meinen Mann. Während wir uns im Garten ums kalte Buffet scharten, kamen Freunde, die knapp einem Attentat in French Hill entgangen waren. Man spricht es nicht aus, aber es ist immer gegenwärtig: Wir leben auf einem Pulverfaß, und morgen können wir tot sein. Besser, wir verabschieden uns für ein anderes Leben. Sollten wir uns doch in diesem wiedersehen, um so besser.

Ich nahm Abschied von Samar und Michael – in der Cinémathèque, wo sonst. Dort haben sich die beiden vor einem Jahr durch mich kennengelernt. Jetzt leben sie eine heimliche Liebe, von der Samars Familie nichts wissen darf. Trotz aller Schwierigkeiten und aller kulturellen Verschiedenheit sind sie entschlossen zu heiraten. Inschallah!

Am schlimmsten war das Abschiednehmen von meinen Schülerinnen. Einige wie Rana, Lama, Sana, Khoulud, Amani und Vivian sind mir Töchter geworden. Wie viel sie mich gelehrt haben! Welche Stärke sie besitzen, sich nicht der Verzweiflung zu überlassen, sondern für ihre Zukunft zu kämpfen. Es deprimiert mich zutiefst, wenn ich daran denke, in welchem Umfeld ich sie zurücklasse.

Denn die politischen Perspektiven sind so düster, daß die Hoffnung nur noch den Träumern gehört. Im Augenblick muß man fürchten, daß sich die Spirale von Gewalt und Gegengewalt immer weiter hochschraubt und die Region in Chaos und vollständige Zerstörung fällt.

Aber »wenn wir die Hoffnung aufgeben, kommt, was wir fürchten, bestimmt«, sagt Christa Wolf.

Eine israelische Freundin aus Tel Aviv, die an der Hebräischen Universität Theaterwissenschaft lehrt, schrieb uns in ihrem letzten Brief nach Jerusalem: »Ich frage mich, ob diese dunklen und schwierigen Tage anhalten oder ob ihr beide eines Tages zurückkehren werdet in ein offenes, friedliches Jerusalem, das die Hauptstadt von zwei Staaten ist: Israel und Palästina.«

Und wir schrieben unseren Freunden zum Abschied aus dem 122. Psalm:

»Wünschet Jerusalem Glück!
Es möge wohl gehen denen, die dich lieben!
Es möge Friede sein in deinen Mauern
und Glück in deinen Palästen!
Um meiner Brüder und Freunde willen
will ich dir Frieden wünschen.«

Jerusalem, im Sommer 2002

PIPER

Jehuda Amichai

Auch eine Faust war einmal eine offene Hand

Gedichte. Aus dem Hebräischen von Alisa Stadler. 126 Seiten. Gebunden

»Die eigentliche Aufgabe der Schriftsteller und Künstler ist es, Menschen Worte zu geben, die sie stützen ... Die Kunst soll dabei helfen, mit der Wirklichkeit zu leben, darf aber nie Illusionen erwecken, nie berauschend sein. Mit der Musik der Worte muß man in einem dauernden Rhythmus wiederholen, was geschieht. Ein gutes Gedicht ist wie ein gutes Gebet. Es gibt Leute, denen es hilft und andere, denen es nicht hilft.« In seinen Versen, von bestechender Klarheit, Offenheit, Lebendigkeit, in seinen ausdrucksstarken, subtilen Metaphern, die doch so einleuchtend bleiben, spiegeln sich die jahrtausendealte Geschichte seiner Herkunft, die Geschichte eines von Kriegen zerrütteten und von immer neuer Hoffnung erfüllten modernen Landes wider – aber auch die Tagträume des Liebenden und der Alltag des Familienvaters, der seinen Kindern vorleben möchte, wie westliche Aufbruchstimmung und die Verwurzelung in biblischer Tradition miteinander zu versöhnen sind.

01/1241/01/R

PIPER

Abraham B. Jehoschua

Die Manis

Roman. Aus dem Hebräischen von Ruth Achlama.
470 Seiten. Serie Piper

In fünf Gesprächen an verschiedenen Orten zu verschiedenen Zeiten erzählt Abraham B. Jehoschuas Roman die Geschichte der Manis. Das faszinierende Porträt der sephardischen Familie reicht von der jüngsten Vergangenheit zurück bis ins Jahr 1848. Ob im israelischen Kibbuz der 1980er Jahre, zur Zeit der Judenverfolgung im deutsch besetzten Griechenland des Zweiten Weltkriegs oder in der Epoche des aufblühenden Zionismus an der Wende zum 20. Jahrhundert – stets verwebt Jehoschua die großen Ereignisse, die das jüdische Volk in den letzten 150 Jahren beeinflußt haben, mit dem Schicksal einer Familie. Die Dialoge ziehen den Leser nicht nur unwillkürlich in ihren Bann, sondern vermitteln eine Vorstellung vom Geist der jeweiligen Epoche.

01/1240/01/R